国家社科基金项目结题成果（项目编号：18BJY105）

制造业集群主体协同技术创新机制研究

胡绪华　　◎　著

ZHIZAOYE
JIQUN ZHUTI XIETONG JISHU
CHUANGXIN JIZHI YANJIU

中国财经出版传媒集团

经济科学出版社
Economic Science Press
·北京·

图书在版编目（CIP）数据

制造业集群主体协同技术创新机制研究/胡绪华著
－－北京：经济科学出版社，2024.1
ISBN 978 － 7 － 5218 － 4611 － 9

Ⅰ.①制…　Ⅱ.①胡…　Ⅲ.①制造工业 － 产业集群 －
企业创新 － 研究 － 中国　Ⅳ.①F426.4

中国国家版本馆 CIP 数据核字（2023）第 041314 号

责任编辑：李　雪
责任校对：孙　晨
责任印制：邱　天

制造业集群主体协同技术创新机制研究

胡绪华　著

经济科学出版社出版、发行　新华书店经销
社址：北京市海淀区阜成路甲 28 号　邮编：100142
总编部电话：010 － 88191217　发行部电话：010 － 88191522
网址：www. esp. com. cn
电子邮箱：esp@ esp. com. cn
天猫网店：经济科学出版社旗舰店
网址：http://jjkxcbs. tmall. com
北京时捷印刷有限公司印装
710 × 1000　16 开　20.25 印张　255000 字
2024 年 1 月第 1 版　2024 年 1 月第 1 次印刷
ISBN 978 － 7 － 5218 － 4611 － 9　定价：102.00 元
（图书出现印装问题，本社负责调换。电话：010 － 88191545）
（版权所有　侵权必究　打击盗版　举报热线：010 － 88191661
QQ：2242791300　营销中心电话：010 － 88191537
电子邮箱：dbts@ esp. com. cn）

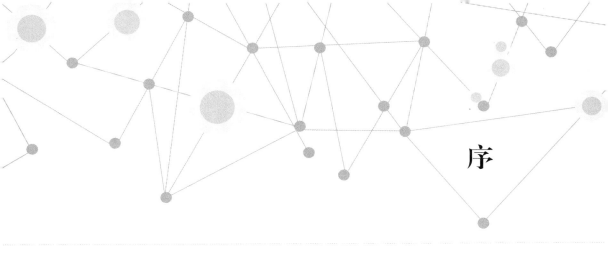

序

　　面对民族复兴进程中百年未有之变局和产业高质量发展的要求，我国产业集群的发展在经历了由制造型集群（又称"生产型集群"）向创新型集群升级的基础上，在东部沿海等一些先行地区呈现出向"产业创新集群"转型发展的趋势。在产业创新集群形成过程中，"产业链"和"创新链"在特定区域上的协同性融合，包括政府在内的不同创新主体间构成了有目的的协同性合作创新生态，各类创新主体围绕产业创新的多目标需求共同参与系列探索性、突破性的技术创新活动。在此背景下，揭示融合创新的机理，设计集群内多主体协同创新机制，建设具有中国特色的产业创新集群，就既是基于建立我国自主可控产业体系之历史使命的主动担当与战略选择，也是顺应我国产业集群创新发展的实践探索和理论创新。

　　从产业经济学的角度看，产业的"集群式发展"是一种典型的产业发展组织范式。伴随着这一产业组织形式的演化过程，不少学者曾对有关的概念定义及其理论研究做出了积极贡献。随着商品经济的发展特别是第一次工业革命的出现，以前的众多手工作坊和工场几乎在一夜之间被遵循"分工—合作"原则所组建的低成本和高效率的新型组织"企业"所代替，企业成为替代市场进行生产要素和资源配置的另一种形式。后来，人们发现由于各种各样的原因，企业总喜欢在一定的地理区域上"扎堆"而生：要么靠近原材料产地（例如矿山）以减少运输成本，要么靠近市场（例如富人聚居区）以增加客户。随后阿尔弗雷德·韦伯揭示了"工业区位"现象，发现企业的"扎堆"往往具有"除市场人气聚集"之外的某种"资源共享"和获取"外部性收益"的意图，如靠近交通枢纽（海港、车站等）以通过专业化装卸而减少运输成本，甚至出现了最初的"上下游企业"同处一地的合作现象。1990 年，美国产业经济学家迈克尔·波特为了系统性完善其关于企业竞争战略的分析框架，在考察了五大湖畔的底特律（主要是汽车制造企业）、华盛顿州的西雅图（主要是飞机制造企业）及旧金山地区的硅谷（主要是高新技术企业）等地的企业集聚现象的基础上，在《国家竞争优势》一书中首先使用了 Industry Cluster（通常译之为"产业集群"）的概念，认为它是"国家竞争优势"的源泉。波特认为，所谓"产业集群"，就是在特定区域中，具有竞争与合作关系且在地理上集中，有交互关联性的企业、专业化供应商、服务供应商、金融机构、相关产业的厂商、高校和研究单位及其他相关机构等组成的群体。其实，波特对"产业集群"不仅有"定义概念"的贡献，而且还揭示了"创新资源可以是集聚区企业间共享和维系产业关联的主要生产要素"（其实践依据是硅谷地区存在大量的中小型科技企业），从而为此后"产业集群"概念在全球的流行打下了基础，也为 10 年后经济合作与发展组织（OECD）在全球，特别是工业后发地区推广"产业集群"这一产业发展的"新型"组织方式时凸显"创新性集群"埋下伏笔。作为将"创新要素"解释为产业集聚区内部企业的联系纽带，进而首倡"产业集群"概念的第一人，波特极大地推动了熊彼特"创新理论"的应用，使"产业集群"这一特定类型的产业组织方式成为熊彼特"五大创新要素"之一的"组织创新"而加以概念性总结。这也影响了后续不少学者的研究方向。例如，中国产业集群概念的早期引进者、北京大学王缉慈教授就曾将其关于"产业集群"研究的专著命名为《创新的空间》。

显然，"产业集群"概念的提出不仅有波特对其建构企业战略理论的贡献，更是对"产业发展的组织形式创新"这一时代性需求的实证性回答。几乎同时，意大利的经济学家布鲁斯克（Brusco）1982 年也对类似"产业发展组织形式的演化规律"发表了独特见解，只不过他当时采用的是"产业区"而非"产业集群"概念。他对意大利等西方老牌工业化国家的"专精特新"型企业（我国业界对这类企业的流行说法还有"小巨人""隐形冠军"等）的区域性集聚现象的总结虽然与波特等所观察的美国大规模采用创新性技术与规模化生产的方式有所不同，但由于他做出了与波特的"产业集群"大体一致的解释，以后也逐渐被公认为西方"产业集群"理论的早期开创者之一。后来，一些国际组织和国家也纷纷主张和推广"产业集群"，特别是 OECD（该组织历来重视"创新发展"问题，曾风靡全球并至今热度不减的"知识经济"——以知识为基础的经济——一词就是首先见诸其 1996 年的报告）在其文件中凸显了"创新性集群"的重要性。后来，人们逐渐习惯用"创新集群"代表一类特殊的"产业集群"：以创新为目标或具有一定产品创新能力的产业集群（例如王缉慈 2016 年将其新著定名为《创新集群三十年探索之旅》）。当然，虽然科技部火炬高技术产业开发中心曾多年评选"创新型产业集群"，但从产业经济学的角度看，OECD 所倡导的"创新性集群"与现今一些其他学科的理论研究中关于"创新集群"概念的理解（例如熊彼特的 Innovation In Swarms）和我国一些地区的实践探索（例如苏州市 2022 年的"集群式创新")并不完全一样。而《深圳市科技创新"十四五"规划》所提出的、围绕七大战略性新兴产业发展 20 个产业集群的同时布局 11 个"创新集群区"之目标主要涉及的是其区域性"创新发展"内涵,而非特指"产业发展的组织形式"。

"产业集群"作为一个产业组织概念,在我国最初是被地理经济学家而不是产业经济学者所引进的。虽然该词在面世 10 年后的本世纪初才被引进中国,但类似的"由'企业集聚'向'产业集群'演进"的企业间合作(初期更多地显现为韦伯的"地域关联",而不是波特的"产业关联"或"创新关联")却是自然存在的普遍现象。尤其是改革开放以来,主要由政府推动的"官产学研金"结合型驱动使得中国的"产业集群化发展之路"由最初的自然天成的"形成"为主而逐渐趋向有明确意图的"构成"(也就是通俗而言的"打造")为主。在"产业集群"这一概念进入中国之时,中国东部沿海一些先发地区已在探索中国特色的"产业集群式发展"——其实,更为准确的描述应该是"由原生态或引进加工型'生产集群'向'创新集群'"的升级之路。当然,最初"有关生产要素"的"集群关联"主要是"产业关联"和部分"工艺诀窍共享",大多尚不是随后努力升级到"创新集群"阶段的"创新要素"关联。在我国"生产集群"向"创新集群"升级的过程中,东部沿海各地充分发挥了各自的创造性与积极性,各有各的名字。例如,广东曾多见为"专业镇",浙江曾多称为"专业市场",江苏苏南则常见"乡镇企业园区",山东为规模化"企业集团"(例如海尔、海信等同聚青岛),等等。在本世纪初"产业集群"概念引进中国后,才逐渐统一为"产业集群"。例如,江苏计划与经济管理部门于 2003 年 10 月在苏州市吴江县举办了全省首届"产业集群推进现场会",制定了"产业集群五年发展规划"。苏南的无锡等地当即将产业集群的打造作为"产业发展专项规划"纳入了"国民经济和社会发展第十一个五年规划"的专项规划系列。至此,"产业集群"作为一个

"产业集群式发展的组织形式"逐渐得到认同。即使这样，至今在中国也有颇具"产业集群"特点但并不以"产业集群"冠名的类似产业组织方式，例如浙江省的"特色小镇"。伴随着我国产业集群"（长期性）形成"与"（短期性）构成"相辅相成的发展与演化之路，各级政府特别是基层县（市、区）级政府在产业集群的发展（尤其是"打造式"发展）过程中发挥了重要的作用。不过，由于不同部门在不同时期作用的重点和方式的不同，曾先后采用了一些不同的名称。例如，发展和改革委员会曾使用"产业基地"而不是"产业集群"；1989年10月成立的科技部火炬中心在"火炬带"建设中重点支持技术创新和集群创新，2011年后更是逐步凸显"创新型产业集群"（简称"创新集群"）的概念，但从"产业关联"的视角看，其内涵则大同小异。虽然各个部门为了突出自身工作抓手的特点所采用的名称不尽相同，但在2017年后随着党的十九大报告要求"培育若干世界级先进制造业集群"而逐渐趋于一致。2022年党的二十大报告进一步提出"战略性新兴产业融合集群发展"的思路，进一步明确了产业集群内多元主体融合发展的战略意图。

中国式产业集群研究首先要准确"定位中国问题"。产业发展的后发性和制度的社会主义特色，决定了我国的产业集群建设需要从初早期的生产集群（其实更像马歇尔产业集聚意义上的单纯"制造型"企业群）向创新集群（其实更类似于波特意义上的产业集群，只是在承接国际化转移的同时注重培育本土化创新能力方面更为体现OECD的特征）的主动升级。与波特1990年主要总结于美国等西方工业先发国家当时的产业现状，提出"产业集群"概念时的生产力水平，以及很大程度上被生产力水平所决定的"创新关联"环境所不同的是，中国必须根据自己的产业和社会发展的实际水平探索并设计"产业的集群式发展"之路。

我国产业的集群式发展初期就有不同的范式。一种是在中国传统市场环境中经过较长时期的、与周边区域同类产业的兴衰相伴的演变所形成的特色手工业品，后期逐渐具有规模化产量优势的工业品制造集群，例如太湖之滨自宋代以来逐步形成的"衣被天下"的传统生产集群。另一种是受到周边区域或特定区域（包括跨国）的产业扩散影响所形成的新的生产能力和产业生态。其中第二种又主要分为两个途径：一个如改革开放初期，上海一些企业的"周末工程师"为昆山、太仓甚至常熟的乡镇企业提供的技术服务（它成为后来台资信息制造业向昆山等地大规模转移的承接地基础）；另一个是在中国到处可见的，由诸如长三角、珠三角等先发地区，甚至海外所转移来的各类单纯生产型组团，如一些工业园区、经济技术开发区，甚至自贸区所为。这些园区有些甚至并没有典型的产业集群特征，只是一些生产型企业的扎堆。这些企业往往长期被动、消极地参与产业链上的低端分工，几乎无法在价值链中处于主导地位。在目前百年未遇的复杂产业环境下，这些"扎堆"企业的非创新性比较优势——例如较低的人力成本等——逐渐丧失，收益逐渐下降，如何将"生产集群"向"创新集群"升级成为学者和业界共同关心的问题。产业集群的"创新性升级"既是集群成长并延长生命周期的必要条件，存在于集群成长的若干阶段，也是提升区域竞争力，促使区域经济融入全球经济一体化的有效途径。在这一点上中外学者的观点几乎一致，例如日本学者 Chikashi 等也认为产业集群升级可以看作是提高创新、加强合作、将企业生产活动转移以适应当地集群资源特点的活动。但对于如何引导在一段不长的时间内就星罗棋布于中国大地的"开发区""工业村"等走集约化、专业化的绿色、低碳发展道路，通过多种途径——例如"产业集群式引进"、"腾笼换鸟"式"园区创新升级"——实现由"生产集群"向"创新集群"的升级，中国学者和国外学者的观点似乎不尽相同。例如，英国 Sussex 大学创新研究小组的学者们将产业升级分为产品性升级（product upgrading）、工艺流程升级（process upgrading）、功能性升级（functional upgrading）和交叉产业部门升级（inter-sectional upgrading）；而中国不少研究强调了创新在产业集群升级中的作用，认为产业集群由于持续创新而获得竞争优势。而中国一些学者则将伴随生产环节逐渐转移或比重的下降，知识创新环节成为主要内容的产业集群定义为知识集群，认为知识集群具有两条典型演化路径："一是在原有生产集群基础上的递进生成，二是在缺乏既有集群支撑下的创造生成"，试图为中国制造集群的升级提供可行方向。

根据苏州和我国东部沿海地区的实践，一批创新型产业集群已经在原先生产型集群的基础上基本完成了向创新集群的升级过程，正在通过"创新集群链群"间的融合集群发展方式向产业创新集群转型，实现产业链创新链在特定区域上的"两链融合"及产业集群与创新区域的"群区合一"。担负建立自主可控的中国式现代产业体系的历史使命，在重组传统产业、发展战略性新兴产业和孕育未来产业方面发挥无以替代的作用。

本书的作者博士毕业于东南大学集团经济与产业组织研究中心，此后的10余年中围绕产业集群的研究笔耕不止，尤其是从多元创新融合的视角对制造业集群主体协同技术创新机制进行了独辟蹊径的探索。此次结合当前中国制造业集群的发展趋势，拓展运用Granovetter关系强度理论，从创新生态系统的主体关系视角探讨了主体关系对创新模式的影响机理与效应，旨在论证具有异质性特征的创新主体关系强度在集群技术创新系统跨越式升级中的关键作用，不仅从理论层面探索了集群技术创新系统运行内在规律，而且在实践层面给出了政策建议，难能可贵，故为序。

胡汉辉

2023年12月于东南大学四牌楼校区

目录
CONTENTS

第1章

导　论

　　"创新、协调、绿色、开放、共享"是改革开放以来中国所确立的五大发展理念，是中国经济社会发展思路、方向和着力点的战略要求和集中体现。面对百年未有之大变局，如何在开放的世界坐标体系中全面提升中国制造业的国际竞争优势，已成为我国经济社会发展的重要命题。党的十九大报告明确提出，要培育若干世界级先进制造业集群，促进我国产业迈向全球价值链中高端。目前产业发展与生存最有效的组织形态即为产业集群，打造先进产业集群有利于生产要素集聚、资源优化配置、产业生态维系，培育先进制造业集群被确定为中国建设制造强国的重要抓手。为推进先进制造业集群发展，打造具有国际影响力的先进制造业集群，工信部先后组织并开展了先进制造业集群竞赛，制定实施了一系列相关举措，如强化政府投资基金支持、实施专项发展行动、谋划一批重大工程和项目等。从世界范围来看，集群培育同样引起了各国政府的广泛关注并推进实施了一系列集群创新计划，主要包括美国的"国家创新战略"、德国的"前沿集群竞争"（Leading Edge Cluster Competition）和"走向集群"（Go - Cluster）、日本的"区域创新集群"计划等。

　　制造业集群是国家竞争优势的主要来源（Porter，1990），也是中国当前供给侧结构性改革的重要载体。多主体协同共生的制造业集群大致可以划分为生产层、技术层、知识层等三个层面

（见图 1.1），技术活动介于知识活动和生产活动之间，既是知识活动的价值化体现，又是生产活动的根本支撑。集群发展的动力源自其复杂的技术创新系统，不能只局限于单一技术环节而忽视相关支撑技术，单一技术（即便是核心技术）创新的生命力通常很有限。中国制造业集群"被分工"于全球价值链低端环节，一个很重要的原因就是缺乏完善的集群技术创新生态系统。对制造业集群技术创新生态系统运行的内在机理进行阐释并采取相应的对策，已然成为促进我国制造业集群发展的根本问题。

本书紧扣当前中国制造业集群发展面临的主要问题和基本趋势，从制造业集群在区域经济发展中的地位、集群技术创新系统的生态性和开放性的特征、主体关系演化规律和创新效应等角度逐步展开。

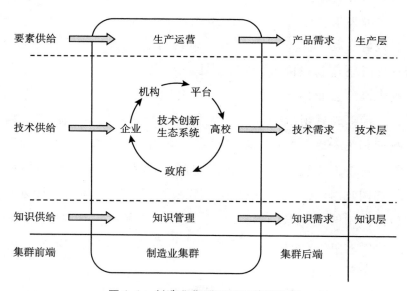

图 1.1　制造业集群三层系统结构图

1.1　制造业集群是提升国家竞争优势和创新能力的重要载体

　　制造业集群对推动企业专业化分工协作、有效配置生产要素、促进创新创业、节约社会资源、推动区域经济社会发展均具有重要意义。国务院明确提出"优化产业空间布局，培育一批具有核心竞争力的产业集群和企业群体"的战略方针和"形成一批具有较强国际竞争力的跨国公司和产业集群"的战略目标，打造一批具有鲜明特征、竞争力强、信誉口碑好的产业集群区域品牌，促进产业集群转型升级。制造业集群对区域经济的支撑作用日益明显，已然成为国家竞争优势和创新能力提升的重要载体。我国已经从制造大国向制造强国转型升级，培育具有国际影响力的世界级先进制造业集群，从而提升国家综合实力、保障国家安全，并已成为我国产业发展的主要抓手。

　　党的十九大报告提出，促进我国产业迈向全球价值链中高端，培育若干世界级先进制造业集群。2019 年 6 月，工信部启动首轮国家先进制造业集群竞赛工作。2021 年 3 月 22 日，工业和信息化部（以下简称工信部）围绕新一代信息技术、新材料、装备制造、生物医药等重点领域，经过初赛、决赛遴选出两批共 25 个（第一批 15 个、第二批 10 个）先进制造业集群作为重点培育对象，旨在让这些"国家先进制造业集群"承担国家使命、代表国家参与全球竞争与合作，冲击"世界冠军"。通过梳理 25 个先进制造业集群决赛优胜者的发展脉络，发现这些集群大多具有明显先发优势、在产业规模上居全国乃至全球前列、产品品类齐全且市场占有率高、产业链条完备、"链主"企业集聚形成品牌和规模效应、主要企业掌握核心技术并拥有一定行业话语权、集群创新要素丰富等共同特点。

1.2 制造业集群技术创新活动具有典型的生态性特征

《习近平关于科技创新论述摘编》详细论述了创新在国家发展全局中的核心地位。无论从我国制造业集群的发展实践和发达国家产业集群创新活动计划来看，还是从学术界的理论研究成果来看，制造业集群内的技术创新活动均拥有典型的系统性和生态性特征。制造业集群内的技术创新活动以显著的交叉网络外部效应形成了协同配套、知识共享、相互依存的跨组织创新系统，而且这种创新系统具有一般生态关系特征，既有共同属性又有个体差异，既相互依存又相互制约，既有层级结构又可横向贯通，既关注要素功能又强调整体特性。因此，可以将其视为制造业集群"技术创新生态系统"（见图 1.2）。在技术创新生态系统中，跨组织合作具有重要的作用（Jason P. Davis，2016），成功的集群企业技术创新并不是仅依赖于企业本身的努力，还要依靠企业自身边界范围外的其他与之兼容配套行为主体的协同创新能力。

无数成功的案例验证了制造业集群技术创新生态系统的重要作用。如永川机器人及智能装备产业只用了短短两年的时间就快速崛起，目前已成为全国最大的机器人及智能装备产业基地，其成功的关键就在于地方政府注重制造业集群技术创新生态系统的培育，形成了"3 + 3 + 6 + 7"技术创新生态系统，包括 3 个创新公共服务平台（协同创新及研发公共服务平台、创业孵化及应用推广服务平台、金融及资本服务平台）、3 个产业板块（机器人、数控机床及智能装备整机、整线板块，机器人、数控机床及智能装备关键功能部件、关键应用单元板块，数字化车间、数字化生产线、数字化工厂系统集成板块）、6 个结合（"政、产、学、研、资、用"结合）和 7 个创新保障（龙头引领到位、集群发展到位、链条延伸到位、应用助推到位、融资创新到位、产业联动到位、人才培养到位）。

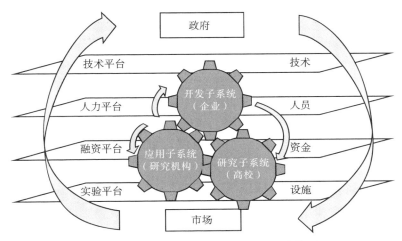

图 1.2 制造业集群技术创新生态系统模型

1.3 制造业集群技术创新生态系统呈现开放性治理范式

在传统思维方式下，企业通常选择在具有较强空间边界特征的制造业集群内部，建立一个以信任为基础的创新生态系统，这样的创新生态系统一般具有稳固且封闭的特征。但这种属性的制造业集群技术创新生态系统在运行过程中也面临着诸多风险，具体来说，外部创新资源及活动很少能进入到地方制造业集群技术创新生态系统内部，虽然外部知识、技术等资源对创新能力的提升具有非常重要的作用，但地方性的制造业集群通常具有边界性和内敛性（Laursen & Salter，2006），从而造成创新动力不足，集群通常面临"锁定"的风险,直至衰亡。为了有效解决这个问题,部分集群内企业寻找突破地方封闭集群系统的跨区域创新合作,"十四五"规划中明确提出,要制定更加开放包容、互惠共享的国际科技合作战略,积极主动融入全球创新网络。由此,开放治理(Open Governance)成为集群技术创新系统可持续发展的重要范式,对外通过嵌入全球创新生态系统参与全球治理,对内促进政府部门和大型企业集团、中介机构以及集群内所有利益主体进行共同治理,使集群内不同行为体与集群外行为体互动,获取技术、人才和知识等基础创新资源,并加以有效整合和利用,保持生产集群创新生态系统的稳定性和可持续性。

开放治理背景下,中国纺织服装产业集群技术创新得到了长足发展。随着全球经济低迷、中国经济转入缓增长的"新常态"发展时期,我国纺织服装业集群产品结构单一、以低端加工制造为主的发展模式不断面临新的挑战,产业集群亟须转型。在中国服装协会确定的56家服装产业集群创新试点地区中,产业集群的主营业务收入约占全行业的65%。在开放治理背景下,将全球化的时尚和文化价值融入服装设计,以满足全球消费者的个性化、时尚化和超值化的需求,已经成为这56家服装产业集群转型升级的共识。如江苏省江阴市纺织产业集群通过整合集群内外商务、传媒、展会等资源,推进品牌中外文化交流工作,形成富有中国特色的品牌文化,塑造了中国服装业软实力。

1.4 制造业集群技术创新生态系统主体关系持续动态演变

技术创新系统中行为主体间因亲缘、地缘、商缘等差异使得创新关系存在强弱差异,强关系主体间通常具有较强的同质性特征，而弱关系主体间通常具有较强的异质性特征（Granovetter，1973）。一方面，主体关系的强弱决定创新资源的性质，强关系交换同质创新资源维持渐进式创新，弱关系交换异质创新资源支撑突破式创新；另一方面，虽然弱关系在信息传递方面作用非常大，但在中国特定情景下，强关系更为重要（Bian，1997），强关系促进创新资源流动、加快创新过程，弱关系制约创新资源流动、延缓创新过程，而且创新资源越丰富、创新知识越复杂，强关系的促进作用越明显。不同类型关系基于创新活动的差异交互作用，所需要的创新投入和预期的创新产出均具有较大差异，加之其对系统主体关系的反作用，导致制造业集群技术创新系统的主体关系持续动态演变。

开放治理范式下，制造业集群技术创新生态系统和其他各类系统一样，随时与集群外部进行各种创新资源的交换，一旦集群外部创新环境发生变化（如新技术突破或新市场形成等），必然引起集群技术创新生态系统内部结构和功能的变化——其根本表现为主体关系动态演变，以便创新生态系统能与外界保持最优的适应状态，化解社会"总体创新资源供给多样化"与集群"个体创新资源需求个性化"之间的矛盾，根据自己的产业特征和创新需求，动态调整集群主体关系，以更高效地搜寻、吸收、整合创新资源，进而有效地促进集群创新。

1.5 制造业集群技术创新生态系统能够实现跨越式升级

制造业集群技术创新生态系统主体关系会在一定历史阶段衍生出多样化的演变趋势。如果任由集群技术创新生态系统自我选择，系统需要反复实践和试错，不仅选择的周期漫长，可能会错过产业集群成长的历史机遇，更为关键的是在激烈的国内外市场竞争中，随着其他竞争性制造业集群的快速壮大，集群技术创新生态系统很可能会以逆向选择的方式调整主体间行为关系，错过最佳的突破式创新时机，并最终导致集群的衰落。相反，如果能够在特定的外部创新环境影响下和前瞻性的集群战略引领下，有方向、有重点、有计划地推进正向激励系统中主体关系的演变，识别出有助于突破式创新的影响要素，并进行有针对性的强化，则能够打破集群技术创新生态系统完全按照线性、逐级递进方式升级的思维惯式，实现系统的非线性跨越式升级。例如，虽然德国在传统汽车领域已经建立了强大的产业创新生态系统，这种系统贯穿于德国的文化传统、价值体系、生产方式、运行模式中，美国难以与之媲美，但美国另外建立了一个全新的汽车核心技术范式，实现了新兴产业的电动汽车制造业集群技术创新生态系统的非线性跨越式升级，带动电动汽车制造业赶超了德国。

在实地调研中发现诸多能够进一步佐证这一观点的案例。例如，由一批乡镇企业逐步裂变而形成的江阴化工产业集群，早期主要围绕注塑模具、化工原料、家用塑料制品等生产经营，企业经营者间形成了具有紧密或松散关系特征的正式或非正式创新团体，强关系成员间经常相互分享技术、市场、管理等方面的信息，而弱关系成员间偶尔交流创新资讯。随着集群外部市场变化与技术突破，部分处于江阴化工产业集群创新生态系统中强联结地位的企业开始拓展集群外部的创新合作，原有的紧密而封闭的主体关系结构被打破，重新构建包括集群外部科研机构和生产合作伙伴的跨集群创新关系，带动产业创新生态系统向高端非线性升级。如江阴模塑集团有限公司通过与国际知名汽车厂商合作，重构创新合作关系，由原日化材料生产转为汽车保险杠等零部件、塑料制品、模具、模塑高科技产品的开发、生产和销售。由此，江阴地区在原化工集群创新生态系统的基础上衍生出了汽车零部件产业集群、化工新材料产业集群和石墨烯产业集群等新型集群技术创新生态系统，实现了跨越式升级。

1.6　本书的研究框架及主要内容

梳理相关文献后发现，关于技术创新生态系统的研究已经积累了一定数量和质量的成果，特别是自新经济社会学（Harrison White，1970）诞生以来，一批学者提出在经济理论构建中需要补充社会情境的解释变量（Granovetter，1985），从个体互动的角度探讨经济系统的运行规律。新经济社会学学者们尝试将个体影响、传播效果（Morris，1994；Rogers，1995）、示范效应、门槛模型带入经济系统的个体行为分析中，注重模型化和操作化的研究路径，通过对主体强弱关系、结构洞、信息传递等问题的探讨，形成了一套具体可行的经济系统分析范式。本书所讨论的制造业集群是一个既具有明显空间边界又与外部保持紧密关联的封闭而开放的产业组织形态，其创新生态系统中主体关系交错融合、动态演变。特别是在市场交换高度嵌入社会交换的中国情景下，创新主体关系更是制造业集群创新研究的一个关键落脚点。本书在五大发展理念的引领下，借鉴新经济社会学的分析范式揭示制造业集群技术创新生态系统的主体关系演变规律、创新效应及跨越式升级对策，其内在逻辑见图 1.3。

全书共分九章。第 1 章主要阐述研究的背景、整体思路和主要研究结论；第 2 章主要界定相关概念、阐述相关理论、归纳研究趋势；第 3 章主要阐述制造业集群技术创新的动力源泉、制约因素、行为特征，以及长三角这一典型地区制造业集群技术创新现状；第 4 章和第 5 章重点讨论了制造业集群技术创新系统中制

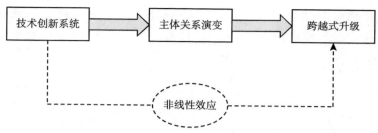

图 1.3　"技术创新系统－主体关系演变－跨越式升级"内在逻辑关系

造业与服务业两类（以下简称"两业"）主体空间协同集聚强度的创新机制与效应；第 6 章主要揭示了制造业集群技术创新系统中政产学研等多主体协同创新效应及各自创新贡献；第 7 章主要探索了制造业集群技术创新系统中主体关系强度对创新模式选择的影响的一般规律，并进行了实证检验；第 8 章从开放的视角分析了全球创新网络关系强度对企业创新的作用效应；第 9 章在前期理论与实证分析的基础上，面向企业、高校、科研机构、政府等各类主体分别提出促进制造业集群技术创新系统跨越式升级的对策建议。

　　本书的主要内容及结论：

　　第一，把"两业"协同集聚、主体间关系、绿色技术创新纳入同一分析体系，将主体关系进一步分为主体间经济关系、主体间技术关系以及地方政府间主体关系三种类型，选取中国 261 个城市数据作为研究样本，基于差异性主体关系强弱影响背景，重点分析考查"两业"协同集聚的绿色技术创新绩效差异与缘由。从全局样本视角来看，当主体间经济关系处于强关系态势，"两业"协同集聚的绿色技术创新效应最大，在较强的产业间主体经济关系引领下，"两业"的协同集聚更能促进绿色技术创新的产生。

第二，对一线、二线城市①的研究分析表明，"两业"主体间的弱经济关系更有利于促进绿色技术创新的协同集聚；而对三线至五线城市的考察分析发现，较强的产业主体间经济关系更利于协同集聚绿色创新效应的良好特征实现。"两业"主体间技术关系情境下的协同集聚绿色技术创新结果表明：不管是强关系还是弱关系的主体间技术联系，制造业与生产性服务业协同集聚的绿色技术创新效应都很显著；但从细分生产性服务业角度出发，不同行业的生产性服务业与制造业协同集聚的绿色技术创新效应存在差异。

第三，基于地方政府主体间强弱关系的协同集聚绿色技术创新结果表明：当地方政府间主体关系由强联结（强协同、弱竞争）转向弱联结（弱协同、强竞争）关系时，协同集聚对绿色技术创新的促进作用出现了下降。这一现象的背后逻辑可以从以下两个方面来解释：一方面，地方政府在制定发展策略上存在着双重目标的制约，"本地优先"战略下的"逐顶"与"逐底"方针会使强关系下的"协同动力"转变为弱关系下的"竞争压力"；另一方面，市场关系会被基于"本地化"发展的各类保护政策影响，即受到"政策租"干扰，形成一种非自然的出清状态，各类要素的不匹配与扭曲的概率会大幅增加。同时，从不同强弱的地方政府主体间关系下创新绿色技术创新效应与产业协同集聚规模的匹配计算可以发现，在地方政府主体间关系由强联结关系转向弱联结关系的过程中，为使绿色技术创新效应达到最优，区域内"两业"协同集聚布局规模呈现出先下降后上升的"U 字形"关系。

第四，在产学研协同创新的情况下，集群创新体系中单个行

---

① 本书参照第一财经·新一线城市研究所发布的《2019 城市商业魅力排行榜》标准，将城市样本分别分为"新一线、一线、二线、三线、四线与五线城市"，其中"新一线和一线"两类合并为一线城市。

为体的创新绩效会因为同一集群中的其他两类创新行为体创新绩效的带动而大大增强。相比之下，企业和高校在推动科研机构的创新绩效方面表现得更为强劲，其次是企业和科研机构对高校创新绩效的推动作用，而高校和科研机构对企业创新绩效的推动效果则最弱，这三类创新主体的互动不仅提高了每个行为体的创新绩效，而且也促进了该地区的创新绩效和整个创新系统的运作，成功做到"知识在空气中传播"。整体来看，我国长三角地区同一个集群内产学研已经形成了较为密切的协同创新关系。

第五，从集群内部产学研协同创新的角度看，高校通过地理溢出效应促进了周边集群科研机构和企业的创新绩效，同时也获得了显著的正向反馈，充分实现了集群之间的创新合作。而企业和研究机构的创新绩效转移途径却不够顺畅，具体来说，提高周边集群内高校的创新绩效能显著提高企业的创新绩效，而科研机构创新行为则无法对企业的创新绩效产生显著影响。在对高校创新绩效的影响方面，提高周边集群企业和科研机构的创新绩效会显著提高高校的创新绩效，其中，企业带来的促进作用更强。从科研机构创新绩效受到的影响来看，邻近集群高校创新绩效的提升可以显著地提升科研机构的创新绩效，但是对企业未能产生显著的影响。鉴于此，使用广义空间三阶段回归进行了检验，发现内生性问题并不影响结果的准确性，因此可以认为本书采用的空间计量经济学模型有效。

第六，构建双边随机前沿模型，分解政府扶持对产学研协同创新绩效的影响效应为正向激励和负向抑制，详细分析了研究期内政府扶持对产学研协同创新绩效净效应的大小和方向，发现在样本期内政府扶持对创新绩效的抑制作用要强于激励作用。从时间维度看，政府对产学研协同创新绩效的正向激励逐年上升，说明政府对产学研协同创新能力的重视程度越来越深。从区域异质性来看，政府行为对产学研协同创新能力的影响具有明显的区域异质性，政府扶持对产学研协同创新绩效的影响在成熟的产业集群所在区域如上海、南京、无锡、南通、苏州、杭州和宁波更加明显，而对滁州、铜陵、池州和芜湖等区域产业集群的贡献较小。

第七，揭示了产业集群技术创新系统中主体二元关系与创新模式匹配的机理，构造了产业集群技术创新系统中主体的强弱二元关系与二维创新（渐进、突破）模式间匹配性的概念模型。以江苏省制造业集群企业为样本，从收集到的有效问卷中构建了六个测量模型后，确定使用结构方程模型对二元关系、学习方式和二维创新模式进行实证研究，验证了二元关系与二维创新模式之间的匹配关系：强关系对渐进式创新有正向显著影响，弱关系对突破式创新有正向显著影响；利用式学习在强关系与渐进式创新中具有部分中介作用。

第八，明确了驱动江苏省制造业集群技术创新系统中主体创新有外部和内部因素。其中：外部因素主要包括国际技术贸易壁垒下，我国经济逐渐由高速发展阶段转变为中高速发展阶段，制造业发展出现瓶颈，在重视培育先进制造业集群、实施区域经济一体化战略下，江苏省提出制造业高质量发展的要求；内部因素主要包括江苏的区位优势明显，科技投入充足而科技创新水平低，主导产业表现突出，需要实时更新管理方式，对制造业结构进行调整。在内外部因素的驱动下，江苏省制造业集群技术创新系统主体创新行为表现出科学技术投入强度高、强关系更值得被维护、企业创新具有被动性、产业集群效应有待提升的特征。

第九，相较于强关系和超级关系，企业与全球创新主体间的弱关系对突破式创新和渐进式创新都有更加积极的影响。因为弱关系能够促使企业接触到更多的异质性资源，这些资源在被吸收并与现有的技术流程相结合时，可能推动新技术与现有领域的融合，从而促进突破式创新。企业与全球创新代理之间的强关系既能促进渐进式创新，也能促进突破式创新，而企业与创新主体之间的强关系则侧重于促进企业的渐进式创新。这也符合格兰诺维特（Granovetter，1973）、科尔曼（Coleman，1988）等的观点，即强有力的关系能促进更频繁的交流、沟通、交易和合作，甚至将员工送到彼此企业进行培训。这使得员工接触到其他企业所没有的隐性知识，这些隐性知识与当前的技术和工艺有着相对紧密的关联性，并且具有同质性，因此双方都更有兴趣改进原有的产品或工艺，对企业的渐进式创新起到促进作用。

第2章

理论基础和研究现状

本章在对产业集群、技术创新系统、主体关系等相关概念进行阐述的基础上，梳理产业集群主体关系的理论基础和制造业集群技术创新系统的研究成果，归纳总结近年来关系强度的相关研究主题。

2.1　相　关　概　念

2.1.1　产业集群

十九世纪末，马歇尔根据劳动分工理论和电气革命后的工业集聚现象，创造出"产业区"概念，并将其写入《经济学原理》。与一般的经济区定义不同，马歇尔所讲的产业区除强调内部企业分工不断细化，也重视内外部长期、广泛的关联，以此提高设备使用效率，降低折损并提高生产率。韦伯（1909）对产业集群的相关理论进行了补充和完善，其主要贡献在于采用与以往不同的视角，研究决定地区工业区位的因素，他认为工业在地理上的分布决定于成本大小，包括运输成本、劳动力成本和集聚力。20世纪50年代，经济学家佩鲁提出增长极理论，对经济空间加以区分，总结为计划界定的空间、力场占据的空间和同类聚集体空间，从而打破新古典经济学均衡假说的桎梏。布德代尔（1966）对该概念重新梳理归纳，他指出增长极是城市中企业等市场主体的集聚空间，伴之而生的集聚现象将带来范围经济。由此，增长极的概念不断得到丰富，已经演化为区域性的产业聚集，具体表现为在特定的历史发展阶段和社会背景下，相关主体在地理上聚集形成增长极，进而产生乘数效应影响区域经济总量变化，产生扩散效应缩小区域发展差距。

产业集群的相关研究在国家竞争力理论和创新理论等被引入经济研究范畴后，开始发生横向拓宽和纵向延展。"产业集群"发端于波特（Porter，1990）的国家竞争理论，他指出国家竞争力的增长在很大程度上依赖于产业集群的发展。大量涉及产业集群更迭的重要理论产生于多学科融合，为产业集群研究提供了新视角与新方向。布伦纳（Brenner et al.，2003）基于社会学视角，立足于波特菱形理论，梳理和完善产业集群发展的动力来源和作用方式。王缉慈（2004）基于全球化和技术创新等视角，对集群进行探索和界定，并提出中国发展创新型产业集群的相关建议。周海波和胡汉辉（2015）将产业集群抽象为小世界网络，并从知识演化视角研究产业集群的创新升级过程，经过仿真实验得出传统产业集群与高新技术产业集群的不同创新升级路径。有关产业集群的研究涉及地理学、产业经济学和区域经济学等多个学科，其中，学术界普遍采纳的是波特提出的"Industrial Cluster"，即产业集群是指某一区域内集中的，以市场相关活动为基础，具有竞争合作关系的企业、政府、研发机构、高校以及社会组织等机构组成的经济组织形式。

首先，我们要了解什么是"产业集聚"。"产业集聚"是指企业在空间地理位置分布上的集聚关系，众多企业通过生产协作和分工集聚在一定的空间范围内，有效地促进区域经济发展，这种"产业集聚"正是产业集群研究的来源，因此，产业集群也是一个空间上的概念。其次，地理位置上相邻的主体集就可以被叫作产业集群吗？事实上，产业集群不仅仅要求不同主体的地理邻近，同时也强调不同主体间竞合关系的紧密程度，即在地理位置上邻近的主体会通过内部自我完善和外部协同合作等行为占据更大的市场份额。最后，企业是产业集群的全部构成吗？其实不然，产业集群形成于多主体的共同作用，企业不可或缺，其他主体也很重要。政府、研究机构、高校分别作为区域政策的制定者、技术的研发者、知识的创造者，都扮演着无可取代的角色。

2.1.2 制造业集群

制造业是立国之本、强国之基。制造业被定义为"企业根据市场的要求，组织劳动力、资源、设备等生产要素，通过制造过程，将原料转化为机械、工业品以及生活消费品的行业"。制造业所涵盖的范围与其划分方法相关，当前主要有四种分类方法：联合国产业分类法、三次产业分类法、资源密集型产业分类法和产业发展状态分类法。本书依据中国国情，选用《国民经济行业分类》（2017）标准，依据其中的家具制造业、医药制造业以及仪器仪表制造业等 31 个大类，查询并处理相关主体的创新数据。

立足于产业集群和制造业的相关概念，结合本书研究内容和研究重点，将制造业集群做如下定义：制造业集群是在一定区域内，从事与制造业相关市场活动（包括研发、生产、运输与销售）的企业、政府、高校、科研机构以及其他社会组织构成的具有经济关联的集合。唯物辩证法认为联系具有普遍性，制造业集群内同样存在这样的联系，即存在于各主体间较为复杂的关联性。这种关联性体现在各主体间，如具有类似商业性质的公司可以合作，在该领域取得更大的市场，甚至形成垄断；高校和科研机构进行知识和技术的创造和传播，并与企业合作研发，所获得的研究成果不但有助于经济效率提升，更有利于三者的共同进步；政府通过制定政策间接参与创新过程，如通过税收政策对企业进行税收减免，帮助企业进行融资发展，或调整落户政策以促进人才质量提升。

2.1.3 技术创新系统

熊彼特于 1912 年正式提出"创新"一词，其观点在于创新就是将生产要素和生产条件通过有机结合后引入到生产体系中，这里的创新包括引进新产品、开发新技术（生产方法）、开拓新市场、协调创新制度和资源等生产要素或生产条件。"技术创新"一词在 1999 年发布的《中共中央 国务院关于加强技术创新，发展高科技，实现产业化的决定》中表述为："企业应用创新的知识和新技术、新工艺，采用新的生产方式和经营管理模式，提高产品质量，开发生产新的产品，提供新的服务，占据市场并实现市场价值。"技术创新的内涵在时代的变化与经济的发展中不断丰富，创新的过程需要企业、政府、高校、科研机构等多主体共同参与以实现更高水平的协同创新。面对环境的不断变化，过去单一的线性技术创新活动难以为继，依托于制造业集群的复杂区域关系网络的非线性技术创新活动开始崛起，集群内部区域创新系统的形成依赖于多主体间的相互作用、共同参与，并在长期正式或非正式的交流中不断完善，企业、科研机构、大学、政府和各类中介机构等各类主体各司其职、携手共进。截至目前，主要形成四个技术创新学派，分别是以索洛等为代表的新古典学派、以曼斯菲德和卡罗为代表的新熊彼特学派、国家创新系统学派以及区域创新系统学派。

第一，新古典学派。该学派的主要贡献在于运用数据和模型测度了技术创新对经济增长的贡献情况，索洛通过将柯布－道格拉斯生产函数进行变形推导出全要素生产率的增长，并给出测度技术进步对经济增长贡献的具体方法。索洛模型中，技术进步被证实是经济持续长期增长的来源，但其模型并未解释技术的来源，而是将其作为外生变量进行处理。为解决这一问题，罗默（1986）大胆抛弃索洛模型中技术进步外生的假设，进而提出以知识积累为基础的内生经济增长理论，将技术进步作为内生变量解释经济的增长。在此基础上，卢卡斯进一步引入人力资本，发现人力资本可以促进经济的持续增长。

第二，新熊彼特学派。该学派沿袭了熊彼特的基本思想和理论，并以此为基础深入研究了技术创新的运作机理。施穆克勒（1966）提出了市场需求拉动模型，这是对企业家创新模型的深化。20 世纪 60 年代，为填补熊彼特创新理论中的空缺，曼斯菲尔德提出新技术扩散理论，以此探讨技术创新和模仿之间的关系。门斯认为基础创新很重要，只有不断进行新的基础创新才能真正帮助经济社会转危为安，其思想源于熊彼特对技术创新是推动经济长波周期动力这一解读。

第三，国家创新系统学派。该学派的主要代表是弗里曼和纳尔逊等，研究对象是国家创新活动，即国家创新体系对技术创新产生的重大影响。20 世纪 80 年代，日本实现战后经济高速发展，短时间内成为世界第二大经济强国，弗里曼（1987）对此现象进行研究，指出日本实现经济飞速增长的原因在于其对技术创新的重视，以及大力推行的组织创新和制度创新。弗里曼在充分研究美国、英国、德国等经济发展状况后，首次提出"国家创新系统"，在其描述中明确了技术创新的核心主体——企业，并重点说明了政府引导的重要作用，相关中介机构在创新过程中的技术支撑也不容忽视。可以看出，国家创新系统构建与运行的过程十分复杂，各类创新主体需融入其中，紧密合作。90 年代，伦德瓦尔

（Lundavall）、奈尔森（Nelson）和帕维蒂（Pavitti）等学者采取更加科学的方法，丰富了国家创新系统理论。在知识经济的推动中，我国学者在研究国家创新体系方面也取得了长足的进步，如结合中国实际，柳卸林（1998）探讨了创新系统理论对科技进步与经济发展的重要意义；胡志坚（2000）系统回顾了国家创新系统的发端与基础，并提出了在系统中优化科技与资源的配置问题。由此可见，国家创新系统除参与资源配置外，更是利用效率的行为主体和运行机制的综合体系。企业、高校和科研机构共存于该体系内，被有效引导并相互学习与合作，相互借鉴，提高创新成果的转化效率，进而提升整个国家的技术创新水平。

第四，区域创新学派。当对技术创新系统的研究细化到区域层面时，区域创新系统的概念应运而生。该学派认为区域创新系统的本质是一种区域性组织体系，系统内部存在着众多创新主体，如企业、高校和研究机构，它们在地理上并不独立，存在着联结关系。事实上，当有关创新系统的研究落脚点是区域层面时，已经默认创新系统与产业集群密不可分，因为在本质上，无论是区域层面还是集群层面的技术创新系统都是以集群为基础建立起来的。

随着时代的发展，创新理论也在不断发展完善，局限于单一企业内部技术创新过程的研究范式无法适应目前的创新生态。研究发现，企业技术创新是一个开放的、非平衡的、动态的、非线性的复杂系统，满足形成耗散结构的条件（吴伟，2012）。加之中国部分产业集群正面临整体自主研发能力和创新能力较为薄弱、创新人才不足等问题，加上产业本身具有的高风险性、高复杂性和高不确定性等特征，使单个创新主体很难凭借自身力量在结构性技术创新中发展壮大（回亮澔等，2020）。基于此，越来越多的学者将研究视角逐渐由单一企业转向企业与企业之间、企业与其他各类主体间的关系，试图通过这样一个全新的视角来探索经济中的创新问题。刘志迎等（2020）从发达国家企业创新发展的实践中发现，其中一条最重要的成功经验，就是打破企业的边界，与多主体协同创新，实现创新要素最大限度的整合。各类主体之间相互作用形成要素的统一体，创新系统的思想在此过程中应运而生，也发展和运用了创新系统理论。科技革命促进经济发展加快，传统的区域发展政策与模式已不再适应当前的发展环境，在全球范围内可以借鉴的企业与产业集群屡见不鲜，有关区域创新系统的研究成为经济学家研究的焦点。作为新的研究方向，区域创新系统被库克（Cooke，1998）解释为各类创新主体集聚并共同参与创新的区域性组织系统，包括在地理上相互关联的生产企业、研究机构和高等教育机构等多类主体。阿什海姆（Asheim，2002）将其定义为支撑结构包围的区域集群，系统核心是产业集群中的企业，对创新活动起到支撑作用的是高校、研究机构以及中介机构等。正如前文所言，当有关创新系统的研究落脚点是区域层面时，已将创新系统与产业集群紧密结合。不同学者对区域技术创新系统的基本内涵达成一致，但在理解角度上各有不同。首先，创新系统是多主体多要素的系统，企业、高校、研究机构和政府等是系统的行为主体；其次，创新系统是协同与协作的系统，各行为主体在发挥其创新能力的同时，也会进行必要的协同与合作；再次，创新系统是生长于创新环境的系统，这种创新环境由政府提供，通过适当干预和资助，支撑和维持系统运转，并保证创新活动的根植性特征；最后，创新系统是促进创新能力提升的系统，创新系统发展的最终目标是促进整个区域创新能力的提升。

制造业集群技术创新系统是一个新兴概念，涉及产业集群、技术创新以及创新系统等多个理论，经不断完善和发展，其内涵得到延展，学界对其理解虽有不同，但总结下来制造业集群技术创新系统具有如下两个特征：一是多主体共同参与。制造业企业、高校、研究机构和政府都在发挥作用，共同参与创新过程。不同的参与者之间存在着各种各样的合作关系，这种关系可以是微观个体之间的联系，也可以是中观层面不同产业组织之间的联系，不但强调产业集群地理集中性，还考虑到创新体系中所有主体之间的生存状态。二是集聚效应彰显充分。在集聚效应的作用下，多主体共同参与研发过程，技术信息和知识得以加速传播扩散，其结果是企业更易产生高质量的新产品，在市场中获得更强的竞争力，与此同时占领更大的市场份额和获取大量的资金用于创新，从而进一步深化各主体间协同创新的深度和广度，逐步形成良性循环，不断促进系统的运行和完善。

2.1.4 绿色技术创新

（1）技术创新的内涵

在认识绿色技术创新之前，需对技术创新概念进行梳理。首先，有关创新的定义会随理论学派与研究类别的变化而变化，著名创新经济学者约瑟夫·熊彼特（Joseph A. Schumpeter，1939）对创新的理解如下：创新是以企业或其他机构作为主体，通过引入全新生产要素与生产方式，打破既有生产体系与生产模式，形成新型生产组合，不断产出新产品、新服务的一个过程。换句话说，创新可以看作对一般性生产发展轨迹的打破，是思想决策和实际行动的辩证统一，其结果是产生新理念、新商品和新服务。其次，在熊彼特创新理论的基础之上理解技术创新就方便得多。技术创新是创新大类的重要分支，其以创新理念为指引，其中"二次创新"以现有技术为基础，这种创新分为两种：一种是围绕"模仿"进行的"模仿性的范式创新"，这种方式主要通过"模仿"的方式学习其他先进技术，通过熟悉和吸收将其用于生产中；

另一种是围绕"干中学"进行的"自主性的范式创新",这种方式主要通过自主学习、竞合关系的变化,以及产品研发获得,并在企业家、研究人员或是劳动者中进行实践。

在理解什么是创新,什么是技术创新之后,就可以进一步探讨什么是绿色技术创新,那么为什么要研究绿色技术创新呢?经济学中有"理性人"的基本假设,即当生态资源的使用不受约束时,技术创新能够产生新的生产范式,提高生产效率,促进经济发展,但资源具有稀缺性,而人的欲望是无限的,基于物质资源不受约束的"机械式"创新路径不可持续。在此矛盾状态下,弥补传统技术创新"非自然性"与"机械性"差异的绿色技术创新概念应运而生。

(2) 绿色技术创新的三种内涵

截至目前,绿色技术创新内涵尚未统一,大致有以下三种观点。第一种观点认为绿色技术创新是一种防止生产活动对环境产生负面影响的创新,环境经济学家拉西(Rasi,2016)将绿色技术创新定义为旨在尽可能防止或减轻环境破坏的流程、制度、组织和技术,这种类型的创新与生产和消费利益相关者的环境效益密切相关。第二种观点认为绿色技术创新是一种深切考量创新背后环境绩效的新式创新,陈(Chen,2006)视绿色技术创新为一种等同于绿色商品与绿色服务相关的软硬件创新过程。第三种观点认为绿色技术创新的概念与环境创新类似,甚至可以说这就是一种环境创新,伦宁斯(Rennings,2000)认为其与环境质量改善等价。虽然还没有明确的定义阐释究竟什么是"绿色技术创新",但上述观点可以为我们提供一些思路。首先,从一般范畴来看,绿色创新从属于创新大类中的技术创新,但其明显区别于传统意义上的创新,属于多元复合技术创新,兼顾环境经济和生态经济,不但可以促进经济发展,改善企业盈利能力,还可以弥补常规技术创新非自然性、机械性特点，适应人们对绿色发展的主客观需求，促进经济发展与生态环境协同共生。换言之，绿色技术创新的提出为解决经济发展效率不足以及在发展过程中出现的环境污染问题提供了明确的思路。

2.1.5　主体关系

（1）主体的经济学内涵

不同学科对主体的定义不同：在哲学中，主体是指能够理解和应用客观事物的人或事物；而在经济学中，主体是指事物的主体，即主要部分。将经济学中的主体内涵进行延展，可以将主体概括为进行劳动生产、决策和计划、主导商品和服务贸易，促进劳动力、资本、技术等流通的"进行体"。本书所要探讨的进行体，可以是空间上因供需关系集聚在一起的不同企业，也可以是新时代下兢兢业业的"政府守夜人"。从所要研究的问题来看，本书主要探索制造业与生产性服务业协同集聚的绿色技术创新问题，那么制造业和生产性服务业是绕不开的两个基本点。另外，中国的经济发展离不开产业政策方针的引导，因此中央政府和地方政府作为政策执行者也就成为了本书探索的主体。需要注意的是，中央政府会对产业政策进行宏观把控，但具体实施方案还要各个产业园区所处地级市政府予以落实，因此本书所指的政府将被进一步细化为地方政府，作为本书所要探究的主体。

（2）关系的经济学内涵

"关系"一词最初并不是出现在经济领域，而是从属社会学的研究范围，最早由理论先驱格兰诺维特（1973）在 20 世纪 70 年代运用，他对劳动力市场进行分析并解决实际经济问题。在其经典著作《弱关系的力量》一书中，他尝试从社会和经济的双重领域定义"关系"，以解释劳动力市场中"关系"的特点，在书中虽不存在明确性的定义，但在其后续研究中，学者们找到了他对"关系"深入理解的解读，并将"关系"总结为"人与人之间，或者组织与组织之间，因交流和接触，产生的一种纽带关系"。基于上述理解，经济学中的关系便与社会学中的关系区别开来，拥有了不仅作为人自身的属性，更具有了一种组织关联的属性，这种属性连接着人与人，物与物，由于缺乏信息、不完全竞争、不完全市场等特征，关系逐渐成为人们追求自身利益的手段。在传统经济学中，"关系"从来都不是学者们关心的重点，但它却一直作为一只"无形之手"作用于现实经济绩效的"黑箱过程"之中，由此，研究这种关系的强弱，也就成为了经济学研究的重要内容。在格兰诺维特（1973）的书中，已经将这种"关系"进行了划分，"强关系"与"弱关系"的判定基于四个指标维度，分别是熟悉水平、互惠水平、紧密水平和时间长短。主体间"强关系"表现为两主体之间的重叠程度较大；"弱关系"表现为两主体之间的重叠程度较小。

2.2　理 论 基 础

2.2.1　社会经济理论

社会经济理论属于综合性理论，旨在以社会学的视角，对现实中的经济现象做出解释，对现存的经济制度做出改变。该理论认为经济行为与社会行为具有关联性，但更注重其社会学分析，并为研究经济政策实施的社会依据和条件提供对策和建议。

以此切入产业集群研究，应注重在具有代表性的产业协同集聚过程中的人际关系和企业间联系的网络。哈里森（Harrison，1992）提出产业集群的出现是建立在人际需要的客观需求之上，同时理想的集群类型应是中小企业协同集中，并发挥其灵活性专业分工的特点。在这种协同布局下，中间商品联系着不同企业，使专业化分工与合作得到体现，基础设施和信息的共享会使企业获得更多收益用于自身发展，技术人员的近距离沟通也会积极促进各种知识的交互和增加交流的频次，进而形成一种网络化产业规模。当产业分工网络的形态进入高级阶段，社会资源的力量便不可忽视，这种社会资源通过其独有的性质，配置着企业在相邻地理空间上的分布，并在企业不断成长与扩张的过程中得以强化。故而，社会经济理论中的一些观点可以作为研究产业集群中主体关系的依据。

2.2.2　网络外部性理论

网络外部性理论认为，社会中的经济活动具有明显的网络外部性特征，其原因在于人们的需求、企业的需求之间存在相互联系，任何一种商品的需求有赖于其他个体的影响。

产业协同布局形成过程的本质也是多阶段差异化需求与各类产业匹配而形成的地缘经济过程。企业的空间集聚来源于"第一粒种子"，也就是最先入驻的企业，当企业进入存在派生需求的区域后，会不断发展壮大，增加其业务收入及发展各种业务以满足客观需求，其发展所产生的空间溢出效应，吸引其他企业在空间上集聚，集聚行为地就会产生。由于派生需求而出现的产业关联网络效应，不仅是新企业不断向特定地理位置靠近的吸引力，也是业务结构的现代化和中间业务的扩张，这里第一家或第一批企业的入驻对整个集群的孵化意义重大。整体产业集群在批评与自我批评中成长，率先进驻的企业与后来者在集群发展中的主体关系非常重要。

2.2.3 集群网络创新理论

由于内部经济相关产业存在合作竞争和专业化分工，加之地方政府会给予一定的外在支持，产业在一定地理区域内的协同集中布局将带来源源不绝的内生动力。根据迈克尔·波特的理论，产业协同集聚的创新动力来源于极高的凝聚力和产业合作网络。与此同时，这种凝聚力和网络化合作构成的创新从内部自发形成一种自组织机制，并推动整个产业园区在整体上进行可持续的创新。一方面，在园区内部，各部门在产品和服务方面的竞争互动产生了竞争和示范效应，产业竞争力提高的同时会产生溢出效应，从而带动其他部门竞争力的提高。另一方面，竞争压力倒逼企业自身提高创新水平，于是企业将通过不断的市场开发，逐步获得可以与竞争对手相媲美的竞争优势。因此，企业形成了一个具有地域协同布局的综合网络系统，企业间相互联系的网络间合作与竞争的相互作用导致了"技术活力"，使整个集群产生了创新动力。

2.2.4 社会网络理论

在主体关系研究中，使用较多的是社会网络理论，在该理论的情景设定下，社会行动者（社会中的个体、群体和组织）会随着社会情境的变化调整社会行为，其动机形成彼此间的一系列关系和纽带。在社会网络结构中，关系要素和结构要素是重要环节。前者重点关注存在于社会行为者内部，或者在群体之间的强、弱关系，以及基于此所形成的不同社会行动动机；后者则主要关注社会行动主体内部及群体间非冗余的联系性问题。

2.2.5 关系强度理论

关系强度理论属于社会经济理论，在格兰诺维特（1973）的著作《弱关系的力量》基础上演变形成。理论中"关系"分为"弱关系"和"强关系"两个维度，在这两种维度下存在着有明显区别的信息传递以及社会行动绩效。当主体间关系靠"强关系"引导时，主体间的交流频率较高，相互之间的行为较为亲密，但这种链接所传递的信息重复较多，在强化原有认知观点的同时，也大大降低了与其他新观点融合的可能性，其结果是产生一个较为封闭的系统，因此在这种关系引导下，创新的形式多表现为渐进式创新；当主体间关系靠"弱关系"引导时，主体间的交流频率并不高，但主体互动的覆盖范围得到了质的提升，重复性信息在互动过程中大大减少，信息也在低成本高效率下被主体所吸纳，因此在这种关系引导下，创新的形式多表现为突破式创新。

2.3 关系强度理论的研究现状

2.3.1 关系强度研究背景

关系强度研究伊始，学者们关注的重点主要是回答社会中人们之间关系强弱如何影响人们对信息资源的获取这一问题。不同学者的研究角度各不相同。格兰诺维特（1973）认为，在探究一些网络现象时，使用弱关系的概念比使用强关系的概念来得重要。同时，因为弱关系是保持在社会群体之间的一种就分布范围较强关系而言更为广泛的状态，所以它更有可能作为桥梁，使主体之间跨越一定的社会界限获得原本不属于这些群体的重要信息资源。社会资源理论扩大研究范围并修正了弱关系的研究条件，认为应该结合主体的社会阶层来权衡关系强度的影响效应。无论是强关系还是弱关系，身处当中的主体本身的社会地位都可作为重要的变量决定这种状态是否能够获得资源的数量和质量。因为根据关系强度的定义，最弱的关系不会让主体产生交换的动力，是没有用的关联，而最强的关系虽然双方了解到的信息资源冗余度较大，但是这类关系对主体而言是至关重要的，原因在于这种关系意味着信任和承诺，所激发出来的主体之间相互帮助的意愿最强。社会资源理论把主体的社会地位作为一种能力引入到关系强度的影响效应分析中，充分表明了关系强度的作用是由主体的社会地位和意愿共同决定的。弗里德金（Friedkin，1998）对格兰诺维特的理论进行延伸并提出了"山脊状结构"的概念。他提出的山脊状结构是指社会空间中分布密集并且相互交叠的区域。随着社会空间中的主体接近程度不断加深会增加人际情感发生的可能性，山脊状结构则意味着一连串已经发生了人际情感的主体彼此相交形成关系网络，而在这一结构中距离较远的主体也被逐渐连接起来。弗里德金指出，虽然我们不能否定关系桥梁在不同区域主体之间的连接上的纽带作用，但是山脊状结构能作为主体普遍关联更加有力的基础，是由于其涵盖相对大量的行动主体渗透在社会中的不同空间区域，构成了主体在社会宏观层面上传递信息资源的关键性结构。

自 20 世纪 70 年代格兰诺维特关注"弱关系的力量"以来，关系强度一度成为社会学科研领域的热门话题，并被应用于相关的学科领域。此后，不同学科领域的学者们对关系强度的研究从未间断。在企业组织的相关研究中加入关系强度理论之后，国内外开始将关系强度应用于企业组织的研究领域。目前，关系强度不仅是社会学领域中的焦点，还是管理学、经济学等诸多科学研究领域中的研究热点。社会学领域的关系强度主要偏重运用关系强度的概念分析单个主体和整个社会的相关课题，管理和经济学领域的关系强度侧重于研究关系强度对主体技术创新能力是否具有促进作用。随着研究的深入细致，关系强度已经被科学研究领域的学者广泛认可。学者们将关系强度理论应用于个人、企业、产业集群等多个层面，特别是群体内部微观主体层面的研究日益增多。国内外学者对关系强度的维度划分见表 2.1。

表 2.1　　　　　　　国内外学者对关系强度的维度划分

学者（年份）	关系强度的维度划分
Granovetter（1973）	互动频率、情感力量、亲密程度、互惠互换
Marsden（1984）	频率、持续性、亲密性、信任
Collins（2003）	相互作用频率、关系持续时间、情感力量
Levin & Cross（2004）	互动频率、亲密程度、信任
杨俊（2009）	认识时间、交往频率、亲密程度、熟悉程度、信任程度
潘松挺（2011），刘学元（2016）	接触时间、投入资源、合作交流范围、互惠性
姜波（2011），王永健（2016）	关系数目、接触次数、合作持续时间、亲密程度
何郁冰（2015），陆炜炜（2018）	合作持续时间、亲密程度、信息交流频率、资源共享频率
王玲玲（2017）	保持密切关系的程度

资料来源：根据相关学者文章整理所得。

目前学者们在社会学领域运用关系强度对社会现象的研究已经发展成熟，而现有关于关系强度在经济学微观主体问题的研究方面则正处于发展阶段。以国家知识基础设施和科技文献数据库（CNKI & WOS）这两个权威数据库为数据来源，通过对两个数据池中关于关系强度研究的文献进行选定，展开进一步的分析，并运用 CiteSpace 软件进行数据处理。从 2000～2018 年国内外关系强度研究文献数量时间分布图可以较为直观地看出近 20 年来文献数量只是略有波动。2017 年是国内关系强度研究的高产之年，其中核心文献高达 78 篇，但是之后两年关于关系强度的研究略有下降。国外 2000～2018 年关系强度研究的文献数量整体上呈现上升的趋势，虽然在 2016～2017 年有短暂的停滞，但是从 2018 年开始关系强度研究的文献数量开始增长，说明学术界对其仍然保持高度的关注，关系强度仍然是学者们研究的热门课题。对比国内外关系强度研究文献数量在时间分布上的变化趋势发现，国外关系强度的文献数量一直比国内的多，总体上呈现上升趋势，表明无论国内还是国外对关系强度的研究都在逐渐加深。国内外关系强度研究文献数量时间分布情况见图 2.1。

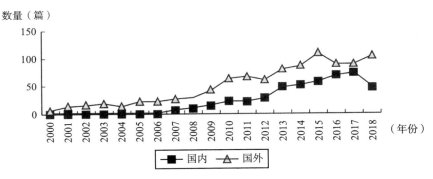

图 2.1 国内外关系强度研究文献数量时间分布图

关键词是一篇文献学术观点的高度概括，能够在一定程度上反映文献的精髓，而高频关键词就是研究对象所处领域的研究热点。在 CiteSpace 软件运行后形成的报表中，中介中心性大于 0.1 的关键词表示可以成为关键节点。通过记录关系强度领域出现的高频关键词和热点关键词发现：关系强度、社会网络、创新绩效、弱关系、社会资本、网络关系强度、创新网络、社交网络是国内关系强度领域的热点关键词，并且是中介中心性大于 0.1 的关键节点。国内关于关系强度的研究主要集中在强弱关系、创新绩效、社会资本等几个方面。国外关于关系强度的热点关键词中关键节点主要有：weak tie、organization、innovation，关于关系强度的研究主要集中在 social network、weak tie 和 innovation。国内外关系强度研究热点关键词统计情况见表2.2。

表 2.2　　　　　　　　国内外关系强度研究热点关键词统计

国内热点关键词				国外热点关键词			
序号	关键词	频次	中介中心性	序号	关键词	频次	中介中心性
1	关系强度	133	0.79	1	social network	251	0.03
2	社会网络	45	0.21	2	weak tie	251	0.14
3	创新绩效	24	0.28	3	network	192	0.09
4	弱关系	21	0.37	4	strength	131	0.09
5	强关系	21	0.01	5	performance	107	0.08
6	社会资本	19	0.87	6	organization	91	0.11
7	网络关系强度	15	0.27	7	social capital	90	0.05
8	网络结构	12	0.09	8	information	89	0.03
9	创新网络	11	0.10	9	innovation	81	0.15
10	社交网络	9	0.23	10	knowledge	81	0.05

2.3.2　关系强度研究的主题演变

（1）关系强度的研究主题从社会学转向经济学领域

为了探究关系强度的研究热点变化情况，在 CiteSpace 软件中运用时区的聚类分析方法，以时间为维度，将数据池内文献中的关键词进行聚类，分别得到国内外关系强度研究的趋势图谱（见图2.2、图2.3）。通过图2.2和图2.3的对比分析发现，国内外关于关系强度研究的时间进度有所差别，其中，国内图谱的连线要比国外的多，表明国内关于关系强度的研究时区节点间的传承更为紧密。

国内关系强度研究相对较晚。在 2006～2009 年，"关系强度""信任""知识流动"三个关键词的中心度较强，是整个研究领域的核心。这一阶段研究的主题主要集中在关系强度理论的关系强度影响因素研究以及关系强度对资源流动的研究；国内关系强度的研究在 2010～2013 年处于停滞状态。在这一期间，学者们对于关系强度的研究并没有出现中心度较强的关键词，在关系强度的研究方面缺乏突破性；国内关于关系强度的研究在 2014～2019 年期间处于快速发展时期。在这一期间出现了"技术创新绩效""结构洞""电子商务""社会交换""结构方程模型""信息传播""知识获取"等众多中心度较强的关键词。在这一时期，学者们将关系强度引入经济学领域的研究中，相关的实证论文开始逐渐出现。

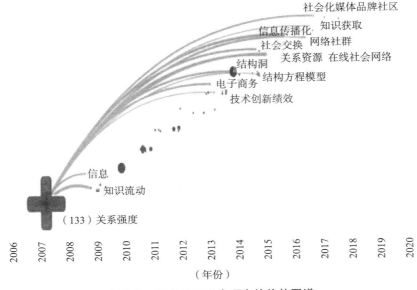

图 2.2 国内关系强度研究的趋势图谱

国外关系强度的研究从 2008 年开始出现。相较于国内对关系强度的研究，国外的研究主题相对集中，起步阶段只有"tie

strength"和"commitment"两个关键词，这与国内起步阶段的中心度较强的关键词相似，反映出国外关于关系强度的早期研究主要是以主体间关系强度的影响因素为主；国外关系强度研究在2009～2014年得到快速发展，这一阶段中心度较强的关键词为"social network analysis""online social analysis"以及"word of mouth"，研究重点是社会学领域的社会网络关系强度对主体行为的影响，比如消费者的口碑对于其社交网络中其他潜在消费者行为的影响；国外关系强度的研究在2015～2019年出现了短暂的停滞，这一阶段中心度较强的关键词为"engagement""social network""network size"，并且这三个中心度较强的关键词均在2019年左右出现，说明关系强度的研究在2019年左右开始转向。

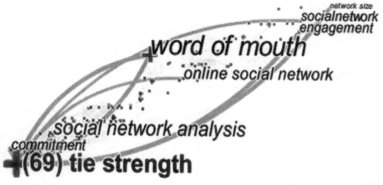

2008 2009 2010 2011 2012 2013 2014 2015 2016 2017 2018 2019 2020 （年份）

图 2.3　国外关系强度研究的趋势图谱

（2）关系强度研究的关键词节点从星型结构向网状结构突变

在对国内外关系强度研究的趋势图谱进行分析后，选择了数据池中1970～2019年的相关文献，以一年为时间切片对关键词进行深入分析，得到关系强度相关文献的关键词节点网络图（见图2.4、图2.5）。虽然最终得到的是一张已经成型的关键词网络节点图，但是在软件运行过程中，可以看出关系强度研究的关键词节点从星型结构向网状结构突变。

　　在国内关于关系强度研究的关键词的节点网络图当中，可以发现只有关系强度一个中心节点，在关系强度周围连接着的次核心节点有知识流动、社交网络、社会资本、弱关系，在核心次节点附近又连接着一些零散节点，诸如网络关系强度、口碑、结构、社交网络、知识转移、创新绩效、关系嵌入、强关系等。其中，核心节点——关系强度，与知识流动、社会网络、社会资本、弱关系等次核心节点以及一些零散节点形成的星型结构在逐渐靠拢的过程中形成了网络节点图。

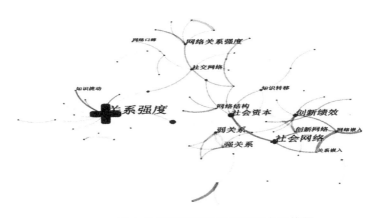

图 2.4　国内关系强度研究关键词节点网络图

　　在国外关系强度研究的关键词节点网络图中，"weak tie" 和 "social network" 为中心节点，连接着 "strong tie" "tie strength" "social capital" "communication" "tie" 等次核心节点，而在此核心节点以外，分散着 "network" "behavior" "strength" "organiza-tion" "innovation" "trust" "performance" 等零散节点。与国内关键词节点网络图形成的过程略有不同的是：国外关键词节点网络

图是由"weak tie"和"social network"两个中心节点以及分别分布在它们周边的"strong tie""tie strength"等节点形成的星型结构逐渐靠拢形成了网状结构。

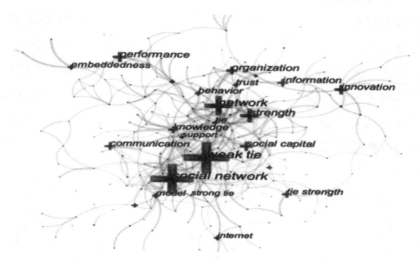

图 2.5 国外关系强度研究关键词节点网络图

通过关键词节点网络图发现,一方面,关系强度的研究热点主要集中在社会学领域,研究主题集中在社交网络、社会资本以及强弱关系,研究成果相对单一且缺乏系统化的研究;另一方面,国外对于关系强度的研究相较于国内来说热度偏高。虽然两者的关键词的节点颇为相似,但是国外关键词节点的连线要远比国内关键词节点的连线密集,这一点从国内外关于关系强度研究的文章数量对比也可以看出。此外,两者的相似之处是研究的节点都是从星型结构向网状结构突变。

(3)关系强度研究的聚类从相对单一化向多元化方向演变

为了探究关系强度的研究现状,在得到关系强度相关研究的关键词节点网络后,在原有的关键词节点网络中提取聚类标签,调整关键词显示数量直至关键词不再显示，得到国内外关系强度研究领域的聚类图谱（见图 2.6、图 2.7）。通过对聚类图谱的分析得出结论，关系强度的关键词聚类从相对单一化向多元化演变且国内外关于关系强度的研究方向并不一致。

　　从国内关系强度研究的关键词聚类图谱中，可以看出国内的相关研究大致可以分为关系强度、环境不确定性、弱关系、社交网络、网络结构、创新绩效、网络关系强度和网络嵌入八个聚类。在 CNKI 搜索结果构成的数据池内，国内的研究比较宏观，偏向于理论研究方面，尽管关系强度理论（Granovetter，1973）、社会资本理论（Coleman，1988）和结构洞理论（Burt，1992）均由国外学者提出，但是国内学者将上述理论作为研究基石，对它们进行了多元化的发展。例如，赵延东（1998）认为社会资本理论作为研究社会学领域的新兴源头，为透视整个社会提供了新的视角，社会资本概念的提出还深化了我们对社会关系和结构的认识。盛亚和范栋梁（2009）对结构洞理论进行发展，提出结构洞分类理论，将结构洞分为自益性和共益性。

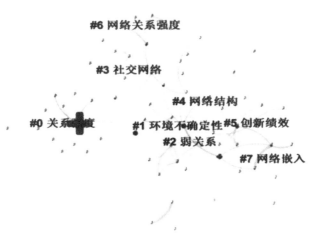

图 2.6　国内关系强度研究的关键词聚类图谱

从国外关系强度研究的关键词聚类图谱中（见图 2.7），可以看出国外相关研究大致可以分为"social network sites""communication""family tie""organizational innovation""network theory""corruption""user innovation""job search""sub-saharan africa""neocortex size""wage""claims"和"international migration"13 个聚类。在 Web of Science 搜索结果构成的数据池内，国外对关系强度研究比较微观，除了研究了社会网络中的一些理论，还有部分学者对关系强度进行了多元化的探讨，卡帕尔多（Capaldo，2007）研究了关系强度在组织创新过程中，对于领导型企业创新能力的影响，伯克和克劳特（Burke & Kraut，2013）在失业人群的网络社交关系网中发现了关系强度对个体找工作的影响，而哈里斯和杨（Harris & Young，2009）研究了关系强度对不同民族人民生活的影响，这些研究表明学者们对关系强度的研究逐渐从单一化向多元化方向演变。

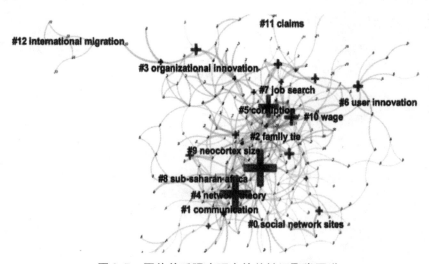

图 2.7　国外关系强度研究的关键词聚类图谱

以计量学方法对关系强度相关研究的论文分别从外部和内部进行了可视化解读，从关系强度主题演变分析发现：关系强度研究逐渐从社会学转向经济学领域，关键词节点从星型结构向网状结构突变，关键词聚类从单一化逐渐向多元化演变。

虽然学者们已经对关系强度进行了探讨，但是尚存一些不足：首先，在研究方法上，现有研究多以定性分析和规范分析为主，缺乏对关系强度定量化研究；其次，在研究内容上，缺少对关系强度影响因素的研究，没有形成科学的关系强度测量体系；最后，在研究领域上，虽然现有关于关系强度的研究已经涉及经济学和管理学，但是没有形成学科自身的研究范式。

随着全球经济向纵深发展，对微观主体之间的关系强度进行研究逐渐成为研究的热点，因此，未来关系强度的相关研究可以从分析框架、测量体系和学科交叉三个方面入手：一是要形成系统的关系强度分析框架，进一步探究关系强度的理论基础；二是要借助大数据手段完善关系强度测量方法，形成各专业领域关系强度的测量体系；三是要从各研究领域自身特点出发，重视多领域交叉的研究方法，形成交叉领域的研究范式。

2.4　制造业集群技术创新系统的研究现状

2.4.1　集群技术创新系统研究

《经济发展理论》是熊彼特的经典著作，书中提到的技术创新理论被学者们所熟知，以此展开的研究多为简单的线性范式，难以适应复杂的技术创新过程。随着地理学第一定律走进学者们的视野，对技术创新的理解也从单一创新主体向多类创新主体转变，认同技术创新是由多主体多因素的共同作用引发的。例如单一主体创新能力容易受到自身能力限制，通过信息共享、合作沟通能够有效摆脱这种限制。由此，学者们对技术创新过程的研究视野便从单一创新主体转向创新网络与创新系统。对创新系统的观察角度可以从三个层面选取，即宏观层面的国家创新系统和区域创新系统，中观层面的产业创新系统和集群创新系统，以及微观层面的企业创新系统。三个层面的创新系统关注点不同：国家创新系统与区域创新系统研究范围较大，整个系统范围也常建立在较大的地理区域范围上，并常以一定的制度与文化交织的创新网络为重点研究对象；产业创新系统与企业创新系统的研究范围更加具体，主要聚焦于中观层面和微观层面，并对由供需联系、技术交流及知识转移形成的创新合作关系开展相关研究。上述提到的区域创新系统由库克等（Cooke et al.，1996）提出，认为区域创新体系是以企业、研究机构和高等教育机构为主体的支持和创造创新的区域组织体系，各主体间分工明确又关联紧密，如果不同的主体在特定的地理区域上频繁交流合作，则可以将其视为区域创新系统。

集群创新系统的概念由前文所提到的理论基础上整合而成，"集群"（Cluster）这一概念源自生态学，后被波特（1990）用来研究经济管理领域的问题，创造出"产业集群"这一新颖的概念。通过不断整合创新理论、区域发展理论和产业集群，最后将对创新系统的研究从区域层面拓展到集群层面，并阐释集群技术创新系统的相应特征。魏江（2003）对集群技术创新系统做出阐释，并讨论了创新组织、创新过程和创新绩效等特征。李大为等（2011）基于"两个熊彼特"悖论的新视角，发现与传统的线性技术创新模式相比，研究产业集群创新网络更符合当前实际且更有效率，并指出地方发展产业集群进而实现技术创新的机理与实现路径。万幼清和王云云（2014）研究协同创新系统，详细分析

了不同组织间为何会产生竞合关系以及这种关系的类型，并通过
不同竞合关系类型，研究了产业集群协同创新方式的选择问题。
原长弘和张树满（2019）通过整合宏观和微观下的创新系统，即
国家创新系统与企业技术创新系统，提出以企业为主体、多主体
协同的创新管理模式，并分析其中内环系统与外环系统的作用机
理和"大市场—大政府"的双元驱动作用。从本质上讲，产业集
群技术创新系统是一个经济、社会、自然、人组成的复杂系统，
也是一个动态的开放系统，是区域创新体系的重要组成部分。基
于上述分析可见，集群技术创新系统的内容覆盖了生态经济学、
区域经济学以及演化经济学等，既是联结宏观国家创新系统与微
观企业创新系统的桥梁，又与区域创新系统以及产业创新系统息
息相关，在整个创新系统理论体系中发挥着承上启下的作用。对
创新生态系统相关研究的总结梳理，见表 2.3。

表 2.3　　　　　　　国内外学者对创新生态系统的定义

概念	相关定义	提出者
企业创新生态系统	企业围绕商品和服务的生产与其他企业或组织组成松散网络，通过竞争合作与共同演化实现价值创造	Moore（1993）
区域技术创新生态系统	技术创新复合环境与复合组织在一定区域内通过创新要素、能量和知识来相互影响、相互作用进而形成的系统	黄鲁成（2003）
产业集群创新系统	指一定的空间范围内，以某一产业为核心，形成大量密切相关的创新要素在空间上的集聚，并通过各种进化方式促成技术、组织以及制度的创新，从而形成具有组织特性的创新网络系统	傅羿芳（2004）
产业创新生态系统	企业行为应关注产业动态变化，即通过与上下游企业交流合作，结合各自核心优势，将产业的多个相关创新成果整合成一套协调一致、面向用户的解决方案	Ander（2006）

续表

概念	相关定义	提出者
高科技产业创新生态系统	以高科技产业的技术标准为创新耦合纽带,在世界范围内形成模块知识异化、协同共进、共存共生为基础的技术创新体系	张运生(2009)
创新生态体系	创新生态体系是指各创新主体围绕技术、人才、文化、规则、市场以及运作模式而形成的相互依存、互利共生,且具有一定独立性与稳定性的组织体系	吴金希(2014)
创新生态系统	企业为应对外部各种风险与挑战,以促进知识创造提升自身能力为目的,利益相关方相互作用相互影响,形成可持续发展演化的生态系统	刘雪芹(2016)
开放式生态系统	围绕壮大实力、吸收外部知识、生产新产品和满足客户需求,以创新主体间的竞争与合作为主要行为所形成的创新生态系统	吕一博(2017)

2.4.2 多主体协同创新研究

（1）产学研协同创新研究

在中国科技创新体系建设过程中,构建产学研合作创新网络成为重中之重。产学研协同创新模式可以为各类创新主体之间的协作和交流提供契机,为每个主体开辟知识和技术获取来源,既加快了技术传播的速度,又促进了产业技术进步。外溢是技术创新的一个关键特征,技术创新外溢具有正外部性,能够提高生产效率,为经济长期稳定增长提供动力来源。作为知识创造者和发送方,大学和研究机构可以对企业等知识接受者形成明显的溢出效应。知识经济时代背景下,技术转移和传播的速度越来越快,由此产生的技术溢出效应能够对国家创新能力产生深远影响。由此,"开放式创新"被切斯布鲁夫（Chesbrough，2003）提出,"开放式创新"意味着知识的转移和人力资源的流动正在加速,企业需要通过开放式创新与大学开展更加紧密的合作。埃斯特和帕特尔（D'Este & Patel，2007）发现合作的正式性和非正式性同样重要，人员交流、互学互鉴、信息交流等均受到产学双方的关注。埃茨科维塔（Etzkowita，2008）指出"大学—产业—政府"三方各司其职，增加互动合作，会有效提升国家创新系统的整体效能。大学和研究机构拥有丰富的创新人才和最先进的研究设施，作为知识和人才发展的重要载体，需利用市场信息和研发资金，将这些优势成功转化为实际生产力。因此，产学研三大主体之间需要协调配合，企业通过市场调查得到需求信息，并将这种需要进行的产品研发传递给高校和科研院所，高校和科研院所拥有人才和技术，帮助企业实现更好的产品创新，不仅提高了创新资源配置的效率，也有助于提高整个地区的创新绩效。20 世纪 90 年代，中国开始进行产学研协同创新研究，在理论研究方面已经取得较好的成绩。陈劲和阳银娟（2012）对协同创新的含义提供了更清晰的解释，认为协同创新是企业、政府、知识机构和中介机构的广泛整合，以推动科学技术发展和创新的新型创新组织模式。何郁冰（2012）提出针对"战略—知识—组织"三重互动的产学研协同创新模式，在理论层面对产学研协同创新进行研究。产学研协同创新是在以新发现为导向，高校与企业共同搭建研发平台，参与新技术研发的协同创新活动。活动中各主体进行有关知识的交流与互动，相互学习和借鉴，促进知识创新和良好合作。

协同创新充分利用各创新主体的能力和优势，优化创新资源配置，为所有利益相关者实现额外收益，打破不同创新主体和不同创新要素之间的封闭意识，有效地提高了协同创新的效率。余泳泽和刘大勇（2013）基于创新价值链视角，提出创新价值链的三个阶段，即知识创新、科研创新和产品创新，并实证得出不同阶段各主体产生的外溢效应，结果显示产学研合作可以有效提高各阶段的创新效率。赵增耀等（2015）借鉴非合作博弈的思想，对区域创新效率进行评价，包括全国以及划分出来的东部、中部、西部和东北地区的测算，提出应改变"学研"轻实际应用的现象，重视与企业的合作交流。赵磊（2018）研究中国制造业创新效率中的外溢问题，发现各环节存在一定差异，创新效率差距可以通过加强合作交流加以缩小。刘兰剑和王晓琦（2020）指出，协同创新的作用将在未来超过自主研发投入，并对中国制造业发展起到促进作用。频繁的技术创新可以促进产学研三者之间的互动协作，营造开放的交流环境，最终提高协同创新的质量。

（2）政府对产学研协同创新的影响研究

产学研协同创新理论不断演进，政府在产学研协同创新过程中的作用成为研究人员探索的重要课题。现实生活中，政府不直接参与创新过程，但政府对产学研合作的领导和支持在协同创新过程中发挥着重要作用。李培凤（2014）研究了中国协同创新的"三螺旋"结构，即政府、大学和企业之间的协同性，根据 TH 算法发现其呈长期弱化的趋势。在中国，学者们关注较多的是产学研协同运作的机理，但产学研的协同协作必定离不开政府的推动，所以有关政府行为在产学研协同创新中的作用尚待明确。白俊红和卞元超（2015）便对此进行了研究，通过协调度测算模型检验政府支持的作用，结果表明除中国西部以外，政府支持均发挥了重要作用。周江华等（2018）研究发现产学研合作与企业的国际化创新绩效之间存在倒"U"型关系，而政府的参与将会有效改善二者间的关系。李政等（2018）的研究发现，政府的参与方式会对区域创新效率产生异质性影响，即政府直接参与能够有效提升区域创新效率，但政府引导对区域创新效率未能产生显著性影响。杨浩昌和李廉水（2019）通过对中国高技术产业的研究发现，政府支持对创新的作用存在明显的区域差异性。郅等（Zhi Y A et al.，2021）指出中国政府正努力打造绿色创新生态系统，政府出台相关法规可以弥补市场失灵的缺陷，进而促进政府—大学—产业联盟协同创新活动。

政府能否推动中国产学研合作的发展还有待观察。因此，本书将政府与产学研三类直接主体纳入同一研究框架，探讨产学研协同创新，以及政府对产学研协同创新的影响，进而为政府部门和企业制定相关政策提供参考，逐步提升中国产学研协同创新能力，助力产业自主创新能力的提高与核心竞争力的形成。

2.5　技术创新模式研究现状

学者根据研究目的的不同对技术创新模式进行分类，弗里曼（Freeman，1991）、马奇（March，1991）等人以创新是否显著提升技术水平和客户价值以及新颖性为分类标准，将创新划分成渐进式创新（incremental innovation）与突破式创新（radical innovation）两大类。技术创新模式的衡量方法分为主观问卷衡量与客观数据衡量。

2.5.1　技术创新模式分类

《经济发展理论》是熊彼特（1912）的经典著作，技术创新理论在书中被首次提到，随后的《经济周期》和《资本主义，社会主义和民主》于 20 世纪三四十年代相继出版，至此较为完善的创新理论体系正式形成。熊彼特认为技术创新模式可以根据研究目的的不同加以分类：基于技术创新的技术变动方式，可以划分为科学技术原理变动创新和技术要素结构变动创新；基于技术创新的性质可以划分为原理独创型创新、结构综合型创新、功能移植型创新、局部革新型创新；基于创新节约资源的分类，可以划分为劳动节约型创新、资本节约型创新；基于创新规模及影响的分类，可分为产业技术创新、企业技术创新。

除此之外，其他学者尝试采用不同角度进行技术创新模式的划分。根据兰贝蒂尼和奥尔西尼（Lambertini & Orsini，2000）的观点，基于技术创新模式的对象可划分为产品创新（Product Innovation）与过程创新（Process Innovation）。根据弗里曼（1991）、马奇（1991）等人的观点，以创新是否显著提升技术水平和客户价值以及新颖性，将创新划分成渐进式创新（Incremental Innovation）与突破式创新（Radical Innovation）。根据蔡晓月（2007）的观点，基于创新的方式可以划分为独立创新（Independent Innovation）与合作创新（Cooperative Innovation）。根据姜辉（2018）的观点，基于中观层面的技术创新活动，可以划分为外部依赖型创新和内部依赖型创新。技术创新模式分类表整理情况见表 2.4。

表 2.4 技术创新模式分类表

技术创新模式划分基础	技术创新模式分类
对象	产品创新、过程创新
方式	独立创新、合作创新
性质	原理独创型创新、结构综合型创新、功能移植型创新、局部革新型创新
节约资源	劳动节约型创新、资本节约型创新
中观层面	外部依赖型创新、内部依赖型创新
变动方式	科学技术原理变动创新、技术要素结构变动创新
规模及影响	产业技术创新、企业技术创新
技术水平、客户价值、新颖性	渐进式创新、突破式创新

2.5.2 技术创新模式分类标准

学界有关划分渐进式创新与突破式创新的方法多种多样。发放问卷和李克特量表是常用的主观测量方法，部分学者将其发放给企业或企业技术骨干与管理人员以衡量技术创新模式。国外学者尼尔斯和罗梅恩（Niels & Romijn，2001）的研究便是采用这种方法，将问卷发放到英国小型电子与软件公司，得到基于四个维度指标的数据，来划分企业的技术创新模式。阿诺德和方（Arnold & Fang，2011）对 200 余家企业战略业务部门进行调查，基于三个维度划分企业的技术创新模式。近年来，国内学者也采用了这种方式。吴晓云和王建平（2017）在对中国制造业企业研究时发放问卷，运用企业近 3 年申请专利比例、产品创新比例、工艺创新比例来衡量技术创新模式。李丹和杨建君（2018）在对制造和高新技术行业的调查中，用产品质量、分析需求、是否微调产品三个维度衡量渐进式创新；用新技术探索、创新性方法、是否显著改进产品三个维度衡量突破式创新。韩晨和王钦（2018）向 1500 家高新技术企业发放问卷，用技术是否基于以前的技术、基于现存的技术、微小的改进来衡量渐进式创新，用技术是否行业首例、产品突破性、技术变革、难以取代、主要技术改进五个维度衡量突破式创新。

尽管这种主观测量方法被广泛使用，但其因自身局限性而被提出质疑。一方面，由于价值观和衡量标准的不同，企业管理者会对同一问题给出不同答案，比如阿诺德（2011）提到的"客户知识深度与多样性"、韩晨等（2018）提到的"难以取代""主要技术改进"等指标，管理者通常会标榜所在企业，都会认为企业研发的技术是难以取代的、是对行业主要技术的改进、是符合客户认识深度且技术是多样性的；另一方面，有些问卷调查的内容涉及企业核心竞争力和商业机密，如王建平和吴晓云（2017）提到的"产品创新比例""工艺创新比例"等指标，这些指标都在一定程度上反映了企业短时间内的创新方向，是不能随意表明的信息，在回答这些问题时，管理者会特意避免企业真实数据的外流，从而导致问卷数据失真。因此，如果使用客观数据来衡量企业技术创新模式，不仅能有效避免以上问题的产生，还可以增加数据收集的便利性。如瓦莱里亚（Valeria et al.，2017）就认为应采用客观数据进行衡量，用以避免调查者在填写调查时的主观误导。贝努瓦（Benoit，2012）也指出应根据专利类型划分突破式创新和渐进式创新，其中，发明专利被定义为突破式创新，实用新型专利和外观专利被定义为渐进式创新。王汉友（2012）在研究中山市古镇灯饰产业的技术创新模式时，采用的就是上述渐进式创新分类。刘志迎和单洁含（2013）在研究技术创新模式强弱时，采用企业与大学之间的联合专利进行衡量，具体包括联合发明专利、联合实用新型专利和联合外观设计专利。苗红、刘海丽等（2014）为测度北京市企业的技术创新模式，使用国际科技合作发明专利数据（来自美国专利商标局）进行衡量。卢娜等（2019）将突破式技术创新定义为每年专利被引量的前1%，将渐进式技术创新定义为每年专利被引量的前5%。刘晓燕等（2019）利用德温特专利数据库中相关联合专利数据来衡量OLED（显示技术）企业之间的技术创新模式。郑栋等（2019）检索世界知识产权组织专利数据库中两两国家之间的联合专利数据来衡量中国在全球的技术创新中所处位置。

一个特别需要注意的现象是，用专利作为指标也是存在缺陷的。温芳芳（2017）就指出过这种缺陷，由于受到知识产权的保护，专利往往被独占和独享，其垄断性质突出，因此在现实经济生活中，存在直接竞争和潜在竞争的企业，除非各方竞争企业能够实现利益最大化或者共赢，否则在专利合作方面少之又少。如风电行业中竞争企业之间几乎没有直接的专利合作，即使有一般也是隶属于同一集团下的分公司之间的专利合作。技术创新模式划分方式、来源及指标整理见表 2.5。

表 2.5　　　　　技术创新模式划分方式、来源及指标

技术创新模式划分方式	技术创新模式划分来源	渐进式创新与突破式创新划分指标
主观测量	Niels 和 Romijn（2002）	企业近 3 年产品体现新颖程度、近 3 年是否完成一项重大创新、需要先进技术程度、专利持有数量
	Arnold 和 Fang（2011）	客户知识深度与多样性、产品微小改进是否提升财务收入、产品重大革新是否提升财务收入
	吴晓云和王建平（2017）	3 年申请专利比例、产品创新比例、工艺创新比例
	李丹和杨建君（2018）	渐进式：产品质量、分析需求、微调产品 突破式：新技术探索、创新性方法、改进产品
	韩晨和王钦（2018）	渐进式：基于以前的技术、基于现存的技术、微小的改进；突破式：行业首例、产品突破性、技术变革、难以取代、主要技术改进
客观测量	Benoit Auberta（2012）	渐进式：实用新型专利、外观设计专利突破式：发明专利
	王汉友（2012）	渐进式：外观专利；突破式：实用新型专利
	刘志迎和单洁含（2013）	联合发明专利、联合实用新型专利、联合外观设计专利
	苗红等（2014）	联合专利数据
	卢娜等（2019）	渐进式：专利被引量前 1% 突破式：专利被引量前 5%
	刘晓燕等（2019）	联合专利数据
	郑栋等（2019）	联合专利数据

第 3 章

制造业集群技术创新的动力
源泉与主体行为特征

　　长三角城市群内的制造业均有着方便快捷的交通运输、坚实雄厚的经济基础和厚积薄发的创新能力，因此都有利于形成产业集群。长三角城市群重点改善产业结构布局，促进传统产业转型升级，加速推进世界级先进制造业集群建设。由于长三角地区的"三省一市"在各个方面的差异较大，所以本章将以长三角为例，对各省（市）制造业集群的发展现状进行梳理总结，剖析集群技术创新系统的动力源泉与主体行为特征。

3.1　长三角制造业集群技术创新现状

　　作为最初的一个地理概念，长江三角洲凭借其富饶的自然资源和固有的地理优势，如今已然成长为我国先进制造业与现代服务业的中心。1982 年，国务院提出建立"上海经济区"，包括上海、苏州和杭州等在内的 10 个城市①。四年时间，经济区已由最初的 10 个城市扩充到了包括江浙沪地区在内的全部城市以及江西、福建、安徽三个省份在内的部分城市，可最终因故不得不被撤销。1992 年，为进一步促进我国改革开放，长三角经协委主任

---

　　① 包括上海、苏州、无锡、常州、南通、杭州、嘉兴、湖州、宁波、绍兴 10 个城市。

联席会对长三角的区域范围进行了重新界定，更改为 14 个城市①，并在 2003 年将台州纳入在内，后几年内再无变更。随着在交通和经贸等领域的辐射效应日益加强，2010 年长三角地区再次增加了包括合肥在内的 6 个城市。2016 年颁布的《长江三角洲城市群发展规划》又将宣城在内的 4 个城市纳入长三角地区，总共包括 26 个地级市。到 2019 年，长三角城市群在长三角城市经济协调会第十九次会议上已然囊括了江浙沪皖在内的所有 41 个地级市。综上，本章在进行实证研究时因考虑到事件发生时间与数据可得性等因素，依据 2016 年《长江三角洲城市群发展规划》选取长三角地区 26 个地级市作为主要研究对象。

作为国内最为重要的先进制造业基地之一，有着相对成熟的产业发展程度的长三角地区在全国产业发展布局中的作用举足轻重。从长三角地区的整体来看，"三省一市"均有着鲜明的特点。首先，江苏省坐拥该地区规模最庞大的制造业，其制造业的利润总额、生产总值及主营业务收入等指标均位于首位（见表 3.1）。其次，上海的制造业规模虽然相对江苏较小，但其城镇非私营单位就业人员的平均工资水平一骑绝尘，并且凭借其鹤立鸡群的创新能力和城市活力，在包括智能制造、工业互联网等在内的新兴科技产业上面优势显著。再次，浙江制造业企业的数量虽然和江苏非常接近，但是其利润仅为江苏的一半左右，产值甚至仅为江苏的 30% 左右，这说明浙江省的制造业"大而不强"，大部分处于价值链的中低端环节。最后，安徽省的制造业体量与人均收入水平相比于前三个地区均为落后，需要充分利用长三角地区先天的区位优势，紧抓发展契机，进一步深挖自身的创新潜力。

---

①　包括上海、苏州、无锡、常州、南通、杭州、嘉兴、湖州、宁波、绍兴、舟山、扬州、南京、镇江 14 个城市（后来扬州和泰州分开后变为 15 个）。

表 3.1 　　　　 2018 年"三省一市"制造业主要指标情况对比

主要指标	上海	江苏	浙江	安徽
制造业生产总产值（亿元）	32578.10	157789.50	59404.94	43436.35
制造业主营业务收入（亿元）	37142.95	121781.69	66159.16	33855.89
制造业利润总额（亿元）	3273.29	8049.71	4312.27	2410.61
制造业企业数（个）	—	45002	40741	18092
制造业城镇非私营单位就业人员数（万人）	113.70	497.60	289.34	139.52
制造业城镇非私营单位就业人员工资总额（亿元）	1637.31	3979.75	2130.82	925.35
制造业城镇非私营单位就业人员平均工资（元）	144003	79022	73055	59089

注：1. 依据"三省一市"统计年鉴的口径，其中制造业主营业务收入、利润总额和企业数为规上企业数据，制造业城镇非私营单位就业人员数、工资总额和平均工资为整个制造业；

2. 制造业生产总产值为 2017 年数据。因为浙江省与安徽省仅统计工业生产总值而非细分到制造业，仅能检索到 2017 年数据；

3. "上海制造业企业数"因上海市未统计而空缺；"制造业城镇非私营单位就业人员平均工资"由作者手动计算得到；

4. 浙江和安徽未直接统计制造业主营业务收入和利润总额，由作者按照制造业细分行业计算得到。

3.1.1　上海制造业集群的发展现状

2018 年，上海全市制造业规模以上工业企业的总产值达 33228.61 亿元，较 2016 年增长 12.15%；六个重点工业行业总产值 23870.77 亿元（如图 3.1 所示），占全市比重为 68.5%；六个制造业的高技术产业总产值 7289.10 亿元（如图 3.2 所示），占全市比重为 20.9%。

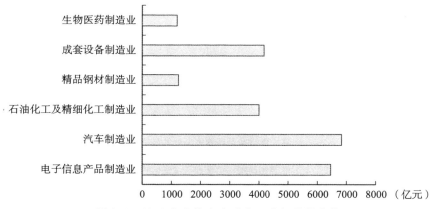

图 3.1　2018 年上海六个重点工业行业的产值

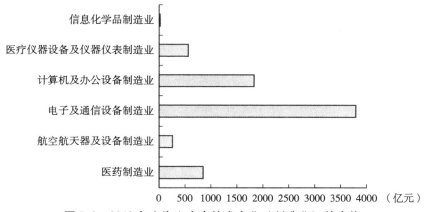

图 3.2　2018 年上海六个高技术产业（制造业）的产值

　　目前，上海正逐步形成"中心辐射、两翼齐飞、新城发力、南北转型"的产业空间布局①，中心城区主要发展都市型工业以及高端生产性服务业，外围城区（郊县）则主要发展先进制造业，全市坐拥 20 家②国家新型工业化示范基地。综上，本节对上海市

---

　　①　资料来源：上海市国民经济和社会发展第十四个五年规划和二〇三五年远景目标纲要。

　　②　资料来源：工信部批准的全国第八批"国家新型工业化产业示范基地"。

包括高技术产业和六个重点工业行业在内的现有制造业集群进行简要的归纳总结，具体如表 3.2 所示。

表 3.2　　　　　　　上海部分制造业集群的发展现状

产业名称	集聚地	发展现状
装备制造	上海临港装备产业区	目前形成清洁高效发电及输变电设备、大型船舶关键件、海洋工程设备和自主品牌汽车整车及零部件等装备产业的发展框架和基础，呈现和谐发展的良好势头
	上海嘉定工业区	以建设"技术先进、产业集聚、资源节约、环境友好"园区为理念，目前形成了汽车零部件、光电子信息以及精密机械制造等为主导产业的产业链
	上海莘庄工业区	园区重点支持具有自主知识产权的大型装备产业发展，现已形成清洁高效发电及输变电设备、大型船舶关键零件和新能源汽车及零部件等产业为主导的装备制造业集群
航空产业	上海国家新型工业化民用航空产业示范基地	以超级计算中心和知识产权服务平台等为核心的公共服务平台建设，为我国民用航空产业科技创新提供高性能计算、科学数据和知识产权等领域的服务
石油化工	上海化学工业区	改革开放以来国家批准的第一个石油化工和精细化工专业开发区，始终贯彻建设生态绿色化工园区的理念
汽车产业	上海嘉定汽车产业园区	园区内汽车研发、整车制造及零部件配套等产业都是国内重要的汽车制造基地
生物医药	上海张江高科技园区	园区已逐步形成较为明显的集聚效应，对整个长三角乃至全国的医药产业形成带动和辐射作用，对于完善我国多层次生物医药体系具有重要的价值
电子信息	上海漕河泾新兴技术开发区	形成信息、新材料、航天航空、生物医药和现代服务业五大主导高科技产业群，成为国内一流的高新技术产业高地
	上海金桥经济技术开发区	2010 年成功获批国家级生态工业示范园区，为浦东新区及上海的产业升级和经济发展做出了巨大的贡献
	上海浦东康桥工业区	目前园区打造了以便携式电脑、智能手机和信息服务等电子产品为主体的产业集群和产业链体系

产业名称	集聚地	发展现状
软件和信息服务	上海浦东软件园	同时拥有国家软件产业基地和国家软件出口基地"双基地"的称号，为实现更高水平的工业发展新格局做出了巨大的努力
	上海紫竹高新技术产业开发区	拥有汽车电子、信息内容分析技术、智能电网和精密光谱科学与技术等多个国家重点实验室，对上海以经济金融和商贸航运为中心的产业发展模式发挥重要的支撑作用

3.1.2　江苏制造业集群发展现状

江苏省自 2016 年以来先进制造业迅速发展、新兴动能日益壮大。2018 年，全省装备制造业、战略性新兴产业以及高新技术产业产值分别较前一年增长 8% 、8.8% 和 11.0% 。其中，汽车、医药和电子等产业的增加值分别增长 7.2% 、10.4% 和 11.3% 。新型交通运输设备、新型材料、高端电子信息产品和智能制造等新产品产业的产量增速逐步提升，3D 打印设备、城市轨道车辆和新能源汽车等新产品产业的产量较上年分别增长 51.4% 、107.1% 和 139.9% 。①

江苏省"十三五"规划对各市的重点产业进行了布局与规划。一是沿沪宁线地区进一步推进高端创新要素集聚，重点发展拥有自主知识产权的战略性新兴产业和高新技术产业，促进科技服务、金融服务和研发设计等高端服务业集聚；二是沿江地区大力发展滨江旅游、现代物流等服务业，推动生物技术、新材料和新能源等产业发展，使其自主研发和生产能力进一步提高；三是沿海地区重点承接国内外高端产业以及先进制造业转移，做大做强特色产业与传统优势产业，加快发展石化、物流等产业；四是沿东陇海线地区加速改造与升级传统产业，推动中高端产业转移，重点

---

① 资料来源：2018 年江苏省国民经济和社会发展统计公报。

发展工程机械、电子信息和原材料工业等产业。本节依据"十三五"规划对长三角城市群中江苏省所属的九个地级市内的部分产业示范基地以及制造业集群进行简要整理，如表3.3所示。

表3.3　　　　　　　江苏省九市部分制造业集群发展现状

城市	集聚地	发展现状
南京	南京江宁经济开发区	电子信息、通信设备制造、智能电网和软件产业等
	南京雨花软件园	软件和信息服务产业
	南京江宁区	装备制造和智能电网装备产业
	空港、海港、高铁枢纽经济区	先进制造业、战略性新兴产业和生产性服务业（航运服务、现代物流）
苏州	江苏苏州工业园区	电子信息、集成电路和电子元器件等产业
	江苏昆山经济技术开发区	光显示产业（以液晶面板为核心）
	江苏张家港经济技术开发区	装备制造和电力电子产业
	苏州高新技术产业开发区	计算机及网络设备、新型电子元器件和太阳能光伏等产业
	江苏吴江经济技术开发区	电子信息产业（光电子产业）
	江苏太仓汽车产业基地	汽车产业（关键核心零部件）
无锡	江苏无锡高新技术产业开发区	电子信息和传感网产业
	宜兴环保装备产业示范基地	环保装备产业
	江苏江阴临港经济开发区	高端机械装备制造业
	无锡新区大规模集成电路产业园	集成电路产业（以芯片制造为核心）
常州	常州装备制造产业示范基地	轨道交通产业
	江苏武进高新技术产业开发区	电子信息（新型电子元器件）产业
	江苏中关村科技产业园	高端装备制造和机械冶金等产业
南通	南通海工装备与船舶产业园区	船舶与海洋工程装备产业
	南通纺织产业示范基地	纺织（家用纺织品）产业

城市	集聚地	发展现状
南通	江苏南通国际数据中心产业园	数据产业（以大数据核心技术创新为突破口）
	南通空港产业园	飞机制造业和空港物流等产业
镇江	镇江航空航天产业园	飞机整机和航空复合材料等产业
	镇江生态汽车产业园	整车和零部件产业
扬州	仪征汽车工业园	汽车研发和检测等产业
	扬州生态科技新城	软件服务业
泰州	泰州医药高新技术产业开发区	医药和医疗产业
	新能源产业园	光伏、新能源装备制造产业
盐城	盐城环保产业园	环保装备和环保材料产业
	盐城新能源汽车产业园	新能源汽车整车制造和零部件产业

3.1.3 浙江制造业集群发展现状

浙江省"十三五"规划明确指出，要重点提高制造业基础创新能力，促进制造业向高端化、智能化、低碳化转型，优化产业结构，进一步加强制造业竞争优势。2018 年浙江省经济发展迅速，全省规模以上工业中装备制造、高新技术、高技术和战略性新兴产业的增加值分别为 5985 亿元、7543 亿元、1890 亿元和 4351 亿元，较上年分别增长 10.0%、9.4%、13.7% 和 11.5%；战略性新兴产业中的新一代信息技术和物联网产业、生物产业和海洋新兴产业增加值分别为 19.9%、11.8% 和 10.1%。

浙江省坚持以习近平新时代中国特色社会主义思想为指导，依托科技创新，将中国革命红船启航地逐步发展为全球数字经济创新策源地和区域高质量发展先行地。杭州市依托全省经济发展中心的区位优势，着力打造具有全球竞争力的"互联网＋"中心；宁波市依托高端装备和新材料产业大力发展制造业，力争成为制造业创新中心；杭州湾凭借地理区位优势大力发展先进制造业、高新技术产业以及高端服务业。本节依据"十三五"规划，对长三角城市群中浙江省所属的八个地级市部分制造业集群和产业示范基地进行简要整理，如表3.4所示。

表3.4　　　　　浙江省八市部分制造业集群的发展现状

城市	集聚地	主要产业
杭州	杭州高新区（滨江）	电子信息（物联网）、集成电路设计和通信装备制造产业
	城西科创产业集聚区	信息技术产业和高端装备制造产业
宁波	宁波杭州湾新区	汽车及其关键零部件、通用航空、新材料和高端装备等产业
	宁波石化经济技术开发区	石油化工产业
	浙江余姚	家电配件和整机生产产业
	宁波经济技术开发区	装备制造产业
嘉兴	浙江海宁经编产业园区	纺织产业（产业用纺织品）
	嘉兴电子信息产业集聚区	电子信息产业
	浙江乍浦经济开发区	工程塑料、有机硅和环氧乙烷等化工新材料产业
湖州	浙江长兴经济技术开发区	铅蓄电池产业
绍兴	浙江绍兴县	PTA、纺丝、织造、印染、服装家纺和纺织机械等产业
	新昌高新技术产业园	轴承与高端装备产业
	诸暨大唐	纺织产业（袜业）
	浙江嵊州纺织产业示范基地	纺织产业（真丝产品）
金华	浙江义乌工业园区	高端针织材料和针织配件等产业
	金华新兴产业集聚区	电子商务产业
舟山	舟山船舶产业集聚区	船舶与海洋工程装备产业
台州	浙江台州医药产业集聚区	医药制剂、化学原料药和医疗器械等产业
	浙江台州汽车产业集聚区	汽车产业

3.1.4　安徽制造业集群发展现状

安徽省"十三五"规划明确指出：必须以创新为发展基点，加快建立与长三角一体化相适应的管理体制和运行机制，加强与江浙沪地区高校和科研院所、高新技术企业与高科技园区的协同创新合作，进一步吸收江浙沪地区的辐射与外溢效用，逐步实现先进制造业和高新技术产业的有序转移。2018 年安徽省规模以上工业中的装备制造业和高新技术产业增加值较上年分别增长 10.1% 和 13.7% ，占比分别为 32.2% 与 40.1% 。战略性新兴产业产值增长 14.9% ，其中，新材料产业、高端装备制造产业、新一代信息技术产业和节能环保产业分别增长 13.2% 、11.6% 、16.4% 和 18.1% 。目前，长三角城市群中安徽省所属的七市在新能源汽车、集成电路、电子信息、化工新材料和装备制造等产业形成产业集聚区和工业化示范基地，如表 3.5 所示。

表 3.5　　　　　安徽省七市部分制造业集群发展现状

城市	集聚地	主要产业
合肥	合肥经济技术开发区	家电产业
	合肥新站区	电子信息产业（新型平板显示）
	合肥高新技术产业开发区	软件和信息服务产业（智能语音）
	合肥包河工业园区	汽车产业（新能源汽车）
芜湖	安徽芜湖经济技术开发区	汽车产业
	安徽无为国家新型工业化产业示范基地	装备制造产业（特种电缆）
马鞍山	安徽马鞍山经济技术开发区	钢铁及深加工产业、新材料产业
铜陵	安徽铜陵经济开发区	铜资源与铜材加工产业（铜精深加工、电子材料及元器件产业）

续表

城市	集聚地	主要产业
安庆	安庆高新区化工新材料产业集群	新材料产业
滁州	安徽滁州经济技术开发区	家电产业
宣城	宁国核心基础零部件产业集聚基地	封元器件和高端机械基础件等产业

3.1.5 长三角制造业集群技术创新系统中政产学研主体行为比较

纵使长三角区域内各城市在文化、经济和历史等多个方面各具特色，不断加速的长三角一体化进程使产业体系与制造业水平都得到长足的发展。本节将以城市为边界，对集群技术创新系统进行划分，探索各集群内制造业企业、高校和科研机构三类直接主体的创新能力。首先，作者手动检索 26 个地级市的专利申请授权量[①]；其次，将创新主体的专利申请授权量按申请人的性质整理归纳为产学研三类；最后，依据《国民经济行业分类》（2017）标准，筛选包括汽车制造业、食品加工业和农产品加工业等在内的 31 个大类的制造业相关数据，进一步分析长三角地区制造业集群技术创新系统中政产学研等各主体创新能力的发展现状及区域性差异。

（1）政府行为的区域差异性比较

政府在主导创新的过程中虽然没有直接参与产品创新、知识创新以及科研创新，但是通过经济、政治和法律等手段对整个区域科技创新活动进行宏观调控，从而有效规范了产学研主体的创新行为，协调化解了彼此间的利益矛盾，使技术创新系统内产学

---

① 数据来源：国家知识产权局。

研主体的协同创新能力有的放矢，尽可能确保技术创新系统的平稳运行。

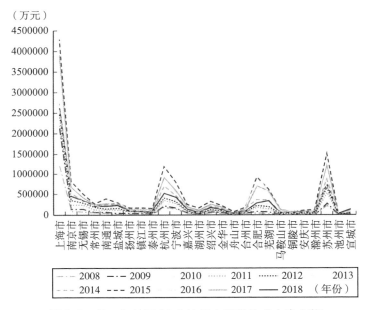

图 3.3　长三角地区 26 个地级市科学技术支出金额

　　一般通过财政支出占 GDP 的比重来衡量政府宏观调控与干预职能，但是技术创新活动只是财政支出的一部分，因此，本书基于数据可得性，选用财政支出中的"科学技术支出"表示政府在整个创新系统中所发挥的作用。由图 3.3 可知，自 2008 年起，长三角地区 11 年间的科学技术支出逐年上升，其中，上海、南京、苏州的科技支出占比较高。在这期间，长三角地区 26 个地级市科学技术支出总额从 2539507 万元增长至 13682106 万元，年平均增速达 18.34%，意味着政府对创新活动日趋重视，其支持力度也在逐年上升；上海从 1202741 万元增长至 4263700 万元，年平均增速达 13.49%；江苏九市从 615216 万元增长至 4217900 万元，年

平均增速达 21. 23%；浙江八市从 595710 万元增长至 3125841 万
元，年平均增速达 18. 03%；安徽八市从 125840 万元增长至
2074665 万元，年平均增速达 33. 35%。由表 3. 6 可知，上海科学
技术支出的年平均增长速度最为缓慢，随着其余三省政府对于创
新活动的投入力度逐年递增，上海在长三角地区科学技术支出的
占比在逐年下降；江苏和浙江各市的科学技术支出的占比均呈现
波浪式上升；安徽各市虽然科学技术支出在长三角地区占比最少，
但正以最快的年平均增长速度稳步上升。

表 3. 6　　　　　长三角地区各省（市）科学技术支出占比　　单位：%

年份 地区	2008	2009	2010	2011	2012	2013	2014	2015	2016	2017	2018
上海	47. 36	54. 75	45. 85	40. 80	38. 22	35. 65	33. 83	31. 17	32. 24	33. 36	31. 16
江苏九市	24. 23	21. 91	25. 49	30. 14	32. 14	33. 40	32. 75	33. 12	28. 52	30. 10	30. 83
浙江八市	23. 46	17. 52	19. 86	19. 83	19. 20	19. 75	20. 95	23. 05	20. 50	21. 11	22. 85
安徽八市	4. 96	5. 82	8. 80	9. 22	10. 44	11. 20	12. 48	12. 66	18. 73	15. 43	15. 16

数据来源：作者手动整理。

由以上的分析可得，2008 年起的 11 年间，长三角地区各市的
科学技术支出均呈现逐年递增的趋势。长三角地区各省间科学技
术支出均值差距较大，各城市间也是如此。其中，作为长三角地
区经济技术发展较为落后的城市，滁州、铜陵、舟山、安庆和池
州五市的年均科学技术支出均不足 50000 万元，政府的财政实力
相对薄弱，绝大部分的财政支出被用于人民生活以及社会基础设
施建设，较难有余力用于支持创新活动；而包括上海、苏州、杭
州、宁波、南京和合肥等在内的"三省一市"的省会城市以及经
济发展相对领先的城市，其年均科学技术支出都超过了 300000 万

元，政府的财政实力雄厚，有余力进一步发展、支持与帮助以产学研为主体的创新活动。

（2）制造业企业的发展现状与区域差异性对比

党的十九大报告明确提出，要加快建立以企业为主体、以市场为导向、产学研深度融合的技术创新体系。在技术创新系统中，消费市场和以企业为主体的产品创新阶段直接相连，企业不仅参与知识和科研创新成果的创造与孵化，同时还能将生产与出售过程中遇到的问题反馈给学研机构，因此是整个技术创新系统的核心，是衡量区域创新能力和竞争实力的标杆。

由图3.4可知，2008～2018年，长三角地区各市制造业企业的专利授权量逐年上升，其中，上海、南京和苏州长期占据领先地位。在这期间，各市制造业企业的专利授权量从48816件增长至712099件，年平均增速达30.74%；上海从21863件增长至96450件，年平均增速达16.00%；江苏九市从14873件增长至310096件，年平均增速达35.49%；浙江八市从9007件增长至195994件，年平均增速达36.07%；安徽八市从3073件增长至109559件，年平均增速达42.96%。从表3.7可知，由于长三角地区其他城市创新能力不断攀升，上海市专利授权量在稳定增长的同时，在整个长三角地区的优势正被逐步削弱；江苏各市制造业企业的专利授权量在整个长三角地区中始终占据大头，2010年占比超过上海，达到了位居首位的38.65%，此后更是稳定维持在40%以上；浙江各市制造业企业专利授权量占比于2012年超过上海后始终处于稳步增长状态，2018年已达到整个长三角地区的27.52%；安徽各市制造业企业专利申请授权量在长三角地区的占比也在逐年提高，并于2016年超过上海，虽然其总量较少，但年均增速远远高于长三角地区其他省（市）。

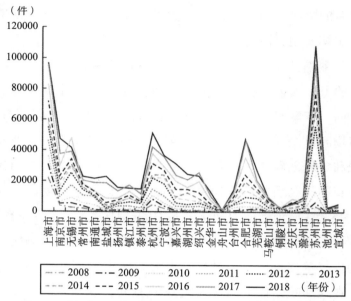

（件）

图3.4　长三角地区26个地级市制造业企业的专利授权量

表3.7　　　长三角地区各省（市）制造业企业的专利授权量占比　　单位：%

地区	2008年	2009年	2010年	2011年	2012年	2013年	2014年	2015年	2016年	2017年	2018年
上海	44.79	40.59	31.34	23.09	18.97	17.00	16.08	15.97	15.27	14.93	13.54
江苏九市	30.47	32.98	38.65	46.45	47.91	47.52	45.11	43.35	42.42	42.67	43.55
浙江八市	18.45	20.26	21.76	21.37	22.52	23.13	24.34	25.87	26.40	26.93	27.52
安徽八市	6.30	6.17	8.24	9.10	10.59	12.35	14.47	14.81	15.91	15.46	15.39

数据来源：作者手动整理所得。

（3）高校的发展现状与区域差异性对比

近年来，迅速发展的知识经济促进高校实验室与研究中心等先进基础设施的建设，吸引了大量各类学科的高端人才，取得了丰硕的科研成果，在多个科技创新领域处于领先地位，是区域技术创新的动力源泉，有着举足轻重的作用。本节重点研究制造业集群技术创新系统中各主体间的协同创新效应，在作者手动整理长三角地区各地级市高校专利申请授权量的基础上，进一步筛选出其中属于制造业范畴的部分，用以分析长三角地区所属各城市高校创新能力的发展情况及区域差异性。

由图 3.5 可知，自 2008 起的 11 年间，长三角地区各市大部分的高校创新能力逐年提高。其中，上海、杭州和南京三个城市高校的创新能力一骑绝尘，除此之外，镇江、合肥、常州、无锡和苏州在长三角地区中排名也相对靠前。在这期间，长三角地区各市的高校专利授权量从 22320 件增长至 95895 件，年平均增速达 15.69%；上海从 9219 件增长至 15759 件，年平均增速达 5.51%；江苏九市从 6325 件增长至 46193 件，年平均增速达 24.41%；浙江八市从 5919 件增长至 23207 件，年平均增速达 14.64%；安徽

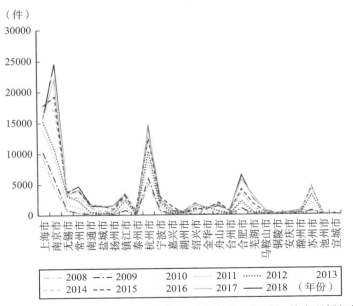

图 3.5 长三角地区 26 个地级市高校（在制造业领域）的专利授权量

八市从 857 件增长至 10736 件，年平均增速高达 28.76%。由表 3.8 可知，上海高校的专利授权量虽然逐年上升，但在长三角地区的优势却在被逐年削减；江苏各市高校的专利授权量逐年增加并且占比逐年上升，于 2011 年达到 36.73% 并且超过上海跃居首位，此后在"三省一市"中持续遥遥领先，大幅提升了长三角地区高校的创新能力；浙江各市的高校专利授权量在长三角地区的占比一直维持在 24.20% ~ 27.29%，于 2012 年超过上海后，紧跟江苏位居第二；安徽各市的高校专利申请授权量占比呈现出逐年上升的趋势且增速最快。

表 3.8 　　　　长三角地区各省（市）高校的专利授权量占比　　　单位：%

地区	2008年	2009年	2010年	2011年	2012年	2013年	2014年	2015年	2016年	2017年	2018年
上海	41.30	37.88	34.41	30.94	27.02	24.47	22.97	20.43	19.78	17.31	16.43
江苏九市	28.34	31.21	34.24	36.73	40.24	43.48	43.93	45.02	45.84	46.21	48.17
浙江八市	26.52	26.62	27.29	27.57	27.59	25.71	26.00	26.36	24.69	25.19	24.20
安徽八市	3.84	4.28	4.05	4.76	5.15	6.34	7.10	8.19	9.69	11.29	11.20

数据来源：作者手动整理所得。

（4）科研机构的发展现状与区域差异性对比

作为科技创新的主体之一，科研机构在科技成果转化的过程中发挥着重要作用。为减少企业在知识生产和研发过程中承担周期长、成本高的风险，需要科研机构提供相应的技术支持与帮助。科研机构能够掌握国内外知识创新的第一手资料，为企业提供专业化的研发路径，通过两类主体间合作进一步提高科研成果的转化率。因此，以科研机构为主体的科技创新环节加强了高校和企业的联系，在知识创新和产品创新过程中十分重要，成为整个技术创新系统运行和发展的重要动力。

　　由图 3.6 可知，2008～2018 年，长三角地区各市科研机构的创新能力均在逐年上升。其中，上海、南京和苏州处于较为领先的位置。在这期间，长三角地区各市科研机构的专利授权量从 4468 件增长至 23753 件，年平均增速达 18.18%；上海从 2559 件增长至 5787 件，年平均增速达 8.50%；江苏九市从 1123 件增长至 9328 件，年平均增速达 23.58%；浙江八市从 502 件增长至 5767 件，年平均增速达 27.65%；安徽八市从 284 件增长至 2871 件，年平均增速达 26.03%。从总体看，江浙皖三省科研机构专利授权量的年平均增长速度均超过 20%，相比之下，上海的增速则较为缓慢。由表 3.9 可知，上海科研机构创新能力在长三角地区的占比逐年下降，相对优势逐渐减弱；江苏各市科研机构的专利授权量在长三角地区的占比逐年上升，从 2013 年起超过上海跃居

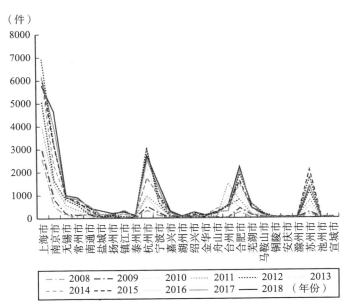

图3.6　长三角地区 26 个地级市科研机构（在制造业领域）的专利授权量

首位；浙江各市于 2012 年达到 30.25% 后小幅下降，随后呈现波浪式上升；安徽各市的科研机构专利申请授权量在长三角地区所占比重逐年上升。

表 3.9　　长三角地区各省（市）科研机构的专利授权量占比

地区	2008年	2009年	2010年	2011年	2012年	2013年	2014年	2015年	2016年	2017年	2018年
上海	57.27	49.65	38.61	33.99	32.91	32.89	32.74	31.25	30.63	27.69	24.36
江苏九市	25.13	27.53	27.50	29.90	30.17	33.03	35.39	38.22	34.04	37.88	39.27
浙江八市	11.24	13.36	26.19	28.00	30.25	25.26	21.04	19.28	23.08	21.68	24.28
安徽八市	6.36	9.46	7.70	8.11	6.67	8.82	10.83	11.25	12.26	12.75	12.09

数据来源：作者手动整理所得。

3.2　制造业集群技术创新的动力源泉分析

以江苏制造业集群为主要研究对象，对制造业集群技术创新系统中主体创新的动力源泉进行分析。在国家政策的推动下，我国的制造业向着新的前沿领域和共性关键技术应用不断突破式创新；激烈的市场竞争是技术创新主体不断创新的压力，同时也是动力；技术创新系统内部主体主观上期望发展升级，向价值链高端环节迈进，以赚取更高额的利润。

3.2.1　国家政策的推动

发达国家凭借其较高的科技水平制定了一系列发展中国家很难在短期内达到的技术标准。科技部为了贯彻党的十九大关于"建立企业为主体的技术创新体系"的重大部署决策，提出了建设国家科技中心的指引，旨在推动我国的产业向着新的前沿领域和共性关键技术的应用不断突破式创新。

党的十九大的报告明确提出，要促进我国目前中低端的产业向全球价值链的中高端环节迈进，培育出若干个世界级别先进的制造业集群。这是我国必然选择的道路，也是经济高质量发展的重要着力点，能够为产业持续健康发展注入力量。制造业大省的身份让江苏不甘落后，一直在这方面争当标杆，努力发挥先天的集群优势，积极加大技术创新投入，走在先进技术的前沿。

3.2.2 市场竞争的需要

在当今这个既有创新又有竞争的时代，市场竞争是技术创新的根本动力，而技术创新又进一步刺激着市场竞争。主体只有做到不断地推陈出新，才能在激烈的市场竞争中快速地做出应对措施、开发新产品，提升交货速度，始终领先，立于不败之地。此外，主体对于国外先进关键技术的依赖会使其在市场竞争中处于被动地位，一味地依赖引进新技术是无法应对市场竞争的，需要不断地跟进自主技术创新。

制造业技术创新主体的核心部分——企业在巨大的市场压力下，只有加速适应市场经济规律，有效提升整个行业的技术创新能力，才能增强自身的市场竞争力。激烈的市场竞争无疑也是主体推进技术创新的动力，因而在制造业集群技术创新系统中建立一套高效的运行机制，可以充分调动和激发研发人员的技术创新积极性。

3.2.3 主观升级的期望

振兴实体经济、推动经济高质量发展主要依靠强大的制造业，同时也是江苏产业的命脉所在。为了从容应对我国当前的不平衡不充分发展难题，江苏提出制造业高质量发展，希望经过各个主体的不断努力，在三大产业结构优化、经济效益提升、主体创新能力增强等方面实现新的突破。江苏的制造业分工体系将逐渐由高科技产业中的劳动密集型环节向核心技术产业转移。

就江苏制造业集群技术创新系统自身而言，虽然江苏参加了国际分工，但是自主能力单薄，重大技术创新突破较少，使得江苏的制造业不得不暂时处于国际分工体系的中低端环节，并不能得到很高的分配利益。为了获取高额的利润，使集群技术创新系统内部主体拥有技术创新的动力，处于劣势的系统内部主体在主观上期望整体发展并升级江苏制造业集群技术创新系统。

3.3　制造业集群技术创新的制约因素分析

本节从内部制约因素分析江苏制造业集群中的主体创新行为。首先从区域创新的关键人才出发，分析江苏高端技术创新人才和复合型企业家缺乏的现象；其次定量考察了江苏科技投入强度与发达国家的差距；最后寻找出制造业扩张态势缓慢的原因可能在于制造业集群技术创新系统中各类主体的协同创新意识薄弱。

3.3.1　高端创新人才缺乏

改革开放以来，我国的制造业发展更多的是建立在装备制造业渐进式创新模式的基础上，直到目前还没有建立起以技术创新为主的突破式创新模式。产生这一现象的原因在于我国缺乏高端创新人才，企业家精神还有待进一步弘扬。近年来，尽管江苏省的两院院士达到了 102 人的数量优势，但是人才的质量和结构优势并不明显，引领型的高端创新人才和高精尖领域人才缺乏的问题依然存在，尤其是复合型的企业家更为缺乏。

江苏制造业企业的管理者往往受到宗族和家族思想的严重影

响，因此整个家族的成员多位于企业的管理岗位，很多没有相关管理知识的老一辈企业家一直延续这种传统的生产方式和管理制度，导致企业缺乏现代化管理的经营理念和企业家精神，很不利于企业的可持续发展。新一代的高端创新型人才在学习了先进的管理制度运用于企业生产经营活动中，如果不能与旧的管理制度深度融合也会导致创新活力无法全面释放。

3.3.2 科技投入强度不足

科技投入是衡量一个国家或地区科技创新能力的重要指标。科技投入一般包括政府投资、企业投资、外商投资以及其他投资，而科技创新主要依靠政府投资。科技投入强度代表研究主体对科技创新的重视程度，用科技投入占地区生产总值（GDP）的比重来衡量。如图3.7所示，2009~2013年江苏政府科技投入强度增速较快；2014~2016年该指标呈现缓慢波浪式上升态势；2017年该指标与江苏地区生产总值产值相背离，下降了0.03个百分点；2018年，江苏省科技投入总量达到2260.1亿元，位居全国前列，科技投入强度较去年明显上升，达到了近十年最高位置（2.7%），这表现出江苏对科技投入的重视程度。

江苏省重点推进重大项目建设，进一步加速了制造业集群技术创新系统跨越式升级的实现。虽然江苏省的科技投入强度已经位于我国的前列，但是其科技投入强度与发达国家相比还是有很大差距的。从指标大小来看，美国早在2013年就超过了5%，并且还在持续地增长，这也从侧面反映出了江苏省在科技投入力度上的相对不足，从上图中可以看出江苏省的科技投入强度指标增长速度非常缓慢，严重影响到了省内制造业集群技术创新水平的提升。

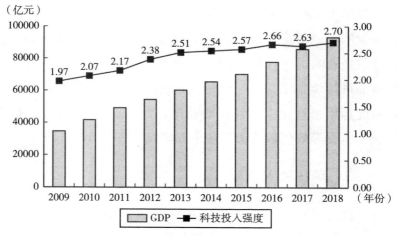

图 3.7　2009～2018 年江苏政府科技投入强度

资料来源：江苏省统计年鉴。

3.3.3　协同创新意识淡薄

从国家统计局 2019 年上半年报告可以看出，国内的经济增速逐渐放缓对从事生产制造的企业影响是最大的，因为大部分亏损非常严重的企业都属于制造业。2019 年 10 月末，制造业的采购经理指数（PMI）已经连续半年处于荣枯线的下方，与此同时，制造业的生产指数仅为 50.8%。从以上对制造业的生产和采购经理指数分析中不难发现，该行业虽然保持着扩张的态势，但是受经济增速放缓的大环境影响，其扩张的步伐明显变慢。

造成江苏制造业集群技术创新系统扩张步伐变缓的部分原因可能在于：各个主体的目标不尽相同，彼此之间交流互动不充分，协同创新的意识还很淡薄。在面对经济全球化的影响时，如果创新资源配置效率不高，就会导致无法形成创新合力。此外，政府在营造鼓励各类主体创新的社会氛围时，如果创新主体没有能够深入理解和贯彻创新驱动发展战略，也就无法充分激发各类创新主体协同创新的主观能动性，从而影响到为制造业集群技术创新系统的转型升级提供新动能。

3.4　制造业集群技术创新
主体的行为特征分析

为了具体了解江苏制造业技术创新系统的发展现状以及存在的问题，本书在"企业间关系强度对创新模式选择的影响调查问卷"中，就江苏制造业企业的技术创新来源、动力与阻力等问题进行了细致的调研，总结出江苏制造业集群技术创新系统中主体创新的行为特征如下。

3.4.1　技术创新的来源集中于企业内部

从目前我国制造业集群在全球价值链所处地位来看，即使科学技术支出呈现上涨趋势，也没有带来预期的创新效益。根据对江苏制造业集群的问卷调查发现，在 237 份问卷中，被调研者给出的江苏制造业企业技术创新主要源于企业内部，占企业技术创新来源的 63%。而来自客户即其他企业、消费者等的技术创新很少，只占到企业技术创新来源的 6%（见图 3.8），这能侧面反映出企业内部对技术创新的重视程度，同时也能间接表达出企业之间的技术交流不够充分。

当技术创新的来源主要集中于企业内部时，从创新程度来看，就不可避免地表现出一种以渐进式创新为主、突破式创新为辅的创新行为。制造业集群技术创新系统中的主体大多数都在渐进式创新，很难在短时间内实现集群的快速升级，因此，在技术创新的过程中要多注重企业、科研机构、供应商和客户等的合作创新。

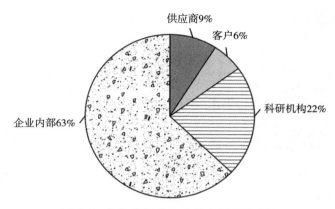

图 3.8   江苏制造业企业技术创新的来源

资料来源：根据相关问卷整理所得。

3.4.2   创新合作伙伴更倾向选择强关系

在实地调研的访谈过程中，企业高层管理者普遍透露出他们更愿意与已经建立起强关系的创新合作伙伴进行技术信息交流。一方面，由于信息技术水平层次相当，容易形成技术创新联盟，促使信息交流更容易被接受并迅速在企业内部进行传播；另一方面，虽然弱关系创新合作伙伴之间的关系维护成本较低，但是由于激烈的市场竞争致使企业在技术信息交流过程中更注重保护自身的利益，对合作伙伴的选择变得谨慎，不利于在新的前沿领域进行技术创新活动。

问卷调查的结果也显示出企业更重视强关系的这一特征，具体表现在企业稳定的创新合作伙伴数量和与竞争对手的信息互换情况。经整理，237 份有效调查问卷中，涉及企业创新合作伙伴数量的调查结果为：拥有稳定创新合作伙伴的企业占 60.76%（拥有稳定创新合作伙伴数量 5 个以下、6～10 个、11～15 个、16～20 个、21 个以上的问卷份数分别为：65、79、36、29、28，（65 + 79）/237 = 60.76%），而这一结果也表现出企业对强关系的重视程

度很高，只愿意维护极少一部分稳定的创新合作伙伴；涉及企业
与竞争对手的信息互换情况调查结果为与竞争对手每年联系的频
次中，5 次以下占 56.96%（与竞争对手每年联系频次 2 次以下、
3 ~ 5 次、6 ~ 8 次、9 ~ 11 次、12 次以上的问卷份数为 58、77、
56、22、24，（58 + 77）/237 = 56.96%）。这一结果表现出企业对
于弱关系的重视程度不高，对同行业竞争者之间的技术创新关心
程度较低。

3.4.3 市场需求是主体创新的主要动力

企业产生技术创新的动力包括市场需求、技术推动、竞争压
力等，在对江苏调查的 237 份问卷中，203 位被调研者认为企业技
术创新的动力是市场需求，169 位被调研者认为竞争压力会是企业
的动力（见表 3.10）。江苏制造业技术创新的动力明显趋向于市
场需求，此外，技术进步是另一大动力。

表 3.10　　　　江苏制造业企业技术创新的动力调研统计

技术创新的动力	市场需求	竞争压力	技术推动	政府政策	其他
数量（份）	203	169	164	65	2
总计（份）	237	237	237	237	237

资料来源：根据相关问卷整理所得。

在调查问卷中，不仅考察了创新动力，还调查了被调研者认
为阻碍所在企业技术创新的一些因素。近六成被调研对象认为企
业内部资金缺乏严重阻碍企业技术创新。同时，环境不确定和当
前所拥有的技术落后是阻碍企业技术创新的两大因素，分别有
48.52% 和 48.10% 的被调研者认为是企业技术创新阻力因素。江
苏制造业企业技术创新的阻力情况见图 3.9。

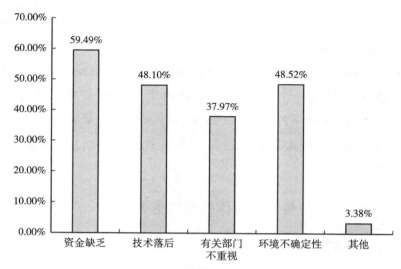

图 3.9 江苏制造业企业技术创新的阻力

资料来源：根据相关问卷整理所得。

由以上分析发现：企业创新具有被动性。从企业技术创新的动力和阻力来看，市场需求、竞争压力是主要动力，资金缺乏、环境不确定性、技术落后是主要阻力。从内外部因素分析来看，市场需求、竞争压力、环境不确定性是外部的，资金缺乏和技术落后是内部的。在当前的经济大环境下，一些技术落后的企业要想寻求突破，必须投入大量的资金用于技术创新，然而创新是一个无法预知结果的行为，企业在寻求创新的过程中，会遇到很多阻力，譬如同行业竞争对手的出现、经济环境不确定性。为了迎合市场、降低风险，企业的创新往往很容易被市场需求引导，进而呈现被动创新的局面。

3.4.4 重视制造业集群的特色品牌效应

目前江苏的制造业集群虽然近几年成长迅猛，并且已经形成了一批智能制造、生物制药、新材料等高科技产业集群（见表

3.11），但是大多数仍然是低技术含量、代工性质的产业集群。就发展升级情况来说，江苏制造业集群基本上继承了传统的相对粗放的发展模式，缺少在国际有强大竞争力的企业、行业领导型企业的支撑，在全球制造业整体分工体系中处于中低端环节。在国家先进制造业和战略性新兴产业的政策环境下，各地容易忽略自身的资源禀赋和发展特色，热衷于建设一批见效快的新兴产业集群，尚未形成合力并产生集群品牌效应。

表 3.11　　　　　　　江苏加快培育的 13 个先进制造业集群

序号	集群名称
1	新型电力（新能源）装备
2	工程机械
3	物联网
4	前沿新材料
5	生物医药和新型医疗器械
6	纺织服装
7	集成电路
8	海洋设备和高科技船舶
9	高端装备
10	节能环保
11	核心信息技术
12	汽车及零部件
13	新型显示

资料来源：新华网 http://www.xinhuanet.com/。

作为六大世界级城市群之一，同时也是我国"一带一路"倡议和长江经济带发展战略的重要交汇地区，长三角城市群在构建我国现代化区域创新体系过程中的战略地位举足轻重。因此，本章选取长三角城市群作为研究样本。首先，以城市群内 26 个地级市的行政区划规划相应的制造业集群边界；其次，整理各省（市）制造业集群的发展现状并进行对比分析；最后，结合直观的图表和地图等形式对创新系统内创新主体的发展现状进行描述性分析。

第4章

制造业集群"两业"主体协同
技术创新的特征事实与机制

本章对我国制造业和生产性服务业（简称"两业"）空间协同集聚度、绿色技术创新、产业主体间经济关系以及地方政府间主体关系的现状进行特征分析。具体来说：第一，从不同地区出发，对"两业"空间协同程度进行测度，从全城市样本和差异性城市类别的视角比较"两业"空间协同集聚特征；第二，在现有理论研究和测度方法的基础上，对当前我国绿色技术创新水平进行测度，并对其发展现状进行分析；第三，基于已有研究理论和度量方法，对我国产业主体经济关系、产业主体技术关系以及地方政府间主体关系强弱进行测度并分析其发展现状，对主体间关系的趋势特点进行总结；第四，基于理论分析基础，对"两业"协同集聚在关系嵌入背景下的绿色技术创新效应的关联关系进行分析。本章的理论机理阐释包括以下四个方面的内容：第一，"两业"主体空间协同布局对绿色技术创新效应的作用机理；第二，产业主体与政府主体关系强弱的成因机理；第三，不同主体强弱关系背景下"两业"协同集聚的绿色技术创新差异；第四，在作用机理分析的基础上提出理论假设，奠定实证研究基础。

4.1 制造业与生产性服务业
协同的测度与特征事实

4.1.1 制造业与生产性服务业协同水平的测度

在梳理产业协同定义的相关文献基础上，立足空间集聚的视角对制造业与生产性服务业协同程度进行分析，即探讨"两业"协同的集聚水平。制造业与生产性服务业的协同集聚是一种产地结合的地缘经济现象，也是一种空间范围内彼此联结的产业发展范式。因此，从理论分析和量化研究两方面对"两业"在产业与空间范畴内协同布局的研究具有非常重要的意义。借鉴江曼琦和习强敏（2014）的研究理念，对"两业"协同集聚度进行度量时，认为产业协同集聚是产业和空间两者共同驱动绿色技术创新的行为活动，同时借鉴陈建军等（2016）对于产业空间协同集聚指数的构建设计，开发了"两业"协同集聚度的测度公式：

$$\text{Coagg}_{it} = \left[1 - \frac{|\text{Agg}_{it}\text{S} - \text{Agg}_{it}\text{M}|}{\text{Agg}_{it}\text{S} + \text{Agg}_{it}\text{M}} \right] + (\text{Agg}_{it}\text{S} + \text{Agg}_{it}\text{M}) \quad (4.1)$$

$$\text{AggX}_{it} = \frac{L_{x,it}/L_{it}}{H_{x,t}/H_t} \quad (4.2)$$

其中，Coagg 表示"两业"的协同集聚程度；AggX 表示"两业"的单产业空间集中程度；下标 i 表示选取的第 i 个城市，下标 t 表示第 t 年，分别是 2004 年，…，2017 年；"两业"的专业化集聚程度计算如公式（4.2）所示，当 X = M 时，表示制造业专业化集聚的程度，而当 X = S 时，表示生产性服务业专业化集聚的程度；$L_{x,it}$ 和 L_{it} 分别代表 i 地区在第 t 年 X 产业的就业人数和 i 地区在第 t 年所有的就业人数；$H_{x,t}$ 和 H_t 分别代表全国在第 t 年 X 产业的就业人数和全国在第 t 年所有产业的就业人数。

需要对公式（4.1）进行补充说明的是，等号右边中括号里的内容主要是从垂直导向的协同角度对"两业"协同度进行测量，为了把协同集聚效应放大，因而在计算公式后面加入（$Agg_{it}S + Agg_{it}M$），以便探究共享市场和劳动力资源供给情境时，研究"两业"协同集聚对绿色技术创新效应的影响。

4.1.2　制造业与生产性服务业协同程度的特征事实

"两业"空间协同布局的产生是结构升级浪潮带来本土化与城市化多重整合的结果，也是由中间贸易品需求产生的产地结合的地缘经济现象。在"两业"空间集聚的宏观背景下，企业与企业主体之间发生耦合关系，一定数量和规模的企业在空间范围内发生集聚，产生绿色技术创新。为了对"两业"协同集聚的时序与空间变化特征进行更好的探究，以及从主体关系视角探究"两业"空间协同集聚对绿色技术创新影响的理论机理与实证研究，基于公式（4.1）和（4.2），对 2004～2017 年中国 261 个城市的"两业"协同集聚度进行测算，同时通过趋势图和空间变化态势图描述"两业"协同的特征事实，如图 4.1 所示。

图 4.1 描绘的是 2004～2017 年全城市样本与一线至五线城市的"两业"地区整体与异质性分化地区的协同集聚特征。由图 4.1（a）至图 4.1（f）的曲线轨迹特征可以看出全样本与细分城市样本的协同集聚程度特征主要呈现出以下两个特点。

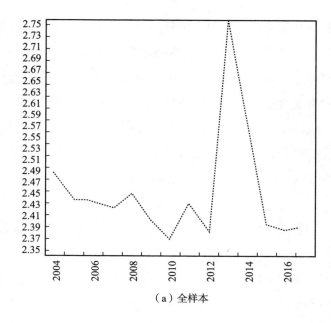

（a）全样本

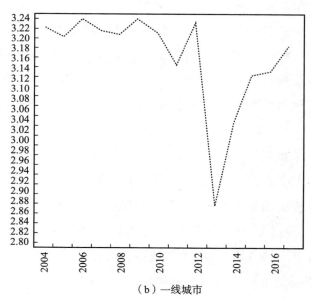

（b）一线城市

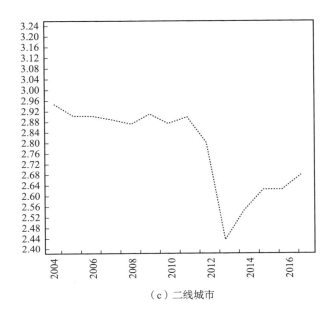

（c）二线城市

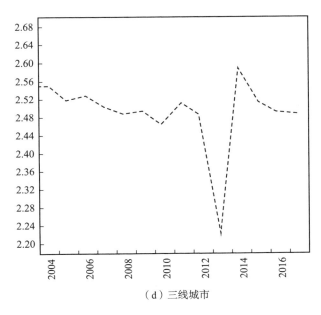

（d）三线城市

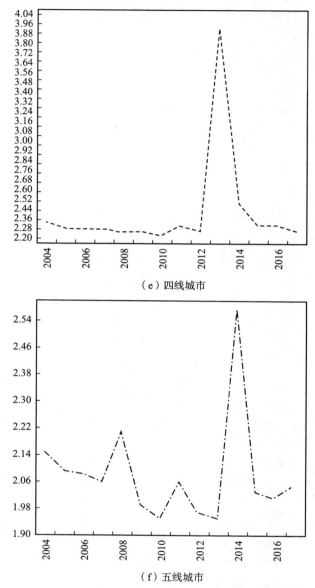

（e）四线城市

（f）五线城市

图 4.1 细分城市级别下 2004～2017 年区域制造业与生产性
服务业协同集聚的特征现象

数据来源：2005～2018 年《中国城市统计年鉴》。

一是，2004～2017 年全城市样本和异质性分化城市样本的"两业"协同集聚均呈现出阶段式波动发展态势，具体表现为：2004～2010 年协同集聚的发展态势较为平稳，缓慢向前发展，到了 2011 年突然加速，迅猛发展的态势到 2016 年后趋于平缓，其中，2012～2016 年协同集聚程度的波动变化最为明显，呈现出"过山车"式的发展态势变化。

二是，从 2004～2017 年细分城市级别的特征情况来看（一线、二线至五线城市），一线至三线城市的"两业"空间协同集聚程度呈现出稳定发展趋势，而四线、五线城市的协同集聚空间分布表现出较为陡峭的波动发展态势。具体表现为：首先，虽然一线至三线城市空间集聚度均较为平缓，但二线、三线城市的协同集聚程度相比一线城市明显较低；其次，四线、五线城市的协同集聚程度较为陡峭，特别是四线城市，这种较大的协同集聚度"极差"一定程度上表明四线和五线城市在"两业"建设方面存在巨大潜力；最后，根据细分城市"两业"协同集聚程度的变化情况可以看出，只有一线城市表现出较高的集聚度，说明一线城市"两业"的空间协同布局较其他类别城市相对完善，其他城市可能由于技术、市场、资源禀赋等多方面的原因导致"两业"尚处在彼此磨合的发展阶段，但不能因为处于"磨合"期的发展阶段就对这类别城市的产业协同空间布局发展潜力予以否定。

在对图 4.1 全样本及细分城市样本的制造业与生产性服务业时序特点进行分析后，进而对制造业与生产性服务业协同集聚的空间变化轨迹特征进行分析，通过观察可以发现 2004～2017 年"两业"协同集聚区域性变化存在如下特征：

一是，从"两业"集聚的地理区位分布来看，在华中和华东地区形成了一定规模的空间协同集聚的格局，但这种集聚情况并未能在西部地区体现出来，可能的原因在于当前西部地区以优先支持工业等实体产业发展的产业战略布局为主，重点关注城市基础设施建设水平，所以具有一定的产业发展时间窗口特点。

二是，从"两业"协同集聚的集中区位来看，"两业"协同集聚较明显的地区为长三角地区、京津冀地区、胶东半岛地区、哈连城市群地区以及长株潭地区，其中，长三角地区主要集中在以上海为中心的苏南地区与浙北城市群；从集中区位的时空演变趋势可以发现，长三角地区（尤其是苏南地区）"两业"产业协同集聚呈迅猛发展态势，而哈连城市群地区的协同集聚度并不高。产生不同集聚态势的原因在于这两个城市群产业协同布局的地缘差异，东北地区面临人才、技术、资金等要素严重流失的困境，而苏南地区要素流入却呈现旺盛趋势，这两者出现不平衡、不协调的发展态势。由此可见，在"用脚投票"的作用驱使下，东北地区的"两业"协同布局的发展前景堪忧，从国家全面协调的长远发展战略布局来看，这样的状态还需引起关注。

4.2　绿色技术创新的测度与特征事实

4.2.1　绿色技术创新的测度

在文献梳理的基础上可以发现，绿色技术创新的度量方法主要有两种：一是从多维度视角出发构建综合指标体系进行度量，二是利用灵活的相对指标搭建参数或非参数计算模型进行计算测度。由于本章的研究样本是全国 261 个城市，构建多维度的综合指标体系会在数据获取上具有一定局限性，而本章考察的绿色技术创新是具有生态经济和环境经济双重色彩的复合技术创新，因此在指标构建的过程中以此特征为出发点，参考寇宗来和刘学悦（2017）、于斌斌等（2019）的研究成果，用相对指标衡量绿色技

术创新，具体表示为城市创新指数（Innovation）与污染排放指数
（Pollution）的比值。其计算公式如下：

$$Green_{it} = \frac{Innovation_{it}}{Pollution_{it}} \tag{4.3}$$

（1）城市创新指数

城市创新指数指标是借鉴寇宗来与刘学悦学者的研究成果，
在专利价值模型的基础上，从国家、产业和企业三个层面获取有
关数据，综合计算得出的可靠指数。将其作为衡量绿色技术创新
的测量指标具有一定优势，具体如下：首先，使用该指数能够在
一定程度上规避重复使用创新投入与产出数据造成的误差；其次，
直接专利数据作为估计创新能力的指标存在估计口径偏差，而使
用该指数可弥补这一问题，该指数的专利平均价值是直接根据专
利价值模型计算得出的；再次，城市创新指数是从微观企业数据
层面衡量城市创新产出，从而减小因宏观大口径数据造成的测度
误差；最后，该指数还对地方创新水平进行度量，其中使用到企
业的注册资本数和知识产权专利数，从而体现出该指数的前瞻性
和有效性。还需要说明的是，原城市创新指数的研究基准年是
2001 年，而本章研究样本选取是从 2004 年开始的，为了避免由于
基年不同带来的测度偏误，确保指数的准确性和可比性，在参考
寇宗来与刘学悦（2017）的设计思路之后，该指数以 2001 年为基
准年，将基准年创新的专利价值赋予 100，即 2001 年的创新专利
指数值为 100，并由此推算出 2004～2016 年的各年份的城市创新
指数，并通过指数型插值法将 2017 年的缺失数据补齐。

（2）污染排放指数

选取具有代表性的污染物来对污染排放指数进行测度的方法
一般较为常见，如选取二氧化硫、氮氧化物等污染物进行指数指
征，但显然这种做法存在两个方面的不足：一是能源资源由于所

在地区不同而具有一定的禀赋差异性，不能用某地特有的污染物排放特征和水平代表地区整体情况，不具有普遍性；二是由于不同属性的污染物有不同的量纲，不能对全部污染物进行简单的加总求和，同时城市的区域特征和能源消耗水平也具有异质性，如果仅进行加总计和，就无法横向对比不同城市地域污染物的排放特点与水平。为弥补以上测量方法的不足，本章参考朱平芳等（2011）和于斌斌等（2019）的做法，将工业二氧化硫排放量、工业废水排放量、工业烟（粉）尘排放量放在一个框架内进行综合考量，共同构建污染排放指数。具体计算公式如下：

$$\text{Pollution}_{it} = \frac{\text{pw}_{i1} + \text{pw}_{i2} + \text{pw}_{i3}}{3} \qquad (4.4)$$

$$\text{pw}_{ij} = \frac{\text{p}_{ij}}{\displaystyle\sum_{i=1}^{n} \frac{\text{p}_{ij}}{n}} \qquad (4.5)$$

其中，p_{ij}代表第 i 个城市污染物 j 的排放水平（包含工业废水、工业废气以及工业二氧化硫排放量）；pw_{ij}是统一量纲后的计算值，代表第 i 个城市污染物 j 的相对排放量；n 为城市数量。

4.2.2 绿色技术创新的特征事实

绿色技术创新作为一种新兴创新要素，在传统技术创新的基础上克服了"机械性""封闭性"等传统技术创新的不足，在当前有限"环境资源"的宏观背景约束下，绿色技术创新在保证创新发展质量的同时，兼顾经济增长和生态环境保护的协同发展。在此背景下，对全国 261 个地方城市 2004～2017 年的绿色技术创新水平进行测算，以此分析绿色技术创新的时序特征与空间特征，并绘制态势变化图与空间轨迹图描述绿色技术创新的特征事实，具体如图 4.2 所示。

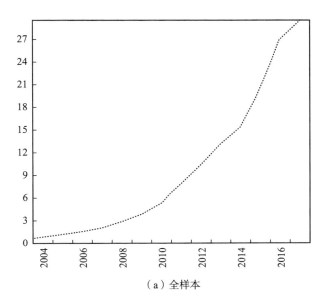

（a）全样本

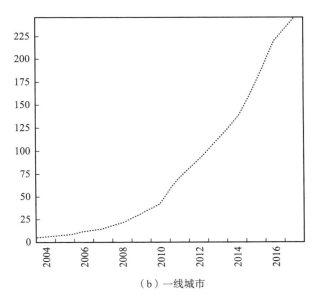

（b）一线城市

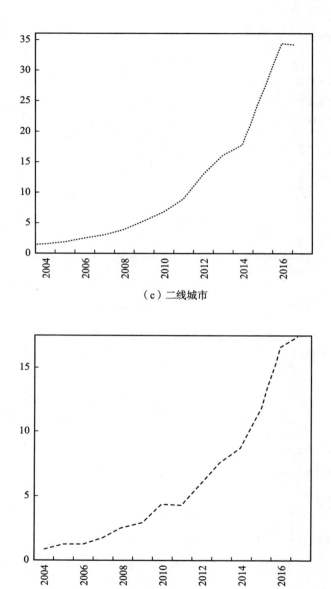

（c）二线城市

（d）三线城市

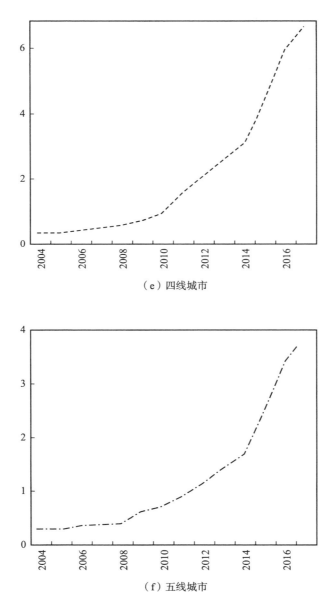

（e）四线城市

（f）五线城市

图 4.2　细分城市级别下 2004~2017 年区域绿色技术创新的特征现象

数据来源：2005~2018 年《中国城市统计年鉴》《中国城市和产业创新力报告 2017》。

图 4.2 描绘的是 2004~2017 年全样本与细分城市（一线至五

线城市）的绿色技术创新态势。由图 4.2（a）至（f）的曲线轨迹特征可以看出全城市样本和不同级别城市样本的绿色技术创新水平主要表现出两个主要特征：

一是 2004～2017 年，全城市样本和细分城市样本的区域地方绿色技术创新均呈现指数攀升形态，其中，增长速度最为显著的是 2014～2017 年这四年。2014 年以来，我国的生态、社会、人文也表现出协同发展的进步趋势，同时我国绿色技术创新呈现迅猛发展态势。

二是在异质性城市级别方面可以看出，绿色技术创新存在较严重的发展不均衡问题，一线城市至五线城市的绿色技术创新能力呈现层级式波动式下降趋势。绿色技术创新能力最强的是一线大城市，几乎为四线、五线城市的 50 倍，四线、五线城市的绿色技术创新水平较低，一定程度上反映了城市类别差异造成的资源禀赋、辐射能力、技术创新等基础条件方面的差异，同时说明当前四线、五线城市绿色技术创新水平的提升空间和发展潜力较大。

在对图 4.2 的全样本与异质性分级样本的绿色技术创新水平的时序特点进行描述与阐释后，进而对区域绿色技术创新的空间轨迹图进行阐释分析，总结出两个主要特点：

一是在绿色技术创新的地理位置空间分布上，发现华东地区和华中地区是绿色技术创新能力较强的城市主要集中区，而西部地区的城市中并未呈现较强绿色技术创新格局，可能的原因在于华中地区资源禀赋条件的特殊性，并且部分中东部地区高能耗的经济发展方式需要通过华中地区来承载。

二是在绿色技术创新能力城市的空间集中区位上，可以发现长三角地区以及京津冀地区是绿色技术创新能力较强的地区，以上海为中心辐射的苏南城市带尤为显著；同时，从城市所在的地理区位上看，除长三角和京津冀两个城市群较为突出外，川渝地区、陕南地区、长株潭地区、鲁东地区城市群的绿色技术创新发展势头均较为强劲，也具有一定的亮点和潜力。

4.3　制造业与生产性服务业主体关系的测度与特征事实

4.3.1　制造业与生产性服务业主体间经济关系的测度与特征事实

（1）制造业与生产性服务业主体间经济关系测度

已有研究对制造业与生产性服务业的经济关系强弱进行测度，大多采用投入产出表计算得出的要素依赖度，然而在产业交互过程中可以发现：在产业协同、环境营造以及要素汲取等方面均会发生产业间的经济关系，并不仅存在于产业间要素的交换过程。故而，本章研究借鉴唐晓华等（2018）学者的设计思路，从经济系统角度出发，通过耦合协同度模型，构建制造业子系统和生产性服务业子系统，从"产业规模""经济效益""成长潜力""环境约束"四个方面度量"两业"主体间的经济关系，详见表 4.1。"两业"耦合协同度的测度主要有四个步骤：首先，进行序参量标准化处理；其次，设置熵值信息权重；再次，计算耦合协调度；最后，判断"两业"主体间经济关系强弱。

表 4.1　制造业与生产性服务业主体间经济关系强弱判断的耦合指标体系

制造业与生产性服务业主体经济关系强弱的综合测度	子系统	序参量	测度	单位	方向
	制造业子系统（Z）	产业规模	制造业就业人数（Z1）	万人	+
			固定资产存量总额/制造业就业人数（Z2）	元/人	+

续表

子系统	序参量	测度	单位	方向
制造业子系统（Z）	产业规模	制造业就业人数/第二产业就业人数（Z3）	%	+
	经济效益	经济产值总量/制造业就业人数（Z4）	万元/人	+
		社会消费品零售总额/制造业就业人数（Z5）	万元/人	+
		工资总额/制造业就业人员（Z6）	万元/人	+
	成长潜力	年末金融机构各项贷款余额/制造业就业人员（Z7）	万元/人	+
		（当年制造业就业人员/当年制造业就业人员 − 1）＊100（Z8）	%	+
	环境约束	工业二氧化硫碳排放量/制造业就业人数（Z9）	吨/人	−
		工业废水排放量/制造业就业人数（Z10）	吨/人	−
生产性服务业子系统（M）	产业规模	生产性服务业就业人数（M1）	万人	+
		固定资产存量总额/生产性服务业就业人数（M2）	元/人	+
		生产性服务业就业人数/第二产业就业人数（M3）	%	+
	经济效益	经济产值总量/生产性服务业就业人数（M4）	万元/人	+
		社会消费品零售总额/生产性服务业就业人数（M5）	万元/人	+
		工资总额/生产性服务业就业人员（M6）	万元/人	+
	成长潜力	年末金融机构各项贷款余额/生产性服务业就业人员（M7）	万元/人	+

（最左侧合并列）制造业与生产性服务业主体经济关系强弱的综合测度

	子系统	序参量	测度	单位	方向
制造业与生产性服务业主体经济关系强弱的综合测度	生产性服务业子系统（M）	成长潜力	（当年生产性服务业就业人员/当年生产性服务业就业人员 - 1）* 100（M8）	%	+
		环境约束	工业二氧化硫碳排放量/生产性服务业就业人数（M9）	吨/人	-
			工业废水排放量/生产性服务业就业人数（M10）	吨/人	-

首先，需要对耦合协同度模型进行介绍和阐释。耦合协同度模型是一种评价发展程度的有效模型，一般由若干子系统共同组成。用耦合协同度模型进行测度的关键就是对子系统进行综合评价，由此，需要对其中各个子系统的概念加以阐释。假定耦合协调同模型中的一个子系统为 X_{ij} =（i = 1，2，…，m；j = 1，2，…，n），该子系统又由许多序参量 x_{ij} 组成，其中 i 表示制造业子系统或生产性服务业子系统；并假定 $\alpha_{ij} \leq x_{ij} \leq \beta_{ij}$，$\alpha_{ij}$ 表示序参量的下界，β_{ij} 表示序参量的上界；序参量又可以分为效益型和成本型两类，当方向为正时，序参量为效益型，此时序参量数值与系统有序度呈正向关系，数值越大，子系统的有序度就越高，相反则越低；而当方向为负时，序参量即为成本型，此时序参量数值与系统有序度表现为负向关系，数值越大，系统的有序度就越低，相反则越高。

其次，在明晰子系统相关概念后，需要对"两业"主体间经济关系协同度的计算步骤及公式含义加以解释。

①对序参量进行标准化处理。通常对序参量进行解释说明的二级、三级指标的量纲存在差异，因此，本章采用极值求差的方法，对序参量中的二级和三级指标进行标准化处理，来避免或减

少由于未统一量纲而带来的计算误差。极值求差法进行标准化处理的计算公式如下：

$$x_{ij}' = \begin{cases} \dfrac{x_{ij} - \alpha_{ij}}{\beta_{ij} - \alpha_{ij}}, & \text{当且仅当序参量 } x_{ij} \text{方向为正} \\[3mm] \dfrac{\beta_{ij} - x_{ij}}{\beta_{ij} - \alpha_{ij}}, & \text{当且仅当序参量 } x_{ij} \text{方向为负} \end{cases} \qquad (4.6)$$

其中，X_{ij}' 代表标准化处理后的序参量，x_{ij} 表示原子系统的序参量，α_{ij} 和 β_{ij} 分别代表子系统范围的下界和上界。

②设置熵值信息权重。"两业"协同度测算的第二步是熵值权重的设置，将标准化后的数据归类到 261 个城市样本，在进行细分后得到相对应的三级和二级指标的权重，在此基础上对熵值信息进行计算，并求得权重。熵值权重计算的具体步骤如下：

第一步，基于 261 个研究样本对应的"两业"子系统，针对其中的三级和二级指标，计算序参量中具体指标的标准化系数，计算公式如下：

$$y_{it} = x_{it}' \Big/ \sum_{i=1}^{m} x_{ij}' \qquad (4.7)$$

第二步，基于计算所得的样本城市所对应的子系统项目标准化系数，计算样本城市所对应的相应熵值，计算公式如公式（4.8）所示：

$$e_j = -K \sum_{i=1}^{m} y_{ij} \ln y_{ij}, K = 1/\ln m \qquad (4.8)$$

需要对此公式加以说明的是，用 1 与 e_j 之间的差值衡量子系统具体项目的信息效用，该差值与信息效用呈正向关系，差值越大说明信息效用越大，从而指标权重就越大，差值的计算公式为：

$$d_j = 1 - e_j \qquad (4.9)$$

继而可以求得子系统具体项目的权重，计算公式为：

$$w_j = d_j \Big/ \sum_{j} d_j \qquad (4.10)$$

第三步，通过对序参量进行赋权求和，求得子系统的综合发展水平 u_i，具体计算公式为：

$$u_i = \sum_j x'_{ij} w_j \qquad (4.11)$$

③计算 "两业" 主体间耦合协同度。在判断 "两业" 主体间经济关系强弱以前，需要先对 "两业" 子系统间的耦合度予以测算，耦合协同度的计算公式如下：

$$C_i^t = 2\sqrt{u_{iM}^t \times u_{iS}^t}\big/(u_{iM}^t + u_{iS}^t) \qquad (4.12)$$

C_i^t 表示样本城市 i "两业" 在第 t 年的耦合协同程度，u_{iM}^t 代表城市 i 制造业子系统的综合发展水平，u_{iS}^t 是城市 i 生产性服务业子系统的发展水平。如果 u_{iM}^t 和 u_{iS}^t 数值很小时，C_i^t 的计算结果就会很高，但这种高计算值是一种伪耦合结果；此外，考虑到测度产业主体间协同度时耦合协同度模型的局限性，在 C_i^t 计算公式的基础上对耦合协同度模型测度产业主体间经济强弱的计算公式进行构建，具体为：

$$D_i^t = \sqrt{C_i^t \times T_i^t}，\text{其中 } T_i^t = \alpha u_{iM}^t + \beta u_{iS}^t \qquad (4.13)$$

D_i^t 是产业主体经济关系的测度，表示样本城市 i 在第 t 年 "两业" 间主体的耦合协同度；C_i^t 则表示样本城市 i "两业" 在第 t 年的耦合协同程度；T_i^t 是 "两业" 子系统的综合发展水平；α 和 β 分别表示样本城市 i 在第 t 年 "两业" 子系统的权重。

④判断 "两业" 主体间经济关系强弱。基于第三步中计算得出的 "两业" 耦合协同度，本章对不同样本城市和不同年份 "两业" 主体间经济关系强弱区间进行了相应划分，界定耦合协同度在 0~1 区间内变动，越靠近 0 代表 "两业" 主体间经济关系越弱，越靠近 1 则代表关系越强。具体来说，当 "两业" 耦合协同度数值在 0.6~1 区间中，认为 "两业" 的协同发展程度较好，区间中的取值又可进行细分，当数值在 0.6~0.7 时，属于初级协

调，当数值在 0.7～0.8 时，属于中级协调，当数值在 0.8～0.9 时，则协调度良好，当数值处于 0.9～1 时，则协调度为优质。"两业"耦合协调度在 0.4～0.6 代表处于过渡协同的发展阶段，其中，协同度处于 0.4～0.5 时，属于濒临失调衰退阶段，协同度处于 0.5～0.6 时，可以看作勉强协调发展阶段。而协同度如果在 0～0.4 则认为"两业"是不可接受的协调发展，其中，处于协同度在 0.3～0.4 表示轻度失调发展，在 0.2～0.3 是中度失调，在 0.1～0.2 是重度失调，而在 0～0.1 则是极度失调衰退情况。

本章测度得出的"两业"主体间经济关系的耦合协同度集中分布在 0.4～0.6，由于区间极差度比较小，回归分析能够采用的分组样本数量并不充足，同时，强关系和弱关系是一种相对指标，在不同情境下有不同的认定，因此，本章对"两业"主体间经济关系强弱采用渐进式区间段位的衡量方式予以量化。为进一步考察时间趋势与主体间关系强弱变动的关系，本章通过门槛的计算方式对不同年度区间的强弱关系进行量化计算。

（2）整体国别情形下制造业与生产性服务业主体间经济关系特征事实

以 2004 年作为耦合协同度模型计算的基期，对"两业"主体间经济关系强弱进行测度，具体结果如表4.2所示。首先，对制造业子系统和生产性服务业子系统进行比较，可以发现制造业子系统的发展速度低于生产性服务业子系统，并且 2004～2017 年从未追赶上生产性服务业子系统的发展速度，两者的发展速度只有在 2009 年最为接近，原因可能在于 2008 年金融危机之后，国家采取了包含四万亿补贴计划在内的一系列促进制造业发展的战略措施；其次，从区间划分角度来看"两业"耦合协同度，2004～2017 年"两业"协同发展总体较为协调，但"两业"的耦合协调度并不很高，其中，2009 年、2011 年和 2012 年呈现出"轻度失调发展型" 的主体间经济特征，而其他年份均呈现出 "濒临失调衰退型" 的主体经济关系，这种关系也成为 "两业" 耦合协同发展的主流类型。分析其原因可能在于：

第一，由于耦合协同度模型的建构方式不同导致测度结果的不同。与唐晓华等（2018）的方法不同，本章主要采用产业规模、经济效益、成长潜力、环境约束四个 "相对指标" 对 "两业" 主体间经济关系强弱进行度量，从而导致计算结果的不同；另外，与张虎和韩爱华（2019）的指标维度设计不同，本章使用了存量指标对流量指标进行替代，如用固定资产存量指标代替投资流量指标，并且未将 2001 年作为研究基期，而是以 2004 年为研究基期。为使指标可比，对部分指标做了平减化处理，这也会造成数据处理差异，从而导致计算结果的差异。

第二，由于城市空间布局分工差异导致 "两业" 主体间经济关系分离。首先，我国经济已经迈入高质量发展阶段，城市一体化发展趋势越来越明显，各个城市都凭借不同的禀赋特征积极融入一体化的城市群建设。由于城市空间分工的差异性以及城市资源的有限性，单个城市各自为战的策略不能使 "两业" 协同发展；其次，由于各个城市的市场需求和功能定位存在差异，生产性服务业企业越来越向深圳、上海等中心大城市集聚，制造业企业也越来越向中心城市附近的卫星城市靠近，在空间范畴上呈现出中心辐射外围的 "两业" 空间格局；最后，在互联网高速发展、数字经济高度发达的当下，制造业与生产性服务业的 "空间非一体化" 趋势更加明显，而制造业与生产性服务业在一定范畴内的 "中心–外围" 边界也愈发模糊。

基于以上分析可以得出：本章所构建的 "两业" 主体经济关系的测度模型，是在对每个城市内 "两业" 主体经济关系进行测度的基础上开展的，未对城市与城市两者主体间经济关系的水平进行测度。即使本章的测度结果表明"两业"的主体耦合协同未达到良好或者完美的类型，但受城市功能布局差异的影响，以及"两业"空间非一体化趋势越发明显的大背景下，将产业主体间经济关系用城市内部关系的强弱来进行衡量是值得商榷的。

表 4.2　　　　　2004～2017 年制造业与生产性服务业主体间
经济关系耦合协调度

年份	制造业系统 u_M	生产性服务业系统 u_S	耦合度 C	制造业与生产性服务业主体间经济关系 D	主体关系类型
2004	0.1578333	0.19473218	0.993146288	0.418642169	濒临失调衰退型
2005	0.177243814	0.18795334	0.998392394	0.426170119	濒临失调衰退型
2006	0.164168221	0.17760049	0.997828586	0.41204051	濒临失调衰退型
2007	0.165463758	0.183787035	0.997161765	0.416398215	濒临失调衰退型
2008	0.17915756	0.18716233	0.997671395	0.426727241	濒临失调衰退型
2009	0.150751955	0.151783451	0.998304112	0.387960192	轻度失调发展型
2010	0.160993983	0.173063094	0.997830417	0.407638877	濒临失调衰退型
2011	0.139492693	0.151335445	0.997619705	0.380236103	轻度失调发展型
2012	0.137316006	0.162300651	0.99465767	0.38637831	轻度失调发展型
2013	0.146215933	0.186257555	0.989146241	0.405245479	濒临失调衰退型
2014	0.161643965	0.197989884	0.991532518	0.421476609	濒临失调衰退型
2015	0.14854874	0.183049212	0.991835245	0.404791222	濒临失调衰退型
2016	0.162066841	0.198295208	0.991566452	0.421846759	濒临失调衰退型
2017	0.150630739	0.185864054	0.991333875	0.407717111	濒临失调衰退型

（3）不同城市类别下"两业"主体间经济关系的特征事实

有关产业协同集聚这个地缘经济问题的研究，一些学者通常以省级行政单位为基础对产业协同集聚度进行测度，并且诸多研究结论并不统一。出现这样研究结果的原因在于：很多研究将产业协同集聚这个中观问题当作宏观经济问题，然而产业集聚区的覆盖范围不会比省级行政区的区域范围广，省级行政区除了兼顾企业经济活动，还承担着决策制定、资源分配、民生福祉等其他责任。因而，选取区域范围小一些的行政规划城市辖区作为研究样本，探讨"两业"协同集聚问题更具现实意义和必要性。需要说明的是，我国幅员辽阔，不同城市之间的资源禀赋、经济发展、人口规模、市场空间都存在差异，如果以国家整体产业的协同集聚情况作为单个城市协同集聚的特征进行分析会存在一定的局限性。因此，本章借鉴"第一财经·城市研究课题组"的设计方法，以多项指标的综合考量为基础，将我国城市进行等级划分，最终将 261 个研究样本划分为五类，分别是一线、二线、三线、四线、五线城市，在此基础上对不同城市级别的"两业"协同布局的集聚特征进行描述，如图 4.3 所示。

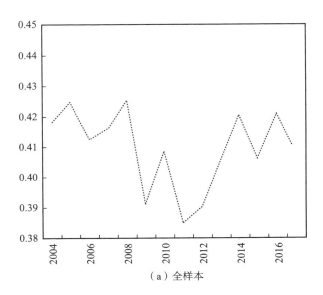

（a）全样本

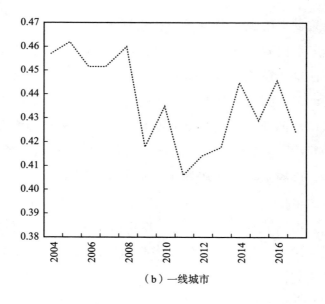

（b）一线城市

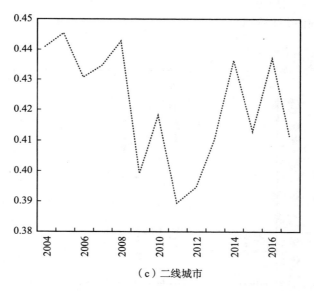

（c）二线城市

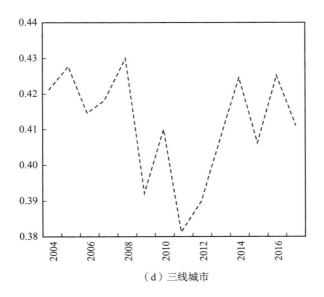

（d）三线城市

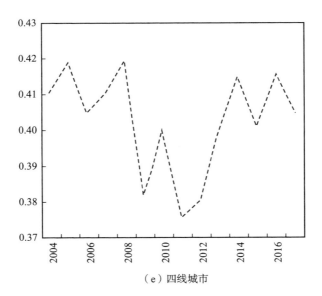

（e）四线城市

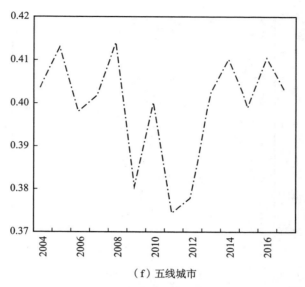

（f）五线城市

图 4.3 分城市级别下制造业与生产性服务业制造业与生产性服务业主体间经济协调耦合度的特征现象

数据来源：2005～2018 年《中国城市统计年鉴》。

图 4.3 描绘的是 2004～2017 年"两业"主体间协调耦合的时序特点。从图中的曲线波动趋势可以看出，全城市样本和细分城市样本的"两业"耦合协调度均处于轻度失调至濒临衰退性协调的区间范围内。这在一定程度上表明：我国城市空间布局上的"两业"主体间经济关系的协调性并不完美，还存在一定的提升空间和潜力。然而，鉴于城市间劳动力的空间职能分工和一体化程度不断提高，不能盲目根据城市间制造业和生产性服务业之间的协调程度对区域之间的制造业和制造业服务的经济状况作出结论；另外，鉴于不同城市空间布局的差异性和区域功能的互补性，所有城市是否都应该同步发展制造业与生产性服务业，并促进"两业"的协调共荣，还是根据城市自身的资源禀赋特点或总体战略布局，只发展一种固定的产业，这也是值得商榷的。诚然，这些

存疑主要与产业空间布局有关，需要与城市本身及其所在的城市群一起全面看待，本章主要考量绿色技术创新与"两业"主体间经济关系耦合协同，更多的讨论将留予实证估计。

在对图 4.3 全样本及细分城市"两业"主体间经济关系耦合协同情况进行分析后，对 2004～2017 年"两业"主体经济关系耦合协同的空间轨迹进行特征分析，可以发现两个主要特点：

首先，从"两业"集聚布局的地理位置来看，在我国的东部和中部地区形成了一定规模的"两业"协同集聚发展格局，而在西部地区未能形成较成规模的"两业"分布格局，这可能是由于受到区域资源、制度等禀赋条件的所致限制。

其次，从"两业"经济主体协同集聚的空间区位上看，制造业与生产性服务业在京津冀、长三角和珠三角地区呈现出关系较为紧密、联系性更强、协同度更高的特征，而其他地区"两业"主体间经济协同度则呈现较低的发展水平，可能的原因在于区域的资源禀赋和区域发展需要的差异。

4.3.2　制造业与生产性服务业主体间技术关系的测度与特征事实

（1）制造业与生产性服务业主体间技术关系测度

现有的大部分研究都是以产业经济关联程度指标对"两业"主体间技术的远近关系进行测度，然而从技术流程实现和技术特征表现方面可以看出，"两业"技术关系远近的拟合需要考虑"技术黑箱"的存在，不能仅凭借有形的产业关联特征来进行判断；另外，挑战还在于如何摆脱主观的分类，根据"两业"技术接近程度的客观视角展开聚类划分，也就是本章所研究的从产业主体视角探讨主体关系强弱。借鉴潘文卿等（2011）等学者的研究成果，本章对"两业"主体间关系远近的衡量使用产业间直接消耗系数结构向量与角余弦近似指数，并运用多维标度法对"两业"主体间的技术距离进行测度，通过聚类划分区分强弱关系主体。具体包括如下两个计算步骤：

第一步，对"两业"主体间关系的相似度进行测量。制造业与细分生产性服务业相似程度的计算公式如下：

$$\omega_{ij} = \frac{\sum_k a_{ki} a_{kj}}{\sqrt{\sum_k a_{ki}^2 \times \sum_k a_{kj}^2}} \qquad (4.14)$$

其中，a_{ki} 和 a_{kj} 分别表示制造业 i 与生产性服务业细分部门 j（j = 1，2，…，6，根据前文所述，生产性服务业具体分为 6 个产业）直接消耗系数列第 k 个位置的消耗系数元素，ω_{ij} 的值域范围在 0 ~ 1，数值越靠近 1，代表相似度越高，反之则相似度越低。

第二步，利用多维标度法测度"两业"技术相近程度。基于公式（4.14）计算得到的"两业"主体间关系相似度 ω_{ij}，对"两业"之间的技术距离进行计算，具体计算公式为：$1 - \omega_{ij}$。通过产业间技术距离的远近程度，利用多维标度法构造如图 4.4 所示的

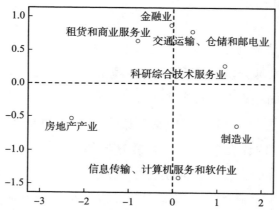

图 4.4　基于 MDS 算法的制造业与生产性服务业的技术距离

二维平面图，任一制造业部门与细分的生产性服务业部门，都表现为图中的一个点，而产业之间的技术距离即为每个点之间的直线距离。由此可知，图中两个点之间的直线距离越近，那么两个产业之间的技术距离也就越短，相反则技术距离越长；此外，如果在某一区域形成若干的点集中，则说明这一区域形成了相似工艺产业的集聚。

（2）制造业与生产性服务业主体间技术关系的特征事实

图 4.4 所示的二维平面图描绘的是通过多维标度法计算得出的"两业"细分部门之间的技术距离远近；图 4.5 和表 4.3 则分别呈现了"两业"细分部门间的具体技术距离数值及技术距离远近的拟合趋势。

表 4.3　　　　　　制造业与生产性服务业主体间的技术距离

交通仓储邮电业 N1	信息传输、计算机服务和软件业 N2	金融业 N3	房地产业 N4	租赁和商务服务业 N5	科研综合技术服务业 N6
0.9514	0.9533	0.9584	0.9899	0.9697	0.9176

首先，根据图 4.4 和图 4.5 中呈现的距离远近和拟合趋势，以及表 4.3 中计算得出的技术距离数值的结果表明，"两业"之间存在一定的技术差距是客观事实，说明"两业"之间必然在技术水平、产品服务和客户需求等诸多方面存在差异；其次，从图 4.5 "两业"技术距离聚类划分的情况可以发现，把生产性服务业细分为具体的六个产业类别，这六个类别之间存在较为明显的集聚格局，而"两业"之间却没有呈现出明显的聚类分布，进一步说明两者之间存在明显的技术差异。由此可以看出，"两业"主体间的技术关系是一种弱关系。

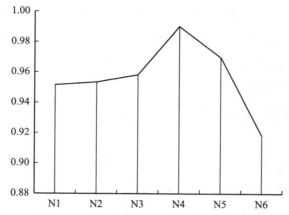

图 4.5　制造业与生产性服务业主体间的技术距离远近拟合

　　然而，"两业"虽然主体技术关系呈现出较弱关系状态，但两者在生产活动中产业主体之间不联系、不合作的情形是非常少见的，例如在技术要求非常高的制造业，即使其产品技术再高端，在其生产运作的过程中也离不开与其技术结构差异甚大的金融业进行融资，也离不开仓储物流业、交通运输业对其产品提供配送服务等。然而，鉴于技术在当前经济发展中的重要性，缩短或延长技术距离对产业主体之间的合作关系有重要影响，包括生产协同实施和发展战略契合。此外，从唯物辩证视角来看，强与弱一直都是一个相对的概念。有鉴于此，本章选取三个产业与制造业的技术距离较小的产业作为主体间强关系产业，分别是交通仓储邮电业、信息传输与计算机服务和软件业、科研综合技术服务业；选取三个产业与制造业的技术距离较大的产业作为主体间弱关系产业，分别是金融业、房地产业、租赁和商务服务业。

4.3.3　地方政府间主体关系强弱的测度与特征事实

（1）地方政府间主体关系强弱的测度

根据现有文献可以看出，在地方建设加速、经济快速增长的三十多年来，地方政府主要充当 "生产型政府" 的作用，所以，地方政府时常会将地方发展的各个指标与处于同行政级别的其他城市进行对比。而尽管一定合理区间的政府间比较能够带来促进当地发展的 "动力"，但这种 "比较" 一旦超越阈值，就会带来决策部门间的竞争压力。这里所说的合理区间的政府间比较可以看作一种 "一体化" 倾向强于 "本土化" 倾向的强主体关系，地方政府间呈现出比较强的协同关系，竞争压力较弱。政绩比较观不仅会降低地区间的既有政策协同程度，而且在招商引资和人才引进等政策环节也会更注重本土化保护，由于在吸引投资和人才引进等地方政府利益方面的 "逐顶竞争" 与旨在降低公司运营成本和税率的 "逐底竞争" 等，从而产生地方政府间弱协同强竞争的主体关系表现。因此，基于上述分析逻辑，可以认为地方政府间的关系强弱与竞争呈现出负向关系，换句话说，地方政府间关系越强（两者相互协同性越强），政府所面对的竞争压力就越小；反之，地方政府间关系越弱（两者相互协同性越弱），政府主体间竞争压力就越大。

上级政府对下级政府的考核通常采用经济绩效、民生质量等相对指标，由此参考钱先航（2011）的研究成果，对地方政府间竞争压力的测度选择 GDP 增长率、财政盈余、失业率这三个二级指标。其中，GDP 增长率在地方城市统计年鉴中可以获得；财政盈余的计算公式是：财政盈余 =（一般性地方财政收入 − 一般性地方财政支出）/ 一般性地方财政收入；失业率的计算公式是：失业率 = 城镇失业人员数 /（登记失业人员数 + 从业人员数）。

基于前文的描述，考虑到地方城市之间差异性的资源禀赋条件，将 261 个研究样本划分为一线城市至五线城市的五个城市类别，此时需要在五类城市级别的样本组里对三个二级指标进行加权计算。先计算出不同级别城市这三个指标的加权平均数，对于

GDP 增长率和财政盈余指标，如果当年所在城市 i 的指标比加权平均数小，则对它赋值为 1，如果所在城市 i 的指标比加权平均数大，就赋值为 0；对于失业率指标，如果所在城市 i 的指标大于加权平均值，就将其赋值为 1，否则赋值为 0。然后把三个指标的赋值加总求和，就可以得到地方政府间竞争压力指数，也就是地方政府主体间关系强弱数值。这个竞争压力指数的值域范围在 0 ~ 3之间，如果竞争压力指数越大，就说明地方政府主体间的关系强度越弱，为了缓解这种较大竞争压力，地方地府就越愿意采用各种政策手段促进政府间形成产业协同集聚格局，促进实现绿色技术创新。

（2）地方政府间主体关系强弱的特征事实

由于地方政府之间存在政绩比较的激励机制，在推动"两业"形成协同集聚格局以及促进绿色技术创新水平提升的背后，这种政绩比较动机或多或少发挥了作用。虽然处在合理范围内的政府间政绩比较能在一定范围内起到推动绿色创新能力提升的积极作用，但区间范围的合理比较如果脱离既定发展范畴，就会给决策部门带来竞争压力。因此，地方政府在出台有关政策时可能存在本土化倾向，从而忽视地方政策联动的整体性，以及由于选择性的存在给地方福利造成一定损失，反映了地方政府政策的负外部性特征。使用上文提到的地方政府间主体强弱关系的计算方法，对本章 261 个研究样本的地方政府间主体关系进行测算，同时为了更好地探究样本地方政府主体间竞争压力的时序特征与空间轨迹变化特征，绘制了趋势图和空间轨迹变化图，对政府间竞争压力的特征事实描述，具体如图 4.6 所示。

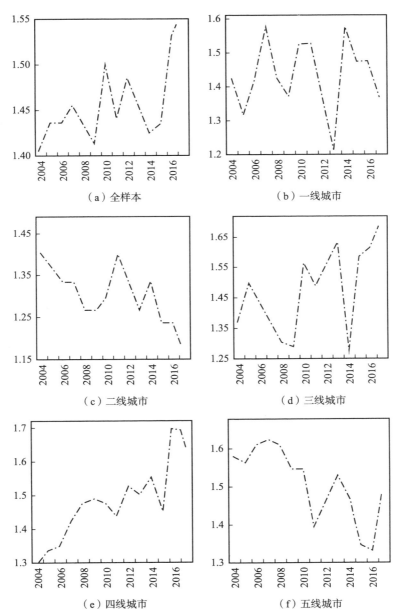

（a）全样本　　　　　　　　　（b）一线城市

（c）二线城市　　　　　　　　　（d）三线城市

（e）四线城市　　　　　　　　　（f）五线城市

图 4.6　细分城市级别下 2004~2017 年地方政府间竞争压力的特征现象

数据来源：2005~2018 年《中国城市统计年鉴》。

图 4.6 描述了 2004～2017 年全城市样本以及细分城市样本的整体地区与差异性类别的政府间竞争压力特征。由政府间竞争压力曲线的波动情况，可以发现地方政府间竞争压力的特征现象存在两个主要特点：

第一，从全城市样本的整体格局来看，地方政府间主体关系在波动中从强关系向弱关系逐渐演化（体现在波动过程中地方政府间的潜在竞争压力指数逐渐上升），分别在 2010 年和 2017 年达到最低点。其原因可能在于：就 2010 年来看，在次贷危机之后，国内经济表现出产能过剩以及债务攀升，考虑到地方企业的相关产品产能过剩以及当地消化能力不足，地方制定的有关政策更倾向于"本土化"，如为当地企业提供优惠贷款、免税贷款，优先帮助地方企业渡过难关。地方政府之间的强竞争弱协同的主体强度关系，可能会导致政府间本应高度积极链接的协同链条发生断裂。随着区域联动性政策的实施，如"一带一路""自贸区建设"等，驱使原本"弱关系"分离的地方政府主体关系逐渐向"强关系"态势发展，具体表现为地方间呈上升趋势的竞争压力指数变动速度逐渐放缓。但在区域经济结构改变和经济新常态发展的背景下，区域经济发展速度较以往逐渐放缓，"本土化"的地区保护主义又开始显现，一方面是地方政府"政绩"的驱动，另一方面是经济发展上的"利己"动机驱动，避免人才、技术、资金等要素流失。由此，可以理解 2017 年地方政府间的主体关系达到了最低点。

第二，从不同的地理区位表现上来看，地方政府间主体关系呈较强水平的是一线城市和二线城市，它们的竞争压力指数逐渐减小，说明地方政府主体关系呈现出由弱关系向强关系演变的特征。一方面，表明当前一线、二线城市仅以"经济指标"为基础的发展路径受阻的基本现实；另一方面，当前一线、二线城市协

同发展也离不开 "创新指标" 和 "绿色指标" 的新发展理念的引领, 而这应该是一个非常好的信号, 因为随着地方政府间主体强弱关系的改变, 最初竞争带来的福利损失可能会被协同福利收益所取代。然而, 在三、四、五线城市中, 地方政府间主体关系逐年递增呈弱关系特点, 具体表现为城市间的竞争压力指数呈不断上升趋势, 这表明, 三、四、五线城市的发展仍然受到地方政绩观的强大竞争压力, 这种竞争压力表现在降低税率上的 "逐底" 以及高端人才引进等经济发展方面的 "逐顶", 会造成整体地区间人才、技术、资金等要素的割裂, 增加生态环境的运作负荷, 形成表面意义上的 "行政区经济", 但这显然与中国在转型经济中的发展战略相悖, 需要改进评价体制以改善 "本土化" 倾向的弱地方主体间关系。

对图 4.6 所示的全样本城市和不同类别城市样本的政府主体间关系强弱特点进行分析, 进而通过空间轨迹变化特征来分析政府间主体关系强弱, 从 2004 ~ 2017 年的轨迹变化可以发现政府间竞争压力的区域性变化的两个主要特点:

第一, 从地区分布来看地方政府竞争压力强度。在 2004 ~ 2010 年这六年中, 华中地区与西南部地区的地方政府的主体间关系表现较弱, 但这种主体间的弱关系的局面在后面几年的发展中逐渐转变, 并逐渐表现出强联结态势。其原因可能在于, 西南地区与华中地区在发展早期持本土化 "行政区经济" 发展的政绩观, 此时地方政府之间的联动沟通较弱, 随着城市一体化和区域一体化的政策布局, 逐渐形成了长株潭城市群、成渝城市群等城市群, 原先 "单极发力" 的只关注行政区域经济发展的本土化策略并不可取, 政府间需要融通协同, 合力共建 "多中心" 式的一体化经济发展模式, 从而推动一体化建设, 形成对大区域范畴内其他城市的辐射, 有效降低地方政府间的竞争压力, 通过提高地方的综合竞争力和提升在价值链中的地位，展现地方政府间强联结的发展特征。

第二，单独来看东北地区地方政府主体间关系强度的发展态势。通过 2010 年和 2017 年关系图的对比可以发现，东北地区政府主体间竞争压力的强度随年份渐进加大，并随地区渐深蔓延。其原因可能在于两个方面：一方面，近年来东北地区在人口、资本、技术等方面流失情况严重，尤其是高端技术人才外流，为了扭转该地区经济发展的颓势，与周边地区区分开来，政府需要充分发挥"有形之手"的积极作用，在有关政策优惠出台上就必须考虑降低税率的"逐底"政策；另一方面，在国家振兴东北老工业基地的战略部署下，中央政府、地方人民及商界、学界对东北地方政府抱有殷切期盼，这种加速改变现有经济发展颓势的目标无形中为地方政府带来巨大压力，无论哪个地方政府均不愿做"最后一名"。地方政府承受的压力越大，与周边地区政府间进行协同的可能性就越小，由此陷入一种"囚徒困境"。基于此，我们对东北地区地方政府间主体关系的减弱也就可以理解。

4.4 "两业"协同的绿色技术
创新效应作用机制

工业部门中制造业代表的空间集聚是技术创新的重要驱动力，由于规模经济和知识溢出等优势，能够积极有效地推动区域资源配置效率的提升，同时还能在提高产业价值链地位和激发企业家创新精神等方面起到巨大的推动作用。但是随着工业产业聚集通过技术外溢给当地经济发展水平带来巨大提升的同时，也会对当地资源造成大量消耗（Carlino，2007）。就生态环境愈发恶化的情况而言，一些专家学者认为环境恶化的根源在于工业集聚，但有不同的学者对此持反对意见，认为工业集聚对生态环境具有一定的正外部性，工业集聚会促使企业在污染排放时进行生态化处理，以此来保障整体生态环境，进而促进绿色技术的外溢（刘耀斌等，2017）。然而，更多相关的实证分析认为，产业集聚和当地生态环境的关系并不能单纯地用积极和消极影响来概括。工业产业的空间集聚促进了创新要素的集中，同时也增加了整体环境承载力和能源消耗的风险。当前产业融合随着产业结构的不断完善升级而运用得越来越广泛，为绿色技术创新发展提供了越来越多的支持。绿色技术创新的空间平台在产业的协同集聚下有了新的突破和发展（陈建军等，2016）。类似于单一产业集聚，多样化协同集聚也源于马歇尔（Marshall）提出的四点关键性因素，分别是中间品投入与最终品供应商的关系、共享劳动力市场、增加信息交换和创新机会。产业协同集聚通过核心支柱产业和支援型产业的空间布局协同，不断强化外围产业与中心产业的关联，进而拉动产业集群的"集体效率"和"外部经济"水平，并提升产业集群内的"知识含量"（胡绪华和陈默，2019）；同时，与单一产业集聚相比，多样化协同集聚具有资源整合更有效、协同分工更合理的优势，相比于传统产业空间在资源消耗上更少，生态环境更优。

4.4.1　创新类要素的集聚规模效应

随着"两业"空间协同越来越紧密，知识要素在空间集聚方面的优势被放大，也大大提高了绿色要素的集中程度，如资本、信息和人力资源的集聚，这种集聚的提高有效带动了绿色技术创新效应（罗能生和郝腾，2018）。总体上，资本的累积和集聚在带动财富积累的同时，也能将更好的设备和技术带给集聚区产业链上的相关企业，利用"干中学"的内生机制促使企业更新生产技术，由此来提高绿色经济效率，同时减轻了当地环境的压力；信息要素集聚能够带来信息规模效应，信息规模的提升可以节省企业间交流和交易的成本，降低了信息不对称带来的效率冗余概率，通过管理的角度来加强地方绿色经济效率（胡绪华和陈默，2020）；人力资源规模会随着人才要素集聚而不断扩大，通过集聚区内的学习氛围凝聚，传播绿色生产技术理念，对企业内部原有的褐色生产认识进行推倒重建，不断强化绿色新技术的概念，使落后工艺得到改进、产品生产环境"非友好面"得到改良，最终使绿色经济在企业中得到广泛运用（于斌斌，2019）。

4.4.2 制造业与生产性服务业的协同互动效应

"两业"是要素中间投入的代表性产业主体，可以通过空间集聚积极有效地参与并嵌入所在产业链的生产与价值增值环节，具有高度的主体内关联与主体间协同特点。首先，可以利用生产性服务业特有的信息技术、融资租赁、研发设计和现代物流等要素，对产业链上的相关企业进行协同补充，高效、绿色地更替现有要素投入结构（文丰安，2018）；其次，依附在产业链上的周边产业也会转变自身的绿色生产理念，充分利用绿色生产理念，所带来的创新禀赋真正让节能环保与企业生产相融合，摒弃原有发展方式，变"褐色"为"绿色"，缓解生态压力，促进可持续发展目标实现（阎川和何浩恺，2019）。

4.4.3 集聚经济外部性效应

由于大中城市具有要素禀赋集聚、交通便捷、能够满足周边多元化生产服务配套需要等优势，决定了其生产性服务业集聚具有"专业化"和"多样化"特征。专业化主要指部门之间的分工专业化，多样化是指部门之间的协同与竞争多样化。技术合作、资本互动和市场竞争的存在，意味着技术交流和资本流动的外部因素不能被忽视。通常情况下，集聚的外部性对于生产活动和最终结果有十分重要的作用，同时还会带来技术变革、管理理念（"经济－环境"）双重约束下的投入产出剪刀差（李子叶，2015）。总体上看，生产性服务业集聚的外部性对绿色经济效率的影响有 Mars 外部性、Jaccobs 外部性与 Poter 外部性三种作用路径。

（1）Mars 外部性

Mars 外部性的主要表现形式为产业分工以及合作所产生的技术和资金配置。利用这一途径，现有产业部门通过优化要素间资源配置就可以提升其运作效率，从而落实基于管理视角的绿色生产理念，促进绿色经济效率的提升。

（2）Jaccobs 外部性

Jaccobs 外部性主要表现形式为部门之间的分工以及技术资金的协同作用。通过 Jaccobs 外部性途径，不同的生产性服务业及其所在产业链上的相关实体行业可以在协同合作中加强技术项目合作和管理沟通，促进绿色化产业发展，从技术生产角度落实绿色生产理念，为提高绿色经济效率做出贡献。

（3）Poter 外部性

Poter 外部性主要表现形式为部门之间的技术和资金竞争。通过 Poter 外部性途径，可以获得更高的收益报酬，降低产品的生产成本，技术竞争可以有效地推动产品的技术更新；基于绿色发展背景下的资金竞争，企业为了得到政府"绿色补贴"或减免"环境税收"的优势，必然会对产业进行绿色升级，从而弘扬绿色管理理念。

目前，我国"两业"协同集聚的区位研究仍处于"摸着石头过河"的探索阶段，市场环境和政策变化等内外部因素可能会对集聚经济带来的绿色经济效果产生一定的影响。然而，可以明确的是，与单一产业的集聚相比，制造业和生产性服务业在特定地理位置的协同集中，能够带来多元化的知识溢出、技术扩散和规模经济，很大程度上加速了绿色技术创新的发展，为当前疫情环境下的整体经济及产业韧性提供了一条绿色路径。基于以上分析，提出研究假设 H4.1：

H4.1：在控制其他因素干扰之下，"两业"协同集聚布局将促进地区绿色技术创新效应提升。

4.5　主体关系引致协同绿色技术创新机制

通过前文分析可以发现，弱连结的产业关联对产业布局绩效的提升起到非常明显的影响作用，因此在实际进行产业区位规划时，决策部门是否需要遵循这样的布局体系理念，即将强弱关系主体的企业彻底分开，一个园区内只布局一种关系主体的企业，或者一个城市是否只能布局规划一种园区。实际上，因城市具有多元化的发展需求，因此一般强关系结构和弱关系结构在产业园区内都是共生共存的，很少有单独的某一关系结构企业聚集，除非是在特殊地区禀赋主导下的产业园区才会呈现这样的局面。

从整体系统视角对整个园区进行分析研究，产业集聚园区不仅是一个经济系统也是一个社会系统（苑柳飏，2008），强关系结构与弱关系结构在同一园区的共存是经济发展的客观要求，也是社会长远发展的重要条件。正如特雷西和克拉克（Tracey & Clark，2003）的研究结论，主体关系的强弱程度和园区集聚网络的创新程度是相匹配的，强关系结构匹配相对稳定且市场技术相对成熟的产业集群，而弱关系结构匹配的则是技术发展变化快且通常面临较大风险的集群。想要构建一个功能相对完善、结构较为完整的产业园区，企业间必须在强弱关系中找到一种平衡，才能更好地谋求市场的稳定。主体关系引致绿色技术创新的机制如图 4.7 所示。

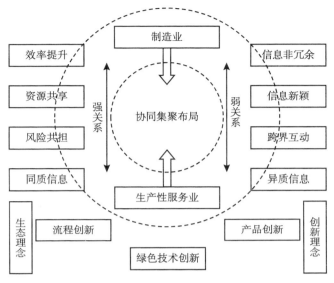

图 4.7　主体关系引致绿色技术创新机制

　　第一，从辩证唯物主义的观点来看，物质是运动的物质，运动是物质的根本属性和存在方式，因此主体间关系也是变化的，主体间关系在不同情境下发生不同的转变。第二，从经济的理论假设来看，任何生产活动的目的都是为了获利，因此在趋利的活动过程中，独立的生产活动主体主动选择强弱关系具有较大的可能性。第三，从个体组织禀赋特征和产业间技术距离的特点来看，主体与主体之间并不完全一致，必然存在一定的差异。以本章研究的制造业与生产性服务业这两个行业为例，两者之间由于功能分工、产业技术特征、产业定位等的不同，导致技术距离存在较大差异。新结构主义经济学认为，一旦开始考虑地方资源禀赋优势的发展要求，主体间关系的强弱就会受国民经济的发展需求和技术距离远近影响而变得完全不同。第四，决策引领也是导致主体间关系存在强弱差别的重要因素，地方的决策机构和相关部门在决策制定时更喜欢突出其"政绩观"的产业发展规划，对于在其执政期间可能拥有突出表现的产业进行大力扶持，这些受到政策引领的具有发展潜力的产业形成聚集，共同构成较强的主体间关系，而得不到决策引领的企业在发展中主体间关系相对要弱一些。

"两业"协同集聚的产业发展范式，是否能够成为影响绿色技术创新效果的重要环节，取决于"两业"是否能够达到更高层次的协同。为了更好地实现产业主体间的协同，我们对于主体关系强弱差异要有更深刻的认识，只有牢牢把握这一点，才能满足我们对经济效果的预期，才能发挥协同集聚的优势。

经济生产的结果与主体关系并没有直接联系，主体关系中的"社会资本"积累让两者紧密联系在一起。主体在经济活动中获得越多的社会资本积累，越能够轻易地开展经济活动，出现绿色技术创新的概率也就越大，经济生产的结果也会越发理想；反之，主体在经济活动中无法获得足够的资本积累，其经济活动的开展就会变得困难，就不会有过多的精力来进行绿色技术创新，经济生产的结果也将不尽如人意。

我们可以将"两业"主体间关系强弱归结为两类：第一种是经济性质的主体耦合关系强弱；第二种是技术距离远近造成的技术性质的主体耦合关系强弱。对于不同经济要素的互补和依赖，在很大程度上体现了"两业"主体关系的强弱。主体间子系统的耦合协调性强弱直接体现了经济主体的强弱，子系统的耦合关系越强，则主体间经济关系越强，同时经济要素的互补性与依赖性会随着主体耦合关系增强而变高，反之则会减弱"两业"因技术距离差距导致的主体关系。两者之间技术子系统距离对于产业间分工的契合度和价值链深挖的协作能力有着直接的影响，分工的契合度和价值链深挖的协作能力会随着技术子系统距离的拉近而变得更强，而且也会致使主体间的关系加强，反之则都会变弱。

4.5.1 产业主体间关系引致协同集聚绿色技术创新机制

格兰诺维特作为强弱实体关系理论的先驱，他不仅从实证方面对关系强弱进行了量化的测度，还从理论方面对主体强弱关系尝试进行解释，这在很大程度上启发了后来的研究者。现有研究关系理论的学者认为，强关系往往是具有类似组织的产业结构、商品结构和服务结构，因此，强关系形成的关系群体中的信息具有高度的冗余性和排他性，不太可能形成大型的组织群体，即强关系会促进内部的凝聚但同时会导致整体的分裂。从弱关系角度来看，许多研究关系理论的学者认为，弱关系在内部凝聚力方面虽然不如强关系稳健，但比强关系结构更为常见，弱关系实际上是为不同的组织提供了一座信息沟通的桥梁。换言之，弱关系联系对于整体经济发展和经济体系构建更为重要，西方后来的有关研究结果也证实了当前社会"弱关系"的发展倾向趋势，还有一些学者认为强关系向弱关系的转变（一些学者称之为"跨越"），是国家社会主义向市场自由主义过渡的特征体现。这样的研究结论表明强关系的组织结构不如弱关系的组织结构，或者说强关系的主体结构已经不再被需要。

当然，首先需要承认的是，现代社会中弱关系在其"普遍性"和信息传输的"远达性"上有较强的作用，但是中国的"人情社会"恰恰是一种强关系的体现，西方学者的假设和研究成果是否能够适用于中国的环境背景值得商榷。华裔学者边（Bian, 1997）对天津市进行了问卷调查，实证研究发现，强关系比弱关系更容易发生一些工作中的职位变动。在此研究基础上进一步延伸，关系理论被国内的一些专家学者充分实践，并以此为依据全面拓展，进一步强调了强关系在发挥互惠义务特性、提高熟悉度与信任度方面有着无可比拟的优势，弱关系则在信息传递和沟通方面具有更为突出的表现。由此，在本章研究的背景下，我们需要进一步讨论是否强关系更能促进绿色技术创新效应，而弱关系则无法达到强关系的效果。

鉴于当前经济发展的客观现实，我们有理由认为，绿色技术创新效果绩效在强关系特征中更能够得到发展，其有如下两个方面的理由：第一，从中国"两业"协同集聚的结构形式来分析，政府通过政策鼓励将优势企业聚集在园区中，利用政府引导优势和龙头企业发挥领导作用，形成市场共享、成本共担的合伙关系，将供应链上下游的优势企业聚集，从而在园区内呈现出强关系的内部集聚特征。而与园区企业关系薄弱的其他企业，在园区内强关系组织"黏滞效应"条件下，在进入园区时存在进入门槛，因此也就不存在所谓的协同集聚的"弱关系"这种说法。第二，有些专家也提出了相反意见，他们认为在工业互联网时代，即使是没有密切关系的陌生企业，也可以通过电子商务平台等第三方中介平台，搭建弱关系桥梁，建立事实上的合作关系。但应该指出的是，第三方中介机构对于促进"两业"形成"空间的非一体化"趋势有较强的推进作用，"弱关系"目标达成，但此时制造业和生产性服务业在单一空间的协同整合是否还必然存在值得思考。通过这些研究，我们对此提出研究假设 H4.2：

H4.2：在当前的中国情境下，较强的产业主体间关系更有助于"两业"协同集聚的绿色技术创新。

4.5.2 地方政府主体间关系引致协同集聚绿色技术创新机制

虽然产业主体之间的耦合强度对绿色技术创新在产业协同的空间安排上的影响非常大，但在"渐进双轨制"市场经济改革的大环境下，还需要考虑集聚产业园区所属的政府部门间的关系，这些在产业集聚的源头就需要被考虑。新经济地理学派的主要研究者保罗·克鲁格曼在《地理与贸易》一书中，用巴伐利亚和硅谷等地区产业集聚的典型例子来说明，集聚是由于偶然性和历史性共同造成的，但这些理论情景显然对于目前的中国情境并不适用。尤其是中国改革开放短短四十年间，带来了一大批产业园区的建设并迅速扩散，不能将这样的集聚业绩仅归因于历史与偶然，因为地方政府在其中的引导作用不可或缺。当然，不能忽视市场在促成产业协同集聚与推动绿色技术创新方面发挥的重要作用，但中国现在正处于发展转型期，地方政府对产业集聚这种"非平衡"的先行政策引导，对促进绿色技术创新以及经济质量提升发挥着至关重要的作用。

但是，由于地方政府"政绩比较观"激励机制的存在，在推动产业园区建设和绿色创新力量不断壮大的过程中，总会存在一些对标其他地区的行为，并在"本土化"趋势的要求下做出新的决策。虽然一定范畴内的政府间比较对于绿色经济效率和经济活力有一定的提升作用，然而，一旦这种"比较"跨越了一定的界限，"动力"就有可能变成决策机构之间竞争的"压力"。这样一来，不仅各地区之间的协同程度会降低，而且招商引资、人才引进等"源动力政策"也会变得更加"本土化"，具体表现在吸引投资和人才引进的"逐顶竞争"，以及旨在降低公司运营成本和税率的"逐底竞争"。

鉴于不同地区有不同的禀赋差异，不能使资源完全得到充分开发，如果放开了对这种"本土优先"的管控，各地政府对于自身"明星产业"加以扶持，而忽视了"一体化"发展，分工合作变得更加困难，这样就会使得要素扭曲概率提高，造成一些应该由市场驱动的行业受到排挤，从而绿色技术创新机制路径就会被破坏。邓晓兰等（2019）通过对地方政府间横向竞争的体制框架进行分析研究，发现政府竞争会通过引资效应、要素扭曲效应和地方保护效应导致政府主导下的规制失灵，期望的绿色全要素率发生损失；何爱平和安梦天（2019）同样展开了研究分析，认为地方政府会受到政绩影响而增加彼此间的竞争压力，地方政府为了保证其政绩而短视追求一些破坏生态环境的利润较高的项目，致使期望的绿色经济效率损失；田红宇等（2019）研究表明，科技创新效率受政府间竞争而导致边际贡献被削弱。基于以上分析可以发现：地方政府是产业集聚的重要推动者，政府主导的产业集聚空间布局对绿色技术创新落地，存在其他主体无法比拟的优势和作用。由此，提出研究假设 H4.3 与假设 H4.4：

H4.3：当地方政府面对较大潜在竞争压力时，地方政府之间就会呈现出一种"弱协同与强竞争"的较弱的主体间关系，而由竞争引发的政绩比较效应增强，进而可能导致相关产业被挤出，对各类要素的良性使用形成扭曲性影响，造成期望下的绿色技术创新效应损失。

H4.4：当地方政府面临较小的潜在竞争压力时，地方政府之间就会呈现出一种"强协同与弱竞争"的较强的主体间关系，而由合作引发的政绩比较效应下降，进而可能通过"市场抉择"渠道促进产业协同集聚布局效果增强，造成期望下的绿色技术创新效应提升。

4.6 本 章 小 结

本章主要对我国"两业"耦合协同集聚度、绿色技术创新情况以及产业间主体经济关系、技术关系、地方政府间主体关系强弱进行了测度，并在此基础上，从全城市样本整体、细分城市等级、差异性地理区位等多个研究视角对"两业"协同集聚情况、绿色技术创新情况以及主体间关系的特征事实进行描述分析。研究表明：

第一，2004～2017 年，我国"两业"的协同集聚在空间上呈现出波动变化的发展态势，目前只有一线城市的协同聚集空间布局比较完善，二线至五线城市的"两业"协同集聚由于地区间资源禀赋、市场需求等外部性因素，则更多的还处于磨合发展阶段。从"两业"协同集聚的区位特征来看，协同集聚呈现较为明显的地区有：京津冀地区、长三角地区、长株潭地区、哈连城市群地区和胶东半岛地区。其中，以上海为中心的长三角地区，尤其是苏南地区，产业协同集聚的发展态势较为迅猛，而哈连城市群的"两业"协同集聚度则出现了一定程度的下滑。

第二，在绿色技术创新情况方面，2004～2017 年不论是以全城市样本还是以细分城市样本（一线至五线城市）作为分析对象，绿色技术创新水平都呈现指数上涨趋势，2014～2017 年的上涨幅度最为明显。从城市级别的差异性来分析，发现一线大城市的绿色技术创新水平约是四、五线城市的 50 倍，这在很大程度上体现了绿色技术创新在不同地域的发展水平极度不均衡。从地理区位的空间分布来看，华东与华中地区是绿色技术创新的集聚区，西部地区则因为其自身的禀赋特征与承担着吸纳中部和东部地区部分高耗能企业转移的重任，导致绿色技术创新未能很好地在本地区开展。从空间集聚城市群的区位上看，绿色技术创新在京津冀地区与以上海为中心的长三角地区发展较为强劲。此外，相比于这些地区，川渝延伸地区、陕南地区、长株潭地区、鲁东地区等的绿色技术创新发展能力和水平也不容小觑。

第三，在"两业"主体间经济关系方面，2004～2017 年"两业"主体间经济关系整体表现出协调发展态势，但也并不完全如此，具体来说 2009 年、2011 年、2012 年这三年表现为"轻度失调发展型"的主体间经济特征，其余的年份均表现为"濒临失调衰退型"发展态势，这种类型的主体间经济关系成为"两业"协同发展的主旋律；从"两业"协同布局的地理位置上看，东部与中部地区属于"两业"均存在的地区，而西部地区暂时还未能形成规模性的制造业和生产性服务业聚集的产业布局，很大程度源于自身资源禀赋、城市功能异质性因素限制；从"两业"主体协同的空间集聚区域来看，京津冀、珠三角、长三角地区的"两业"协同集聚度较高、关系较强、联系更为紧密，而其他地区由于地区禀赋的差异性以及区域性发展需求导致主体间经济协调程度还不高。

第四，在"两业"主体间技术关系方面，"两业"的技术差距客观存在，这反映出"两业"在产品服务和技术工艺上存在差别的事实；同时，采用多维标度法进行聚类分析的结果表明，生产性服务业内部之间技术派系协同集聚比较显著，但这种聚类的格局并没有在"两业"之间形成，两者之间的技术差别非常明显，由此反映出"两业"之间呈现一种弱技术主体关系的态势。本章选择的强关系产业是与制造业技术距离较近的生产性服务业，选择的弱关系产业是与制造业技术距离较远的生产性服务业。

第五，在地方政府主体关系强度方面，从整体样本来看，地方政府间的竞争压力指数逐渐上升，表明地方政府主体关系在波动中从强关系慢慢转化为弱关系，其中，在2010年和2017年达到最低。其中，一线、二线城市的地方竞争压力指数逐渐下降，说明这些城市的地方政府间主体关系逐渐由弱转强；但三线、四线、五线城市的地方竞争压力指数不断上升，表明这些城市地方政府主体关系仍呈现出弱关系特点。三线至五线城市的发展中政绩观竞争压力仍比较大，地方政府在人才引进、招商引资等利益发展方面的"逐顶"与税赋征收方面的"逐底"，会造成资金、人才、技术等地区间整体要素的割裂。从异质性地区分布来看，地方主体间呈现弱关系特点的是西南部地区与华中地区，但从2010 年开始，这种弱连结的态势逐渐向强连结态势转变。从东北地区的地方政府主体间关系强度来看，政府主体间关系强度随着年份逐渐扩大，并随着地区呈现渐深蔓延的态势。

经过上述的特征分析，本章从"两业"协同集聚对绿色技术创新的作用机制、主体关系视角下引致绿色技术创新的反馈机制以及主体关系强弱引致协同集聚绿色技术创新效应差异的作用机制进行了理论性分析，进一步从主体关系视角对"两业"协同集聚的绿色技术创新效应机制进行了关系脉络的梳理和分析，并得出以下结论：第一，"两业"协同集聚相比于单个产业集聚而言，更能通过集聚内外部经济、创新要素集中与多重网络的外部性特点来提升绿色技术创新能力；第二，从主体关系强弱的视角上看，弱关系对于信息传递具有高效率、低成本的特点，但据此片面追求弱关系而构建单极化的产业园区在实践中是不可取的；第三，中国社会存在着独特的"人情关系"，所以，无论是从产业主体间经济关系还是产业主体间技术关系的视角去探讨主体关系的强弱，强主体关系均会更有利于绿色技术创新的发展；第四，在我国当前市场化经济体制下，地方政府通常同时具有地区福利最大化和政绩最优化的双重压力，促进"两业"区位更大释放绿色技术创新动能的应该是一种强竞争弱协同的"动力"激励，这一机制可以更好地促进地方经济体制发展。需要说明的是，在改革开放至今较短的时间内，地方政府为地方经济的发展做出了巨大贡献，其"本土化优先""产业体系大而全"等政策引导在很大程度上促进了经济的发展，但这种政策往往缺少一体化的合作，过于倾向"本土化"的弱主体关系可能会造成要素间资源的错配和比较优势的损失，在很大程度上不利于新经济发展趋势下的经济结构转变，严重制约着地区长期的发展潜能。如何辩证地看待强竞争地方主体关系与最优协同集聚规模的匹配是一个值得研究的问题。

　　基于以上分析，可以认为当前"两业"协同集聚绿色技术创新效应的最优选择应该是主体之间的强关系态势，但这个问题仍需辩证看待。未来应继续探寻如何将具体的主体间关系与具体集聚空间布局相匹配，将社会主义市场经济理论应用于实践，做好有为政府与有效市场合力。这些理论机理和研究假设的正确性将在接下来的章节中予以判断。

第5章

制造业集群"两业"主体
协同绿色技术创新效应

本章通过梳理第四章相应的机理关系，同时分析相关特征事实的测度与现状，进一步通过实证对相关假设进行检验，具体从以下四个方面来进行研究：一是在产业主体间经济关系强弱影响下，制造业与生产性服务业协同集聚的绿色技术创新效应分析；二是在产业主体间技术关系强弱影响下，制造业与生产性服务业协同集聚的绿色技术创新效应分析；三是在地方政府间主体关系强弱影响下，制造业与生产性服务业协同集聚的绿色技术创新效应分析；四是最优协同集聚规模与地方政府主体间关系强弱适配性的探讨。

5.1 "两业"协同绿色技术创新
效应检验模型构建

5.1.1 基于主体间经济关系的"两业"协同绿色技术创新效应检验模型

通过上一章对相应机理关系的分析可知，"两业"协同集聚的绿色技术创新效应会随产业主体间经济关系强度的变化而产生变化。由此，本章选取可以捕捉主体间关系特征差异及可以量化主体经济关系强度的面板门槛模型，采用非线性形式，有效分析基于主体间经济关系的"两业"协同集聚的绿色技术创新效应，研究产业协同集聚在不同强度的主体经济关系下对绿色技术创新效应的影响作用的具体差异。具体门槛模型公式如下：

$$\ln Green_{it} = \beta_0 + \alpha_1 \ln Coagg_{it}(0 \leqslant Correlation_{it} < \lambda)$$

$$+ \alpha_2 \ln Coagg_{it}(Correlation_{it} \geqslant \lambda)$$

$$+ \sum \alpha_i \ln Controls_{it} + \delta T_i + \varepsilon_{it} \qquad (5.1)$$

其中，$Green_{it}$、$Coagg_{it}$ 和 $Correlation_{it}$ 分别表示地区 i 在第 t 年的绿色技术创新水平、"两业"协同集聚水平和产业主体间经济关系强度；α_1、α_2 则分别表示弱主体关系与强主体关系下，"两业"协同集聚的绿色技术创新效应；λ 是主体间关系强弱的分界点，当 $Correlation_{it}$ 处于 [0, λ) 时，表示地区 i 在第 t 年的产业主体呈现弱经济关系，而当 $Correlation_{it}$ 处于 [λ, +∞) 时，表示地区 i 在第 t 年的产业主体呈现强经济关系；$Controls_{it}$ 表示地区 i 在第 t 年的绿色技术创新水平的其他影响变量，选取了 7 个变量作为产业协同集聚效应的对照组；δT_i 衡量的是不随时间或空间流动变化的绿色技术创新效应，即固定效应；ε_{it} 表示其他可能对绿色技术创新产生影响的随机误差。为避免异方差干扰，已对公式作对数处理。

5.1.2 基于主体间技术关系的"两业"协同绿色技术创新效应检验模型

前文的机理分析已阐明，产业主体间的技术关系距离远近也可能会带来主体间关系强度的区别，并最终会导致"两业"协同集聚的绿色技术创新水平形成差异。由此，本章为比较分析在强技术关系视角下和弱技术关系视角下的"两业"协同集聚的绿色技术创新效应，采用面板分位数模型将主体间的技术距离差距量

化，再根据"两业"协同集聚规模与产业主体间技术距离的匹配
关系，来看其对地区的绿色技术创新水平的影响作用差异。具体
面板分位数模型公式如下所示：

$$\ln\mathrm{Green}_{it} = \theta_0 + \phi_0 \ln\mathrm{Coagg1}_{it} + \sum \sigma_i \ln\mathrm{Controls}_{it} + \delta T_i + \varepsilon_{it}$$
$$(5.2)$$

$$\ln\mathrm{Green}_{it} = \theta_1 + \phi_1 \ln\mathrm{Coagg2}_{it} + \sum (_i \ln\mathrm{Controls}_{it} + \delta T_i + \varepsilon_{it}$$
$$(5.3)$$

$$\ln\mathrm{Green}_{it} = \theta_2 + \phi_2 \ln\mathrm{Coagg3}_{it} + \sum \tau_i \ln\mathrm{Controls}_{it} + \delta T_i + \varepsilon_{it}$$
$$(5.4)$$

$$\ln\mathrm{Green}_{it} = \theta_3 + \phi_3 \ln\mathrm{Coagg4}_{it} + \sum \xi_i \ln\mathrm{Controls}_{it} + \delta T_i + \varepsilon_{it}$$
$$(5.5)$$

$$\ln\mathrm{Green}_{it} = \theta_4 + \phi_4 \ln\mathrm{Coagg5}_{it} + \sum \delta_i \ln\mathrm{Controls}_{it} + \delta T_i + \varepsilon_{it}$$
$$(5.6)$$

$$\ln\mathrm{Green}_{it} = \theta_5 + \phi_5 \ln\mathrm{Coagg6}_{it} + \sum \delta_i \ln\mathrm{Controls}_{it} + \delta T_i + \varepsilon_{it}$$
$$(5.7)$$

其中，Green_{it} 和 Coagg_{it} 分别表示地区 i 在第 t 年的绿色技术创
新水平和"两业"协同集聚水平；Coagg1、Coagg2、Coagg3、Co-
agg4、Coagg5、Coagg6 分别表示制造业与交通运输，仓储和邮政
业，信息传输、计算机服务和软件业，科研综合技术服务业，金
融业，房地产业，租赁和商务服务业的协同集聚水平，ϕ_0、ϕ_1、
ϕ_2、ϕ_3、ϕ_4、ϕ_5 则分别表示上述制造业与不同生产性服务业的协
同集聚水平的绿色技术创新效应，需要说明的是，这里的产业间
主体关系强弱是依据其技术距离远近进行的划分；$\mathrm{Controls}_{it}$ 表示地
区 i 在第 t 年的绿色技术创新水平的其他影响变量，选取了 7 个变
量作为产业协同集聚效应的对照组；δT_i 衡量的是不随时间或空间

流动变化的绿色技术创新效应，即固定效应；ε_{it}表示其他可能对绿色技术创新产生影响的随机误差。为避免异方差干扰，已对公式作对数处理。

5.1.3 基于地方政府间主体关系的"两业"协同绿色技术创新效应检验模型

通过第 4 章的机理分析可知，地方政府在推动产业园区的形成和提高地区绿色技术创新水平的过程中，会在一定程度上存在着与其他地区"对标"的动机，从而在相关决策上可能会有优先考虑"本地化"的倾向。如果不控制这种"本土优先"情况，那么大家都会在本土地区发展"明星产业"以追求短期绩效的突出表现，选择以"逆一体化"的方式发展，没有分工和合作，将大大增加地方发展过程中各因素被扭曲的可能性。这样不可避免地会把一些由市场主导的产业排除在外，切断了本来有望建立的绿色创新机制的道路。为验证是否会出现上述情形，以及验证假设 H4.3 与假设 H4.4 成立与否，本章引入基于地方政府间主体关系强度的"两业"协同集聚的绿色技术创新效应实证模型，分析地方政府间由强协同向弱协同关系转变情境下，"两业"协同集聚的绿色技术创新效应差异，并通过计量回归来得到最优协同集聚规模水平。具体实证模型公式如下所示：

$$\ln Green_{it} = \theta_0 + \eta_0 \ln Coagg_{it}(0 < Coagg_{it} \leqslant 10\%) + \sum \sigma_i \ln Controls_{it}$$
$$+ \delta T_i + \varepsilon_{it} IF[地方政府竞争压力 = 0、1、2、3] \qquad (5.8)$$

$$\ln Green_{it} = \theta_1 + \eta_1 \ln Coagg_{it}(0 < Coagg_{it} \leqslant 25\%) + \sum C_i \ln Controls_{it}$$
$$+ \delta T_i + \varepsilon_{it} IF[地方政府竞争压力 = 0、1、2、3] \qquad (5.9)$$

$$\ln Green_{it} = \theta_2 + \eta_2 \ln Coagg_{it}(0 < Coagg_{it} \leqslant 50\%) + \sum \tau_i \ln Controls_{it}$$
$$+ \delta T_i + \varepsilon_{it} IF[地方政府竞争压力 = 0、1、2、3] \qquad (5.10)$$

$$\ln\text{Green}_{it} = \theta_3 + \eta_3\ln\text{Coagg}_{it}(0 < \text{Coagg}_{it} \leqslant 75\%) + \sum \xi_i\ln\text{Controls}_{it}$$
$$+ \delta T_i + \varepsilon_{it}\text{IF}[\text{地方政府竞争压力} = 0、1、2、3] \quad (5.11)$$

$$\ln\text{Green}_{it} = \theta_4 + \eta_4\ln\text{Coagg}_{it}(0 < \text{Coagg}_{it} \leqslant 90\%) + \sum \delta_i\ln\text{Controls}_{it}$$
$$+ \delta T_i + \varepsilon_{it}\text{IF}[\text{地方政府竞争压力} = 0、1、2、3] \quad (5.12)$$

其中，Green_{it} 和 Coagg_{it} 分别表示地区 i 在第 t 年的绿色技术创新水平和 "两业" 协同集聚水平；η_0、η_1、η_2、η_3、η_4 则分别表示 "两业" 协同集聚处于 10%、25%、50%、75%、90% 水平下的绿色技术创新效应；"地方政府竞争压力 =0、1、2、3" 反映的是地方政府间主体关系的强弱水平；Controls_{it} 表示地区 i 在第 t 年的绿色技术创新水平的其他影响变量，选取了 7 个变量作为产业协同集聚效应的对照组；δT_i 衡量的是不随时间或空间流动变化的绿色技术创新效应，即固定效应；ε_{it} 表示其他可能对绿色技术创新产生影响的随机误差。为避免异方差干扰，已对公式作对数处理。

5.2　"两业" 协同绿色技术创新效应检验模型的变量选取

5.2.1　被解释变量：绿色技术创新的测度

梳理相关文献可知，学者们大多采取 "建立基于多维度测量的综合指标体系" 或 "利用相对指标指征来构建参数或非参数式的计算模型" 来测度绿色技术创新。鉴于本章的研究样本是全国城市的数据，构建多维指标体系来测度绿色技术创新水平在数据方面存在一定的可获得性难度。因此本章以绿色技术创新是一种兼具环境经济与生态经济的多方位综合技术创新的视角，参考寇宗来、刘学悦（2017）提出的城市创新指数（Innovation）以及于斌斌等（2019）综合工业废水、工业二氧化硫和工业烟粉尘的排放量构建的污染排放指数（Pollution），利用城市创新指数与污染排放指数比值的相对指标来测度绿色技术创新水平。

5.2.2 核心解释变量1：制造业与生产性服务业的协同集聚水平

通过对有关文献的梳理，可知产业协同集聚不仅是一种产业间水平关联和垂直关联发展的模式，也是一种基于产城融合的区域经济现象，因此需要量化空间区位，定量式分析产业协同集聚水平。所以本章借鉴城市经济研究者江曼琦和习强敏（2014）等的观点，将产业协同集聚看作一种产业与空间双轮驱动促进绿色技术创新的行为活动，并参考陈建军等（2016）提出的产业协同集聚指数，来测度"两业"协同集聚水平。

5.2.3 核心解释变量2：制造业与生产性服务业主体间经济关系程度

现有研究在测度"两业"主体间经济关系程度时，一般要看由投入产出表计算得到的要素依赖度，但因经济系统的复杂性，现实中"两业"主体间经济关系并不单纯表现在要素交换，在环境创造、产业协同和要素汲取等多方面也多有体现。由此，本章参考唐晓华等（2018）的方法，拟从经济系统角度出发，通过构造制造业子系统（Z）与生产性服务业子系统（M）的耦合协调度模型，从"产业规模""经济效益""成长潜力""环境约束"四个方面来测度"两业"主体间的经济关系。其中，子系统间的耦合协调度的计算需要经过以下四个步骤：数据标准化操作、熵值信息权重设定、耦合协调度计算、主体间经济关系强弱判断。

5.2.4　核心解释变量 3：制造业与生产性服务业主体间技术关系程度

现有研究一般用产业经济关联度来测度"两业"主体间技术关系程度，但考虑到技术表现特征以及技术的实现流程，如果忽略技术的"黑匣子"，仅以有形的产业联系来描述技术，将无法真正"匹配"主体间技术关系的远近，而且想要从"两业"主体间的技术远近的客观视角，摆脱主观来进行组别划分也是一个难题。本章参考潘文卿等（2011）三位学者提出的方法，使用产业间直接消耗系数的结构向量与角余弦近似指数来评估制造业与生产性服务业主体间关系相似度，用多维标度法（MDS）来解释制造业与生产性服务业主体间的技术距离，以区分和聚集具有特定强和弱关系的主体。

5.2.5　核心解释变量 4：地方政府间主体关系程度

基于现有的研究，可知地方政府由于受"比较政绩"的竞争压力会产生不同的驱动力，从而地方政府的经济建设意愿会受这种"比较政绩"理念影响，形成了强的意愿（多花钱吸引投资，促进产业协同集聚的形成）与弱的意愿（多花钱改善民生质量，促进居民生活幸福度的提高），并最终反映在产业协同集聚的绿色技术创新效应中。因此，本章将地方政府竞争压力分成 0（弱竞争）、1（较弱竞争）、2（较强竞争）、3（强竞争）四个等级来解释政府间主体关系程度（Gov），当地方政府竞争压力很弱时，政府间主体会呈现出强协同关系。

5.2.6　控制变量的测度

参考陈阳、王镝、辛克莱（Sinclair）等的研究，本章选取人均生产总值、市场自由度水平与政府财政支持水平等六个控制变量，其测度方法即如表 5.1 所示。

表 5.1　　　　　　　　　　相关变量使用的说明

变量	变量名称	符号	测度方法
被解释变量	绿色技术创新	Green	请参阅第 4 章 4.2.1 小节的测度说明
核心解释变量 1	制造业与生产性服务业协同集聚	Coagg	请参阅第 4 章 4.1.1 小节的测度说明
核心解释变量 2	产业主体间经济关系	Correlation1	请参阅第 4 章 4.3.1 小节的测度说明
核心解释变量 3	产业主体间技术关系	Correlation2	请参阅第 4 章 4.3.2 小节的测度说明
核心解释变量 4	地方政府间主体关系	Correlation3	请参阅第 4 章 4.3.3 小节的测度说明
控制变量	人均生产总值	Pgdp	当年每万人拥有的生产总值
	市场自由度水平	Market	(当年生产总值 - 预算内财政支出)/当年生产总值
	政府财政支持水平	Government	预算内的一般性财政支出/当年生产总值
	人力资本储备水平	Human	当年每万人中大专以上学历的人数
	地方禀赋结构水平	Talent	当年城市资本存量/当年劳动力就业人数
	地方产业结构水平	Structure	当年城市第三产业增加值与第二产业增加值之比
	地方外商投资水平	Investment	当年外商投资金额与地方生产总值之比

5.3 模型检验数据来源与数据处理

本章实证研究在剔除数据缺失的城市（主要为贵州、四川阿坝藏族羌族自治州、甘肃、新疆、西藏等地部分城市）与数据非连贯的合并城市（如巢湖市、莱芜市）后，选取了中国261个城市作为研究对象，数据主要来源于历年《中国城市统计年鉴》，直辖市、省辖市统计年鉴与EPS数据库。时期跨度上，鉴于数据的可得性与完整性，选取2004～2017年共14年的截面长度作为观测区间。

关于数据处理：第一，在个别变量缺失值较少的情况下，本章主要采用指数插值法来填补缺失值，从而保证数据的连贯性；第二，本章分别使用GDP平减指数与固定资产平减指数对投入类指标和产出类指标进行平减化处理，以使数据具有可比性；第三，本章已先将数据的个体排列与面板数据的个体顺序进行严格对应来避免回归误差；第四，本章已将所有变量先进行对数化处理来避免异方差引起的偏差。具体描述性数据统计见表5.2。

表5.2　　　　　　　　　　　变量描述性统计

变量	均值	标准差	样本	最小值	最大值	VIF[①]
Green	6.879	18.353	3654	0.037	135.127	—
Coagg	2.416	0.513	3654	1.229	2.426	1.36
Human	168.83	231.167	3654	3.747	81.321	2.06
Pgdp	3×10^4	3.1×10^4	3654	2673.81	2×10^4	3.12
Correlation1	0.409	0.027	3654	0.267	0.528	1.10
Correlation3	0.141	0.142	3654	0.0003	2.175	2.15
Market	0.869	0.115	3654	−2.689	1.000	1.83
Government	0.141	0.142	3654	0.041	0.797	3.58

变量	均值	标准差	样本	最小值	最大值	VIF[①]
Talent	6.9×10^5	4.9×10^5	3654	2.1×10^4	3.3×10^6	1.81
Structure	0.853	0.491	3654	0.03	13.477	1.13
Investment	0.577	0.188	3654	0.002	1.903	2.96

注：①VIF 值利用固定效应计算获取，各变量的 VIF 值都小于 10，表明统计意义上的多重共线性问题并不存在，回归分析可行。其中，Correlation1（产业主体间经济关系强弱）、Correlation2（地方政府主体间经济关系强弱）下的 VIF 值是基于不同基础回归方程获得估计结果后计算获得，二者具有独立性。

当样本时期数（T）较长，而且截面个体（N）也较多时，可能会存在非平稳问题，从而导致既定模型的经济意义不具有代表性，所以需对实证数据进行平稳性检验来避免"虚假回归"。面板单位根检验（HT 检验与 IPS 检验）结果表明，各待估变量非常平稳，因此待估模型具有经济意义，没有必要调整既有模型。面板单位根检验结果见表 5.3。

表 5.3 面板单位根检验

变量	HT 法单位根检验	IPS 法单位根检验	结论
Human	0.0737 *** (0.000)	−43.4906 *** (0.000)	平稳
Pgdp	0.2808 *** (0.000)	−36.8715 *** (0.000)	平稳
Market	0.2602 *** (0.000)	−37.728 *** (0.000)	平稳
Government	0.3815 *** (0.000)	−35.0956 *** (0.000)	平稳
Talent	0.3209 *** (0.000)	−35.1988 *** (0.000)	平稳

变量	HT 法单位根检验	IPS 法单位根检验	结论
Structure	0.0707 *** (0.000)	− 37.9173 *** (0.000)	平稳
Investment	0.0943 *** (0.000)	− 39.3976 *** (0.000)	平稳
Coagg	0.002 *** (0.000)	− 43.9905 *** (0.000)	平稳

注：*** 、** 、* 分别表示在1%、5%、10% 水平上显著。( ) 内为对应的 P 值显著性概率。

5.4　"两业"协同绿色技术创新效应检验模型实证结果分析

5.4.1　基于主体间经济关系的"两业"协同绿色技术创新效应分析

基于检验计量回归式（5.1），首先实证检验"两业"协同集聚的绿色技术创新效应在不同强弱程度的产业主体间经济关系的作用影响下是否产生差异，而后是基于城市异质性视角的进一步分析。

（1）全样本数据的整体分析

实证分析使用面板门槛效应模型来量化主体间经济关系强度的变化。

首先将 LR 检验得到的统计值与自抽样 500 次得到的临界值对比发现（见表5.4）：单一门槛与双重门槛的统计检验都显著，且 F 统计值皆为正，而三重门槛统计检验没有通过。这说明"两业"协同集聚的绿色技术创新效应具有主体间经济关系的双重门槛特征。主体间经济关系强弱门槛效应检验结果见表5.4。

表5.4   主体间经济关系强弱门槛效应检验

门槛类别	F 统计值	P 值概率	抽样次数	10% 临界值	5% 临界值	1% 临界值
单一门槛	208.93 ***	0.0000	500	106.5814	114.0518	124.8002
双重门槛	114.13 ***	0.0000	500	49.8935	54.5458	62.6885
三重门槛	82.58	1.0000	500	194.2287	204.5717	227.0073

注：***、**、* 分别表示在1%、5%、10%水平上显著。

其次由双重门槛值（见表5.5）表明：基于主体间经济关系的协同集聚绿色创新效应的系数，分别在经济耦合协同度为0.3721（第一个门槛）及0.4007（第二个门槛）时发生变化。似然函数图（见图5.1）也表明这种变化具有显著系数差异特征。

表5.5   主体间经济关系的双重门槛估计值

门槛类别	门槛值	95% 置信区间下界	95% 置信区间上界
单一门槛	0.3721	0.3706	0.3738
双重门槛	0.4007	0.3996	0.4014

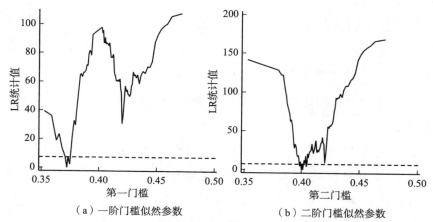

（a）一阶门槛似然参数   （b）二阶门槛似然参数

图5.1　主体经济关系视角下协同集聚绿色创新
效应的双重门槛估计值与置信区间

最后依据估计的门槛值，将主体经济关系水平分为［0，0.3721）、［0.3721，0.4007）和［0.4007，0.528）三个区间，并采用面板门槛模型对分区间的协同集聚的绿色创新效应系数进行估计（如表5.6估计结果1所示）。除此之外，由于时间区域差异可能会对协同集聚绿色创新效应产生影响，本章划分了两个时间区位段来分析：第一阶段是2004～2010年，主体经济关系水平分为［0，0.3788）、［0.3788，0.3998）和［0.3998，0.528）；第二阶段是2011～2017年，主体经济关系水平分为［0，0.3741）、［0.3741，0.42）和［0.42，0.528）。采用面板门槛模型对分区间与分时间段下，"两业"协同集聚的绿色创新效应系数进行估计（表5.6估计结果2、估计结果3）。

表 5.6　　　主体经济关系强弱下协同集聚绿色创新效应的
双重门槛参数估计结果

解释变量	估计结果 1 2004～2017 年	估计结果 2 2004～2010 年	估计结果 3 2011～2017 年
lnhuman	0.271 *** （14.22）	0.210 *** （8.10）	0.367 *** （12.62）
lnpgdp	0.546 *** （14.22）	0.6198 *** （10.12）	0.499 *** （9.51）
lnmarket	0.228 * （1.69）	0.1931 （0.19）	0.163 （1.19）
lngovernment	0.148 *** （2.65）	0.1573 （1.00）	0.146 ** （2.05）
lntalent	-0.405 *** （-10.59）	-0.268 *** （-5.05）	-0.56 *** （-10.09）
lnstructure	0.766 *** （18.06）	0.8728 *** （14.17）	0.629 *** （10.13）

续表

解释变量	估计结果 1 2004～2017 年	估计结果 2 2004～2010 年	估计结果 3 2011～2017 年
lninvestment	−0.031 （−0.62）	0.015 * （0.19）	−0.049 （−0.77）
lnCoagg 0≤C≤0.3721	−0.0395 （−0.36）		
lnCoagg 0.3721≤C≤0.4007	0.930 *** （11.44）		
lnCoagg 0.4007≤C<0.528	1.568 *** （20.03）		
lnCoagg 0≤C≤0.3788		−0.2881 * （−1.65）	
lnCoagg 0.3788≤C≤0.3998		0.6642 *** （4.79）	
lnCoagg 0.3998≤C≤0.528		1.361 *** （10.61）	
lnCoagg 0≤C≤0.3741			0.2702 ** （2.18）
lnCoagg 0.3741≤C≤0.42			1.3159 *** （13.95）
lnCoagg 0.42≤C≤0.528			2.027 *** （18.44）
常数项	−1.4413 ** （−2.38）	−3.541 ** （−3.60）	3.9112 ** （4.11）
R^2	0.522	0.472	0.661
个体控制	是	是	是
时间控制	是	是	是
Bootstrap	500 次	500 次	500 次
样本数	3654	1827	1827

注：*** 、** 、* 分别表示在 1% 、5% 、10% 水平上显著，括号中数据为 t 检验统计值。

　　表 5.6 的结果是基于公式（5.1），以主体间经济关系强弱为依据，考量"两业"协同集聚绿色技术创新的实证估计结果。首先从整体的估计结果来看，三类估计结果的拟合优度均超过了47%，说明参数估计的可信度具有一定代表性；其次针对控制效应，三类待估计模型均支持对个体与时间等不可观察效应系数变化的双重控制，这也与本章中样本时期数 T 较长、样本容量 N 较大的基本逻辑相符。此外，在表 5.4 与表 5.5 中展示了面板门槛模型使用的抽样次数（自抽样 500 次）、门槛值及其适用的置信区间，均与模型适用的基本规定框架相一致。因此，使用公式（5.1）对基于主体经济关系的协同集聚绿色技术创新效应的先验适用检验通过，机制检验模型是有参考价值的。

　　在对模型进行先验检验后，着重研究"两业"协同集聚的系数符号方向与变化趋势。观察实证结果表明，除在 2004 ~ 2010 年产业主体间经济关系水平在 [0，3788] 区间时，"两业"协同集聚的绿色技术创新为负效应，其他情况下协同集聚的效应皆为正效应，即在控制其他因素干扰之下，"两业"协同集聚布局可以促进地区绿色技术创新的产生。研究系数变化趋势，发现当"两业"主体间经济关系水平分别在 [0，0.3721）、[0.3721，0.4007）和 [0.4007，0.528）三个不同区间内时，协同集聚对绿色技术创新的影响程度从 − 0.0395（不显著）变为 0.930（1% 水平下显著）再到 1.568（1% 水平下显著），这样的变化也印证了假设H4.2，即在较强的主体经济关系驱动下，"两业"协同集聚对绿色技术创新的促进效应更为有效。

　　从时间区段角度（待估结果 2 与待估结果 3）观察，发现在第一个时间区段内，当"两业"主体间经济关系水平分别处在[0，0.3788）、[0.3788，0.3998）和 [0.3998，0.528）三个不同区间时，协同集聚对绿色技术创新的影响程度从 − 0.2881（不显著）变为 0.6642（1% 水平下显著）再到 1.361（1% 水平下显著）；在第二个时间区段内，当"两业"主体间经济关系水平分别在 [0, 0.3741)、[0.3741, 0.42) 和 [0.42, 0.528) 三个不同区间时，协同集聚对绿色技术创新的影响程度从 0.2702（5% 水平下显著）变为 1.3159（1% 水平下显著）再到 2.027（1% 水平下显著）。此种变化也证实了假设 H4.2，即在较强的主体关系驱动下，"两业"协同集聚对绿色技术创新的促进效应更为有效。同时，对比两个时间阶段的实证结果得出，在 2011~2017 年的不同经济关系水平下的主体协同集聚的绿色技术创新效应系数均更大，甚至当产业主体间经济关系水平处于 [0, 03741) 时，协同集聚的绿色技术创新效应也能保持 0.2702 的显著性效果（对比 2004~2010 年的效应系数却是不显著的 -0.2881）。这种时间"剪刀差"现象的产生，其背后的原因很有可能是 2011 年以后随着中央对"四万亿计划"的投资再调整，传统的依靠"增量调整"的产业（特别是实体产业）发展已经开始走下坡路，而从"存量调整"角度来看，经济高质量发展的关键在于构建一种新型的布局，例如促进"两业"之间的空间协同。在政策倾斜和市场经济发展预期的共同作用下，产业协同集聚的经济效应每年都在上涨，而绿色技术创新效应也是其中一部分。

通过观察控制变量的系数变化可以发现：人均生产总值、市场自由度水平、政府干预程度、人力资本储备水平、地方产业结构水平的提升依然有力地促进了地区绿色技术创新水平的提高，然而地方禀赋结构水平的提升却抑制了地方绿色技术创新水平的提升。这可能是由于目前资本配置的导向及方式造成的，资本的利润导向与生态的再生性本身就是一种"两难"问题，如何鼓励更多的资本流向绿色生产和绿色经营领域是政府与市场都需要着重关注的问题。

（2）异质城市视角下的比较分析

目前我国采取的是一种"整建制设市"的城市布局体系，不仅在较高层次的城市和较低层次的城市之间形成了明显的等级制度，而且不同类型城市所拥有的资源、机遇和权力也大不相同，从而导致城市"两业"协同集聚对绿色技术创新的影响也有差异。基于此，本章将 261 个城市样本分别分为"新一线、一线、二线、三线、四线与五线城市"五个大类①，实证检验差异性城市视角下制造业与生产性服务业协同集聚影响绿色技术创新效应，估计结果如表 5.7 所示。

表 5.7　　　异质城市视角下主体经济关系强弱对协同集聚绿色

创新效应的双重门槛参数估计结果

解释变量	一线城市	二线城市	三线城市	四线城市	五线城市
lnhuman	0.262 *** (2.73)	0.112 *** (2.65)	0.109 *** (2.68)	0.116 *** (3.15)	0.122 *** (3.49)
lnpgdp	0.699 *** (5.63)	0.392 *** (3.83)	0.571 *** (6.80)	−0.009 (−0.12)	−0.039 (−0.39)
lnmarket	−1.964 (−0.61)	−2.096 (−1.28)	0.944 ** (2.07)	−0.213 (−0.66)	0.062 (0.38)
lngovernment	0.372 (1.03)	−0.254 (−1.18)	0.338 *** (2.81)	−0.102 (−1.13)	−0.256 ** (−2.40)
lntalent	−0.237 ** (−2.07)	0.045 (0.58)	−0.623 *** (−7.27)	0.047 (0.75)	−0.338 *** (−4.37)
lnstructure	1.611 *** (9.23)	0.996 *** (6.70)	0.643 *** (7.65)	−0.025 (−0.37)	0.154 * (1.81)

---

①　其中"新一线、一线、二线、三线、四线与五线城市"划分参照第一财经·新一线城市研究所发布的《2019 城市商业魅力排行榜》。

解释变量	一线城市	二线城市	三线城市	四线城市	五线城市
lninvestment	0.037 (0.15)	0.433 ** (2.51)	−0.183 * (−1.71)	0.257 *** (3.44)	0.324 *** (3.78)
lnCoagg 0≤C≤0.4226	1.844 *** (3.10)				
lnCoagg 0.4226≤C≤0.5014	1.335 ** (2.24)				
lnCoagg 0.5014≤C≤0.528	−0.336 (−0.46)				
lnCoagg 0≤C≤0.456		0.727 *** (2.68)			
lnCoagg 0.456≤C≤0.528		0.269 (0.86)			
lnCoagg 0≤C≤0.398			−0.579 *** (−2.75)		
lnCoagg 0.398≤C≤0.4245			−0.153 (−0.72)		
lnCoagg 0.4245≤C≤0.528			0.228 (1.00)		
lnCoagg 0≤C≤0.390				0.658 *** (6.72)	
lnCoagg 0.390≤C≤0.4207				1.499 *** (7.76)	
lnCoagg 0.4207≤C≤0.4231				0.764 *** (5.87)	
lnCoagg 0≤C≤0.3162					−3.339 *** (−6.86)
lnCoagg 0.3162≤C≤0.3791					0.024 (0.14)

解释变量	一线城市	二线城市	三线城市	四线城市	五线城市
lnCoagg $0.3791 \leqslant C \leqslant 0.528$					1.090 *** (8.31)
个体控制	是	是	是	是	是
时间控制	是	是	是	是	是
Bootstrap	500 次	500 次	500 次	500 次	500 次
常数项	-4.510 * (-1.72)	-5.138 *** (-2.96)	4.002 *** (3.00)	-2.115 ** (-2.36)	2.344 * (1.66)
单门槛 F 值	20.28 *	13.40 ***	23.55 **	14.95 *	91.00 ***
双门槛 F 值	16.99 **	5.46	18.29 **	11.43 *	60.20 ***
R^2	0.665	0.318	0.288	0.873	0.222
N	266	420	980	1092	896

　　注：***、**、*分别表示在1%、5%、10%水平上显著，括号中数据为 t 检验统计值。

　　表5.7的结果是基于公式（5.1），以主体间经济关系强弱以及差异性城市级别为依据，考量"两业"协同集聚绿色技术创新的实证估计结果。首先从整体的估计结果来看，五类估计结果（一线、二线、三线、四线与五线城市）的拟合优度均超过了20%，说明参数估计的可信度具有一定代表性；其次从控制效应角度，五类待估计模型都支持对个体与时间等不可观察效应系数变化的双重控制，这也与本章中样本时期数 T 较长、样本容量 N 较大的基本逻辑相符。此外，面板门槛模型使用的抽样次数（自抽样500次）、门槛值及其适用的置信区间，均与模型适用的基本规定框架相一致，也表明不同城市的产业主体间经济关系都具有门槛效应。因此，使用公式（5.1）对基于主体经济关系的差异性城市产业协同集聚绿色技术创新效应的先验适用检验通过，机制

检验模型是有参考价值的①。

通过观察一线城市与二线城市中"两业"协同集聚的绿色技术创新效应可以发现，当一线城市的主体间经济水平关系分别在 $[0，4226)$、$[0.4226，0.5014)$ 和 $[0.5014，0.528)$ 时，产业协同集聚对绿色技术创新的影响程度从 1.844（1%水平下显著）变为 1.335（5%水平下显著）再到 -0.336（不显著），而二线城市的主体间经济水平关系分别在 $[0，456)$ 和 $[0.456，0.528)$ 区间时，相应的影响程度则从 0.727（1%水平下显著）变为 0.269（不显著）。这样的变化与机理设定的假设 H4.2 相悖，较弱的产业间主体关系反而有利于协同集聚促进绿色技术创新的发生。

此外，对比三线、四线与五线城市"两业"协同集聚的绿色技术创新效应系数可以看出，当三线城市的主体间经济关系水平分别处在 $[0，0.398)$、$[0.398，0.4245)$ 和 $[0.4245，0.528)$ 区间时，产业协同集聚对绿色技术创新的影响效果从 -0.579（1%水平下显著）变为 -0.153（不显著）再到 0.228（不显著）；四线城市的主体间经济关系水平分别处在 $[0，0.39)$、$[0.39，0.4207)$ 和 $[0.4207，0.528)$ 的区间时，产业协同集聚对绿色技术创新的影响效果从 0.658（1%水平下显著）变为 1.499（1%水平下显著）再到 0.764（1%水平下显著）；五线城市的主体间经济关系水平分别处在 $[0，0.3162)$、$[0.3162，0.3791)$ 和 $[0.3791，0.528)$ 区间时，产业协同集聚对绿色技术创新的影响效果从 -3.339（1%水平下显著）变为 0.024（不显著）再到 1.090（1%水平下显著）。此时，三线、四线和五线城市与一线、二线城市估计结果截然相反，并且与假设 H4.2 遥相呼应，即在较

---

① 除二线城市只有一个门槛值外，其他四种类型城市的产业主体间经济关系都呈现2个门槛值特征。

强的产业主体间经济关系驱动下，更有利于实现协同集聚绿色创新效应。这一现象的背后逻辑可以由以下两个因素来解释：

（1）制度因素成本

首先，作为国内大中型城市，一线、二线城市不仅是人才、资金与技术的各项禀赋优势集聚的中心，而且是国家进行各项政策改革实验的前沿阵地（如各类自贸区、开放港等），有为政府和有效市场的结合度更高。基于此，较低行业准入门槛使得一、二线城市企业因经营不善退出市场的时间成本也较低。其次，由于市场的高度自由，寡头、垄断行为很少，大中型城市企业能集中精力于主业，而不是从事寻租、联盟等非生产性活动。因此，随着时间的推移，弱关系的经济联结反而成为一种普遍做法，更有利于促进大中型城市产业市场经济活动的绩效。这恰恰为我们提供了一个可行的方向来理解弱关系水平下，一线、二线城市协同集聚却更能促进绿色技术创新的现象。在三线、四线与五线城市，受限于相对匮乏的资金、人才、技术要素供给，"集群"反而成为中小型城市企业运作与生存的更优选择。这种行为反映在经济活动中，也就间接促成了"强关系"更适合于三线、四线与五线城市产业发展的逻辑。

（2）空间的扩张

作为典型事实，城市的地理空间分布受经济和政治定位影响较大，而地域上的差别也会让企业布局有远近之分，从而会形成强企业关系和弱企业关系。由于中心城市（一线、二线城市）地域辽阔，资源密集，城市轨道交通发达与基础设施完善等优势，其中，企业的空间布局呈现"分散式"的特征。由此空间距离变大，使得交易与交流成本升高，间接削弱了企业之间的联系，最终体现为经济效应中的"弱关系"引导的集聚布局的绿色效应；对于中小城市，由于可利用的空间较少，企业分布更倾向于"紧凑单一型"的发展格局。因此,由于空间距离小促成的交易与交流成本的下降会间接增强企业间关系,最终体现为经济效应中"强关系"引导的集聚布局的绿色效应。也有学者提出(陈国亮和唐根年,2016):由于现当代网络工具的广泛使用与城市轻轨、地铁等高速交通工具的出现,空间可能并不会成为阻碍产业主体间联系的因素。但不可忽视的是,经济关系的核心依旧在于商品。虽然互联网能够促进信息的频繁交流,轨道交通压缩时空距离能够拉近人员关系,但是商品的联系,特别是实体企业提供的"有形商品"仍然要建立在公路与铁路等交通运转的基础上,所以受限于地理远近的"可达性"成本不可忽略。由此,从主体经济强弱关系水平来看,地理距离也是一个重要影响因素。因而,不同城市所呈现出的强弱关系在这种情境下得到了合理的解释。

5.4.2 基于主体间技术关系的"两业"协同绿色技术创新效应分析

根据前文有关产业主体间技术距离的计算方法,本章通过对制造业与细分生产性服务业的技术距离进行测量(见表5.8)后,发现技术距离客观存在,但交通运输、仓储和邮政业(N1)、信息传输、软件和信息技术服务业(N2)和科研综合技术服务业(N6)与制造业技术距离较近,而金融业(N3)、房地产业(N4)、租赁和商务服务业(N5)与制造业的技术距离较远。因此,本章将N1、N2、N6看作强关系产业,将N3、N4、N5看作弱关系产业,并基于回归检验模型,对主体间技术关系强弱下,"两业"协同集聚的绿色技术创新效应进行实证检验,结果如表5.9所示。

表 5.8　　　　　　　制造业与细分生产性服务业的技术距离

交通运输、仓储和邮政业 N1	信息传输、软件和信息技术服务业 N2	金融业 N3	房地产业 N4	租赁和商务服务业 N5	科研综合技术服务业 N6
0.9514	0.9533	0.9584	0.9899	0.9697	0.9176

表 5.9　　　　　　　主体间技术关系强弱下协同集聚绿色

创新效应的参数估计结果

变量	强关系			弱关系		
	交通运输、仓储和邮政业	信息传输、软件和信息技术服务业	科研综合技术服务业	金融业	房地产业	租赁和商务服务业
lnCoagg	0.864 *** (11.26)					
lnCoagg		0.618 *** (9.88)				
lnCoagg			0.841 *** (12.94)			
lnCoagg				0.911 *** (11.73)		
lnCoagg					0.917 *** (16.20)	
lnCoagg						0.611 *** (10.19)
lnhuman	0.260 *** (12.78)	0.293 *** (14.55)	0.233 *** (11.32)	0.282 *** (14.07)	0.247 *** (12.40)	0.287 *** (14.27)
lnpgdp	0.737 *** (18.59)	0.757 *** (19.08)	0.740 *** (18.87)	0.756 *** (19.25)	0.744 *** (19.35)	0.697 *** (16.95)
lnmarket	0.262 * (1.83)	0.328 ** (2.28)	0.345 ** (2.43)	0.272 * (1.90)	0.321 ** (2.29)	0.291 ** (2.03)

续表

变量	强关系			弱关系		
	交通运输、仓储和邮政业	信息传输、软件和信息技术服务业	科研综合技术服务业	金融业	房地产业	租赁和商务服务业
lngovernment	0.075 (1.27)	0.092 (1.55)	0.087 (1.48)	0.106 * (1.79)	0.058 (1.00)	0.026 (0.43)
lntalent	−0.203 *** (−5.24)	−0.236 *** (−6.04)	−0.225 *** (−5.82)	−0.304 *** (−7.64)	−0.173 *** (−4.55)	−0.179 *** (−4.60)
lnstructure	0.872 *** (19.62)	0.864 *** (19.33)	0.881 *** (19.95)	0.897 *** (20.25)	0.735 *** (16.42)	0.864 *** (19.36)
lninvestment	0.037 (0.71)	0.002 (0.04)	0.009 (0.17)	0.017 (0.32)	0.009 (0.18)	0.077 (1.45)
常数项	−5.759 *** (−9.67)	−5.376 *** (−8.93)	−5.241 *** (−8.80)	−4.729 *** (−7.81)	−5.917 *** (−10.12)	−5.625 *** (−9.40)
R^2	0.459	0.455	0.465	0.461	0.478	0.456
N	3654	3654	3654	3654	3654	3654

注：*** 、** 、* 分别表示在 1%、5%、10% 水平上显著，括号中数据为 t 检验统计值。

观察基于主体技术强弱关系的"两业"协同集聚的绿色技术创新效应得到：无论主体间技术联系强弱与否，协同集聚的绿色技术创新效应都很显著。但从细分生产性服务业角度考虑，不同生产性服务业与制造业协同集聚的绿色技术创新效应存在差异：制造业与房地产业，金融业，交通运输、仓储和邮政业，科研综合技术服务业的协同集聚的绿色技术创新效应分别是 0.92%、0.91%、0.86%、0.84%，占据前四位；信息传输、软件和信息技术服务业以及租赁和商务服务业的绿色技术创新效应分别是0.62% 和 0.61%，位列末两名。此种现象的出现在于以下原因：

（1）直接与间接参与生产活动时污染排放的差异

作为一个典型事实，信息传输、软件和信息技术服务业以及租赁和商务服务业并不直接涉及企业的污染制造活动，而是间接嵌入到整体产业链的生产环节中，因此，这些类型的产业生产活动对环境影响不大，通过制造业与之协同集聚带来的改善空间也不会很明显；而交通运输、仓储和邮政业在商品运输环节产生了大量的碳排放等污染，房地产业因其引导各类住房建设派生需求增长，产生了大量建设能耗，因此，在现有的较大环境成本基础上，通过制造业与该类产业协同集聚可以有效降低直接性的污染输出，从而有效提升绿色技术创新效应。

（2）直接与间接参与生产活动时技术创新的贡献差异

为通过产业协同集聚推动主体功能区提升绿色技术创新效应，企业需要不断投入持续资金与雇用 R&D 技术人员，因此，将制造业与以金融业与科研综合技术服务业为代表的两大行业进行协同集聚能够形成主体功能区。基于此系列机制，绿色技术创新效应得到大幅度提升。而交通运输、仓储和邮政业与租赁和商务服务业作为应用型的服务业，不会直接涉及技术创新，更多是以信息中介与职能中介的方式发挥效用，因而通过制造业与该类行业协同集聚布局并不会导致突出的绿色技术创新效应。

通过对产业主体间技术联系强弱对"两业"协同集聚的绿色创新效应的估计结果分析，得出以下结论：在以产业主体间技术关系强弱判断对"两业"协同集聚的绿色创新效应差异性影响时，还需将"参与生产活动时污染排放"以及"参与生产活动时技术创新贡献"的直接性与间接性特征作为中介参考。

同时，也应该看到生产性服务业的不同细分领域均有自己的特点，地方政府应当清楚：从有规模的布局到绿色技术创新的转化并不是发展的唯一标准，唯有将绿色技术创新转化为企业的实际收益和自然人切实的幸福感才是关键所在。因此，地方政府在聚集绿色技术创新效能，建设绿色技术创新极点时，应当重视并综合参考这两类中介，在产业布局上摆脱"过程性"的束缚，以开放的思维方式来解决现存问题。

5.4.3　基于地方政府主体间关系的"两业"协同绿色技术创新效应分析

基于地方政府主体间关系的"两业"协同集聚的绿色技术创新效应的实证模型，对地方政府主体间关系分别是强联结关系（强协同、弱竞争）、较强联结关系（较强协同、较弱竞争）、较弱联结关系（较弱协同、较强竞争）和弱联结关系（弱协同、强竞争）下的"两业"协同集聚绿色技术创新效应进行回归，实证结果如表5.10所示。

表5.10　地方政府间主体关系视角下制造业与生产性服务业

协同集聚绿色技术创新效应估计结果

变量	强协同关系 弱竞争关系	较强协同关系 较弱竞争关系	较弱协同关系 较强竞争关系	弱协同关系 强竞争关系
lnCoagg	1.919 *** (7.27)	1.501 *** (11.05)	1.161 *** (8.46)	0.432 ** (2.52)
lnhuman	0.447 *** (7.43)	0.249 *** (7.28)	0.236 *** (7.40)	0.101 * (1.77)
lnpgdp	0.207 (1.54)	0.684 *** (9.32)	0.751 *** (11.69)	0.687 *** (7.01)
lnmarket	0.359 (0.86)	0.583 * (1.74)	0.074 (0.39)	0.922 ** (2.20)
lngovernment	0.204 (1.24)	0.030 (0.29)	0.085 (0.89)	0.731 *** (3.76)

续表

变量	强协同关系 弱竞争关系	较强协同关系 较弱竞争关系	较弱协同关系 较强竞争关系	弱协同关系 强竞争关系
lntalent	−0.070 (−0.56)	−0.167** (−2.52)	−0.240*** (−3.94)	−0.275*** (−2.88)
lnstructure	0.842*** (5.56)	0.945*** (13.59)	0.915*** (12.92)	0.464*** (3.48)
lninvestment	−0.582*** (−3.91)	0.013 (0.16)	0.092 (1.07)	−0.007 (−0.04)
常数项	−3.736** (−2.08)	−6.334*** (−6.17)	−5.531*** (−5.81)	−1.235 (−0.84)
R^2	0.513	0.469	0.495	0.480
个体控制	是	是	是	是
时间控制	是	是	是	是
样本数	384	1383	1419	468

注：***、**、*分别表示在1%、5%、10%水平上显著，括号中数据为 t 检验统计值。

　　首先从模型整体估计来看，四类估计结果的拟合优度都超过了46%，说明参数估计的可信度具有一定代表性；其次从控制效应来看，四类待估计模型均支持对个体与时间效应控制，这也与本章中样本时期数 T 较长、样本容量 N 较大的基本逻辑相符。因此，基于地方政府间主体关系的"两业"协同集聚绿色技术创新效应的模型先验检验通过。

　　在对模型进行先验检验后，观察四类关系机制下"两业"协同集聚的绿色技术创新系数可以发现：当地方政府主体间关系Gov 分别处在 0（强联结关系）、1（较强联结关系）、2（较弱联结关系）、3（弱联结关系）四个分位时，协同集聚对绿色技术创新的影响程度发生了从 1.919（5% 水平下显著）到 1.501（1% 水平下显著），再到 1.161（1% 水平下显著），最后到 0.432（1%

水平下显著）的下沉式转变。这样的变化与假设 H4.3 及假设 H4.4 相吻合，即当地方政府间主体关系由强协同转向弱协同时，"两业"协同集聚对绿色技术创新的促进作用会下降，这一现象的背后逻辑可以由以下两个因素来解释：

（1）地方政府发展目标选择中的双重约束

作为一个典型事实，地方政府在制定发展策略上存在着双重目标的制约。一方面，在"区域一体化"的指引下，地方政府会遵循中央政府的战略规划，主动融入区域整体的发展，参与到各地区之间的产业分工中，提高价值链的参与程度，从而可能会关闭一些冗余部门来更好实现"一体化"的分工和节约资源空间；另一方面，地方政府会优先考虑本地的资金留续、人才留固、企业增强等事宜。地方政府在决策选择时会倾向于"本地优先"的产业发展策略，减少一些大区域性的分工安排，以优化当地企业的运作环境。假使地方政府间存在一种可以维持的契约，同时也不存在违背契约的个体动机（区域性的合作协定，例如长三角一体化、京津冀协同发展战略都已经是国家层面提出的重要战略），地方政府就会更多地参与地区间产品分工与产业协同，并分别按照各自地区的比较优势，形成生产上的互补和创新上的协同，最终形成整体的网络化延伸和整体的社会福利；但假使这种区域性的协同政策是不确定的（过去 30 年中，相当一部分的区域性协定政策都在不停地更新和调整合作范围），因此，很大一部分的地区政策就会产生"协同断层"，即在追求招商引资、吸引人才与建立短期绩效产业的"逐顶"，在降税优税、减少本地新建企业与新进人才各项费用的"逐底"。当然，"协同断层"带来的竞争效应在某种程度上可以弥补由协同缺失造成的整体福利损失，但是当这种竞争彻底转变为一种对立性的"竞争"时，这种动力就极有可能转化为"压力"，从而迫使地方政府间保持一种"弱关系"的被动状态，并在许多战略抉择中采取"以邻为壑"的模式。在这种弱联结关系主导下，地区产业协同集聚对绿色创新的促进作用下降也就在情理之中。

（2）地方政府间强弱关系影响下地方政府与市场的资源配置作用

如上文分析的事实，在"本地化"与"一体化"的选择过程中，地方政府与市场在配置资源方面的角色并不完全一致。当地方政府间呈现强联结关系时，更多地扮演着一个秩序维护者的角色，会根据实时情况为当地产业创造一个相对有利的合适的环境，而不是直接干预产业的经营活动。这样市场就可以更多地根据自身的禀赋，灵活按照供需关系进行资源配置，会大大降低各类要素的错配与扭曲性概率。而当地方政府间呈现弱联结关系时，由于"本地化"的客观需求，地方政府除了充当秩序维护者，还会采取各种政策来维护本地资金的留续、人才的留固和企业的壮大。

综合本节所述，笔者得到这样一个结论命题：地方政府间的强联结关系更有助于"两业"协同集聚绿色技术创新效应提升。但中国有数百个城市，因为所处地域不同，因而在资源禀赋、社会文化环境、人文环境等各方面都存在着差异，地方政府间主体关系也因此存在诸多不同，所以需要思考：基于不同强弱程度的地方政府主体间关系，能够促进绿色技术创新效应最大化的协同集聚规模边界在哪里？

5.4.4 进一步讨论：最优协同与地方政府主体间关系强弱适配性探讨

进一步分析最优协同集聚规模与地方政府主体间关系强弱适配性问题的思路，是将政府主体间关系分别处于强联结、较强联结、较弱联结和弱联结时的数据单独拿出，建立面板分位数模型，实证分析在不同强弱程度的政府主体关系下，协同集聚与绿色技术创新效应适配的最优规模。分析表 5.11 至表 5.14 的回归估计结果以及图 5.2，可以发现：

一是从不同地方政府主体间关系强弱下"两业"协同集聚的绿色技术创新效应系数比较可以发现：当地方政府主体间的联结关系由强向弱转变时，协同集聚对绿色技术创新的促进作用变小，这也再次印证了假设 H4.3 与假设 H4.4 的观点：地方政府间的强联结关系更有助于"两业"协同集聚的绿色技术创新效应提升。

二是基于不同地方间政府主体关系强弱，通过绿色技术创新效应与产业协同集聚规模的匹配计算可以发现：当地方政府主体间表现为强联结关系时，最优的协同集聚规模为 90% 分位数 3.044；当地方政府主体间表现为较强联结关系时，最优的协同集聚规模为 25% 分位数 2.026；当地方政府主体间表现为较弱联结关系时，最优的协同集聚规模为 10% 分位数 1.742；当地方政府主体间表现为弱联结关系时，最优的协同集聚规模为 50% 分位数 2.447。可见，在地方政府间主体关系由强联结转向弱联结的过程中，为了实现最优的绿色技术创新效应，地区内"两业"协同集聚布局规模呈现先下降后上升的"U"形变化趋势。而出现这种情形的背后逻辑，依然可以由"动力"与"压力"的推拉作用进行解释。

具体来说，当地方政府间呈现出一种强联结关系时，地区之间的政策协同产生了一种向上的动力，推动了要素流动和双边贸易。其中：人才要素的流动给企业带来了新的生产理念，提升了企业绿色化生产能力，夯实了人力资本；资金要素的流动则为企业更新了生产动能，为促进绿色生产效率提高提供了基本保障，从而形成了协同集聚规模高、绿色技术创新效应也高的局面。但是，当地方政府间主体关系逐渐由强联结向弱联结转移时，其中，适度竞争产生了比较效应，补偿了部分资源损失，一些既有的产业协同布局依然存在，从而表现为"产业协同集聚规模"与"绿色技术创新效应"的双下降。尽管基于"本地化"发展提出了相关发展优惠政策，使得大量关联企业在本地区集中，但在相关人才、资金要素的流动缺失的情况下，市场也不具有充分回报性，竞争的"压力"并不会变成期望下的"动力"，也就呈现出虽然产业协同集聚规模高，但绿色技术创新效应却并不充足的局面。

表 5.11 强协同、弱竞争视角下制造业与生产性服务业协同
集聚绿色技术创新效应估计结果

Gov = 0	分位数点 0.1	分位数点 0.25	分位数点 0.5	分位数点 0.75	分位数点 0.9
lnCoagg	1.323 *** (3.37)	1.180 *** (4.48)	0.961 ** (2.47)	1.231 *** (2.99)	2.265 *** (4.21)
lnhuman	0.295 *** (2.61)	0.302 *** (4.10)	0.418 *** (5.55)	0.511 *** (7.63)	0.484 *** (3.60)
lnpgdp	0.416 (1.35)	0.620 *** (3.38)	0.549 *** (3.08)	0.403 ** (2.13)	0.186 (0.63)
lnmarket	0.789 (0.37)	0.741 (0.72)	0.012 (0.01)	0.268 (0.29)	0.510 (0.25)
lngovernment	0.245 (0.49)	0.175 (0.87)	0.280 (1.16)	0.155 (0.82)	0.346 (0.88)
lntalent	0.698 *** (3.63)	0.597 *** (5.28)	0.615 *** (5.16)	0.918 *** (6.31)	1.033 *** (5.89)
lnstructure	1.602 *** (5.10)	1.399 *** (5.92)	1.143 *** (5.93)	1.182 *** (7.07)	0.957 *** (4.08)

Gov = 0	分位数点 0.1	分位数点 0.25	分位数点 0.5	分位数点 0.75	分位数点 0.9
lninvestment	− 0. 408 (− 1. 63)	− 0. 307 (− 1. 37)	− 0. 190 (− 0. 81)	− 0. 151 (− 0. 66)	− 0. 032 (− 0. 16)
常数项	− 15. 424 *** (− 4. 37)	− 15. 867 *** (− 9. 92)	− 14. 854 *** (− 8. 20)	− 17. 944 *** (− 13. 98)	− 17. 190 *** (− 6. 86)
Pseudo − R^2	0. 3198	0. 3777	0. 4393	0. 4968	0. 5317
N	384	384	384	384	384

注：*** 、** 、* 分别表示在 1% 、5% 、10% 水平上显著，括号中数据为 t 检验统计值。

表 5. 12　　　较强协同、较弱竞争视角下制造业与生产性

服务业协同集聚绿色技术创新效应估计结果

Gov = 1	分位数点 0.1	分位数点 0.25	分位数点 0.5	分位数点 0.75	分位数点 0.9
lnCoagg	1. 069 *** (4. 74)	1. 420 *** (6. 61)	1. 322 *** (6. 40)	1. 204 *** (6. 51)	0. 831 *** (3. 08)
lnhuman	0. 302 *** (3. 17)	0. 227 *** (4. 41)	0. 197 *** (3. 58)	0. 154 *** (3. 76)	0. 118 (1. 37)
lnpgdp	0. 698 *** (3. 60)	0. 830 *** (7. 39)	0. 981 *** (12. 26)	0. 998 *** (10. 38)	1. 022 *** (8. 28)
lnmarket	0. 114 (0. 15)	− 0. 030 (− 0. 06)	0. 334 (0. 68)	0. 216 (0. 43)	0. 294 (0. 40)
lngovernment	0. 348 (1. 53)	0. 288 * (1. 94)	0. 347 *** (2. 62)	0. 207 * (1. 72)	− 0. 123 (− 0. 72)
lntalent	0. 424 *** (4. 20)	0. 439 *** (5. 75)	0. 453 *** (7. 12)	0. 536 *** (9. 29)	0. 713 *** (8. 69)
lnstructure	0. 908 *** (6. 21)	1. 194 *** (10. 90)	1. 275 *** (16. 49)	1. 301 *** (14. 87)	1. 504 *** (10. 53)
lninvestment	− 0. 261 * (− 1. 86)	− 0. 001 (− 0. 01)	0. 155 (1. 26)	0. 049 (0. 42)	0. 229 *** (2. 61)

续表

Gov = 1	分位数点 0.1	分位数点 0.25	分位数点 0.5	分位数点 0.75	分位数点 0.9
常数项	− 14.712 *** (− 13.16)	− 15.596 *** (− 15.27)	− 16.193 *** (− 20.03)	− 16.939 *** (− 17.24)	− 19.230 *** (− 16.32)
Pseudo − R²	0.2956	0.3576	0.4028	0.4294	0.4335
N	1383	1383	1383	1383	1383

注：***、**、* 分别表示在 1%、5%、10% 水平上显著，括号中数据为 t 检验统计值。

表 5.13 较弱协同、较强竞争视角下制造业与生产性服务业协同集聚绿色技术创新效应估计结果

Gov = 2	分位数点 0.1	分位数点 0.25	分位数点 0.5	分位数点 0.75	分位数点 0.9
lnCoagg	1.390 *** (7.09)	1.135 *** (7.65)	0.896 *** (5.02)	0.486 ** (2.22)	0.115 (0.43)
lnhuman	0.255 *** (3.10)	0.135 ** (2.07)	0.207 *** (4.08)	0.163 *** (3.42)	0.013 (0.24)
lnpgdp	0.547 *** (3.50)	1.048 *** (10.86)	1.027 *** (11.21)	1.163 *** (10.44)	1.389 *** (15.14)
lnmarket	− 0.188 (− 0.92)	0.026 (0.11)	− 0.031 (− 0.10)	0.227 (0.48)	0.369 (0.67)
lngovernment	0.465 *** (2.65)	0.381 *** (3.33)	0.222 * (1.91)	0.494 *** (3.46)	0.339 *** (2.65)
lntalent	0.493 *** (5.32)	0.429 *** (6.42)	0.455 *** (7.71)	0.334 *** (4.17)	0.342 *** (5.09)
lnstructure	1.092 *** (7.39)	1.092 *** (9.07)	1.110 *** (7.60)	1.172 *** (8.89)	1.428 *** (14.69)
lninvestment	− 0.109 (− 0.62)	− 0.118 (− 1.30)	− 0.093 (− 1.22)	0.107 (1.35)	0.320 ** (2.32)
常数项	− 13.794 *** (− 14.35)	− 16.843 *** (− 17.61)	− 16.820 *** (− 21.65)	− 14.595 *** (− 15.27)	− 15.668 *** (− 15.94)

Gov = 2	分位数点 0.1	分位数点 0.25	分位数点 0.5	分位数点 0.75	分位数点 0.9
Pseudo − R^2	0.3021	0.3483	0.3738	0.3916	0.4292
N	1419	1419	1419	1419	1419

注：＊＊＊、＊＊、＊分别表示在1%、5%、10%水平上显著，括号中数据为 t 检验统计值。

表5.14　　弱协同、强竞争视角下制造业与生产性服务业协同

集聚绿色技术创新效应估计结果

Gov = 3	分位数点 0.1	分位数点 0.25	分位数点 0.5	分位数点 0.75	分位数点 0.9
lnCoagg	0.580 (1.36)	0.829 (1.47)	1.034 * (1.68)	0.907 (1.57)	0.703 (1.51)
lnhuman	0.490 *** (2.97)	0.352 *** (3.55)	0.387 *** (3.92)	0.287 *** (4.31)	0.034 (0.41)
lnpgdp	0.130 (0.45)	0.707 *** (3.98)	1.014 *** (4.54)	1.229 *** (7.44)	1.514 *** (6.64)
lnmarket	− 0.219 (− 0.51)	0.076 (0.22)	− 0.170 (− 0.69)	− 0.754 (− 0.83)	− 2.421 *** (− 3.24)
lngovernment	1.265 *** (3.70)	0.997 *** (3.23)	0.746 ** (2.20)	0.905 ** (2.42)	1.393 *** (4.73)
lntalent	0.625 *** (5.64)	0.892 *** (9.36)	0.925 *** (12.17)	1.031 *** (10.36)	1.128 *** (12.30)
lnstructure	0.356 (1.01)	0.739 ** (2.02)	1.407 *** (6.18)	1.219 *** (5.38)	1.261 *** (4.58)
lninvestment	0.013 (0.03)	0.078 (0.40)	− 0.157 (− 0.82)	0.065 (0.41)	− 0.061 (− 0.20)
常数项	− 11.89 *** (− 10.30)	− 14.06 *** (− 10.71)	− 13.61 *** (− 10.57)	− 13.64 *** (− 8.82)	− 12.71 *** (− 10.51)
Pseudo − R^2	0.1916	0.2258	0.2811	0.3485	0.3912
N	468	468	468	468	468

注：＊＊＊、＊＊、＊分别表示在1%、5%、10%水平上显著，括号中数据为 t 检验统计值。

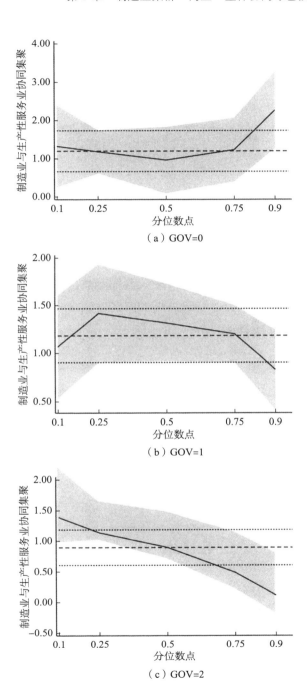

（a）GOV=0

（b）GOV=1

（c）GOV=2

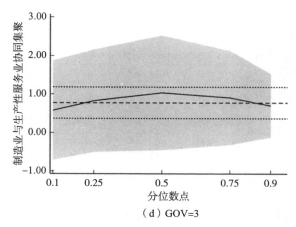

图 5.2　不同地方政府主体间强弱关系下产业协同集聚的
绿色技术创新效应分位趋势

5.4.5　稳健性分析

在实证分析中，本章从分视角、分城市、分时间段等多角度进行了研究，使得实证的估计结果具有一定的稳健性，但为了进一步提高实证检验的估计结果的可信度，本章将剔除协同集聚变量的垂直分解部分后得到的新变量再次运用至实证分析模型中，可以发现三类主体关系视角下的既有结论没有发生变化，因此可以认为实证结果是较为稳定的。

5.5　本 章 小 结

本章分别基于产业主体间经济关系、产业主体间技术关系和地方政府间主体关系的"两业"协同集聚绿色技术创新的作用机理，采用面板门槛模型与面板分位数模型，以 2004～2017 年中国内地 261 个城市为样本数据，在强弱"主体关系"的嵌入背景下，对"两业"协同集聚的绿色技术创新效应的差异进行了实证分析。

研究结果表明：

第一，从产业主体经济关系强弱影响视角来看，当主体间经济关系水平处于高位区间［0.4007，0.528）时，两业协同集聚的绿色技术创新效应最大，达到了既有规模下每提升 1%，绿色技术创新效应提升 1.568% 的效果。这说明制造业与生产性服务业的协同集聚在较强的产业主体间经济关系引导下，更有利于促进绿色技术创新；通过以一线与二线城市作为集聚空间的样本分析，可以发现产业主体间相对薄弱的经济关系反而有利于实现协同集聚的绿色技术创新；而以三线、四线和五线城市作为集聚空间的样本进行分析，结果却表明产业主体间较强的经济关系更有利于协同集聚绿色创新效应的形成。

第二，从产业主体技术关系强弱影响视角来看，无论是强关系还是弱关系，"两业"协同集聚的绿色技术创新效应都很显著；但将生产性服务业进行细分后分析，发现不同的生产性服务业与制造业协同集聚的绿色技术创新效应存在差异：制造业与房地产业，金融业，交通运输、仓储和邮政业，科研综合技术服务业的协同集聚的绿色技术创新提升占据前四位，分别为 0.92%、0.91%、0.86%、0.84%；而信息传输、软件和信息技术服务业以及租赁和商务服务业的绿色技术创新提升位列末两名，分别为0.62% 和 0.61%。因此，衡量在不同产业主体间技术关系强弱下的"两业"协同集聚的绿色创新效应的差异性时，还需将行业"参与生产活动时污染排放"以及"参与生产活动时技术创新贡献"的直接性与间接性特征作为中介参考。

第三，从地方政府主体间关系强弱影响视角来看，当地方政府主体间关系 Gov 分别处于四个分位时，"两业"协同集聚对绿色技术创新的影响作用发生了从 1.919（5% 水平下显著）到 1.501（1% 水平下显著）再到 1.161（1% 水平下显著）最后到 0.432

（1%水平下显著）的下沉式转变，这样的变化与假设 H4.3 和假设 H4.4 相符，即"两业"协同集聚在当地方政府主体间关系由强联结转向弱联结关系时更有利于促进绿色技术创新。

　　第四，从最优协同集聚规模与地方政府主体间关系强弱适配性视角来看，当地方政府主体间表现为强联结关系时，最优的协同集聚规模为 90% 的分位数 3.044；当地方政府主体间表现为较强联结关系时，最优的协同集聚规模为 25% 分位数 2.026；当地方政府主体间表现为较弱联结关系时，最优的协同集聚规模为 10% 分位数 1.742；当地方政府主体间表现为弱联结时，最优的协同集聚规模为 50% 分位数 2.447。即在地方政府主体间关系由强联结关系转向弱联结关系的过程中，为使绿色技术创新效应达到最优，区域内"两业"协同集聚布局规模呈现出先下降后上升的"U"形变化趋势。

第6章

制造业集群政产学研
协同技术创新效应

目前的创新活动主要是非线性创新活动，是否实施及实施效果如何取决于区域产业集群关系的复杂网络。创新活动的特点是不同的集群参与者即企业、高校、科研单位、政府等创新活动主体之间的长期正式和非正式互动，在各创新主体的共同交互作用下建立一个区域创新系统。因此，必须探索各主体间的创新协同效应，剖析创新协同提升的内在机理，以改善我国区域创新效率，激发区域发展活力。

6.1 产学研协同创新的作用机理

目前，建设中国科技创新体系最重要内容之一是建立一个产学研紧密合作的协同创新体系。提高产学研协同创新水平是未来中国保持创新活力的重要基石。推进产学研创新模式，可以促进不同创新主体合作与交流，扩大各创新主体获取知识和技术的渠道，利用各创新主体掌握的多元化知识进行知识互补，在促进知识扩散、获取知识正的外部性的同时，促进技术发展，从而达到优化产业结构、提升区域经济效益的目的。

知识溢出是创新的一个重要来源，知识的吸收使用、转移和传播是知识经济时代影响企业、高校和科研机构协同创新的关键。从发展的角度来看，知识共享是提高创新水平及触发经济增长的重要催化剂。企业、高校和研究机构通过知识共享，能够在创新链的不同阶段开展互补合作，使各创新主体实现知识吸收，创新系统最大限度整合现有资源，达到二次或多次创新促使创新落地的最终目的。这种整合异质资源武装自身，健康持续伙伴关系的建立，最终必然增强创新水平，挣破创新桎梏。然而，这一过程所需的创新资源不可能只在集群内部寻求，资源限制迫使每个创新主体转向集群间合作。

因此，协同创新不仅仅局限于集群内部，集群间的创新同样举足轻重。换句话说，创新存在空间扩散效应。现有文献并没有对集群协同创新进行集群内部与集群间的明确划分，并且由于行政区划、组织差异和距离阻断，各集群之间存在巨大差异。一些研究人员已经开始关注产学研跨集群协同创新理论，但经验证据较为单薄，系统分类不够清晰。因此，在现有研究的基础上，本章将协同创新细分为集群内产学研协同创新和集群间产学研协同创新，从两个细分领域进行理论分析，并实证检验各创新主体的创新溢出效应。图 6.1 为两种协同创新的发生路径图。

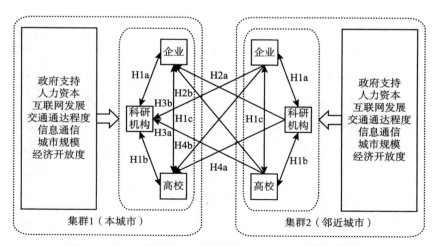

图 6.1　集群内和集群间产学研协同创新效应的机理分析

6.1.1　集群（城市）内产学研协同创新研究

创新系统之所以能被称为系统，在于其内部创新活动的持续且自发。创新系统中的创新不是个别创新主体的偶然增加或者机械累积，而是跃迁"点线"进化到"面"或"网"状的创新发展，是复杂的关系网络。创新资源与成果在体系内高效循环，流动的创新要素带动整个系统创新水平全面提高。产学研协同创新作为上述想法落地的直观体现，现已成为各国学者关注的重点。中国相关研究始于 20 世纪 90 年代，不断对产学研合作创新的内涵、模式、理论框架进行完善。事实上，产学研协同创新是前沿技术引领的技术创新行为，在协同创新体系内各创新主体共同创建创新平台，共同参与新技术的研发，共同促进创新想法落地。产学研协同创新是各创新主体有效利用"创新资源公共池"的重要渠道。这在图 6.1 的 H1 中有所显示，企业将创新过程所需的基础知识、研究方法和资本设备转移给集群中的高校和科研机构，高校与科研机构在此基础上展开研发落地创新，而创新成果最终市场化产业化反哺企业。这一过程不仅能够带动创新资源的优化配置和有效利用，而且还有助于提高集群内产学研合作的创新水平。因此，协同创新充分挖掘了各集群创新主体的机会和优势，优化了创新资源的配置，打破了创新主体之间的玻璃墙、篱笆栏，使创新要素充分流动、物尽其用。同一集群内的产学研三类创新主体间均存在知识溢出与转移。

6.1.2　集群（城市）间产学研协同创新研究

区域创新体系具有开放性和与外界互动的独特之处。这种互动往往表现在地理空间上，集群之间，信息、资金、技术和人才的交流过程中。随着区域经济一体化进程加快，研发活动开放性的特征更加突出，创新资源和成果在地区间的流动加快。知识和创新的跨界流动在某些时点比集群内部流动更为重要，这不失为解决我国各地区创新水平发展不平衡问题的思路。高频技术创新可以促进参与者之间的交流与合作，营造开放的交流环境，提高协同创新质量。鉴于外部性的存在，协同创新存在明显的外溢效应，创新要素将会在资源限制与最大化利益的驱动下跨越集群边界流向最匮乏的地区。因此，集群间产学研协同创新是多个区域创新体系试图寻找能够带动更大地理范围创新要素流动的可能实现路径，以实现产学研协同效应广度上的深化。这种协同创新模式的基础是打破地域约束，冲破行政边界，在更大"创新资源公共池"影响下提升各自独特的创新水平。因此，本章从地理溢出的角度出发，通过对集群间产学研协同创新的研究，解释创新发生路径。实现地理溢出的具体机理如下：

首先，企业主导的产品创新处于整个创新链的尾部，知识环节创新因其周期长、不确定性、研发投入回报率低的特点，导致其必须依托高校和科研院所这两类不以利润最大化为运行导向的创新主体。即若企业在产品创新过程中遭遇瓶颈制约，就会寻求校企合作，由高校和科研机构向企业提供基础理论知识和实验技巧。企业将为研究开发提供投资和相关技术的支持，利用其掌握的市场规律研究成果的市场化进程。在这个过程中，企业提高了创新的能力。然而，如果集群内的高校和科研机构不能胜任这项工作，企业将考虑与邻近集群的更高层次高校合作。因此，企业不仅受到集群内其他创新单位（高校和研究机构）的影响，而且还通过图6.1中的H2a和H2b中显示的机理从邻近地区的高校和研究单位的知识扩散中受益。

其次，以科研院所为主导的研究与创新环节位于整个创新链的中端。如图6.1中的H3a和H3b所示，一方面，考虑到知识自身存在的正外部性，科研机构在研究活动中不仅查漏补缺吸收集群内部高校创造的理论知识，而且与邻近集群主流、共性的知识创新产生关联，邻近集群的知识通过地理溢出等方式对该集群内科研单位的创新水平产生影响；另一方面，规模经济的驱动使科研院所的投资方向发生改变，投资不再仅注重集群企业的内部需求，更注重与整个市场的产品创新产生关联。但考虑到目前中国产业的后向关联性较为薄弱，科研机构的创新水平是否会受到周边集群企业的影响还有待考证。

最后，以高校为首的知识创新纽带处于整个创新链的最前沿，属于基础研究的范畴。基础研究和产品创新都可以通过市场反馈机制刺激知识创新投入，从而在一定程度上优化高校的创新水平。随着产学研联合创新理念的深入，同一集群内的高校和企业之间的良好互动逐渐显现，但受到空间距离等因素的限制，区域间的创新合作难以为继。后端产品创新追溯前端知识创新仍为研究空白。有鉴于此，本章重新审视这一问题。鉴于高校和研究单位的相似特点，需要进一步研究它们之间是否通过图 6.1 中的 H3a 和 H3b 等适当的作用机理形成重要的协同创新机制。

6.1.3　政府对产学研协同创新的作用机理

产学研作为一个多主体参与的复杂合作创新平台，需要中央及地方政府的指导、补贴及其他政策工具的扶持。从表面看，政府并没有直接参与技术创新过程，但其幕后工作不可或缺。政府在相关政策文件的制定、协同创新园区创立及研发资金流向等多个方面发挥着关键的作用，以保证创新体系的平稳运行。政府参与产学研协同创新的机理见图 6.2。

首先，政府是创新活动的引领者。制定国家或地区的创新战略，需要有大局观以便制定出顺应时代发展的创新计划，充分考虑各个发展阶段及各发展阶段应突破重点的问题，把有限资源用到刀刃上，提前筹谋未来发展方向。地方政府作为地方政治、经济、文化的领导者及中央政策的执行贯彻者，对地方禀赋资源配置和社会发展需求有着深刻的认识，能够做到因地制宜，充分利用地方特色、最大限度发挥各主体优势，布控区域创新环境，制定区域创新发展战略和创新发展的阶段性目标与总目标。

其次，政府通过各种政策可以激发各类创新主体的热情。创新系统涉及多种类型创新主体，各主体具有不同的目标和需求。政府通过颁布适当的法律法规例如保护知识产权和风险管理，以及激励政策例如研发补贴、高层次人才引进奖励和税收减免，挖掘各创新主体潜力，在提高系统运作效率与创新水平的同时，实现各自目标与需求。

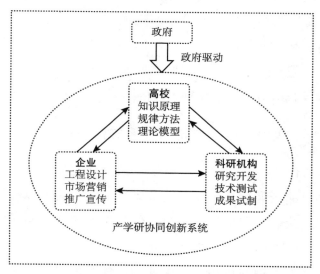

图 6.2 政府参与产学研协同创新的机理分析

最后，政府需明确其在发展不同阶段的角色定位。在区域创新体系处于起步阶段时，政府部门需充分展示其责任与担当，做好全局管理与顶层设计。随着技术创新体系效率的增强，应放大市场作用，将政府职能向协调、监管侧重。既不能高估政府干预效果，也不能低估政府在支持塑造创新体系中的作用。因此，本章后半部分将使用计量方法，定量研究政府在创新体系运行过程中发挥的作用。

6.2 制造业集群产学研协同技术创新效应分析

前文分析了制造业集群创新系统三类创新主体即企业、高校和科研机构之间相互作用关系的现状并作出理论假设。考虑到数据的可获得性，相应的生产集群的边界以长三角城市群 26 个地级市的行政区划为基础确定。设置地理经济矩阵构建空间计量模型，定量分析企业、高校和科研机构三类创新主体之间的关系，利用广义空间三阶段回归（GS3SLS）试图解决内生性问题，为优化中国制造业创新系统中企业、高校和科研机构三类主体的协同创新，最大限度地发挥地理溢出效应提供解决思路与政策建议。

6.2.1 空间面板模型的构建

1. 空间权重矩阵的设定

空间自相关性是指任何事物之间都会存在一定的空间依赖，例如规则聚集、随机分布等，这也成为地理学第一定律。在建立解决经济问题的数学模型时，空间自相关问题不容忽视，空间权重矩阵是定量描述空间截面单元一些地理属性值的有力工具。因此在整个计量经济分析的过程中，空间权重矩阵的设置至关重要，其设置的主要方法如下。

（1）空间邻接权重矩阵（W_1）

空间邻接矩阵主要基于两个研究对象在空间上是否存在邻接关系，比如是否有共用边界、共用顶点或共用范围等，若两个研究对象存在空间邻接关系则取 1，否则取 0。空间邻接矩阵对角线上的元素均为 0，用 W_{ij} 表示矩阵 W_1 中的元素，其计算方式如式（6.1）所示。但是这一方法也存在缺陷，在一些情况下难以刻画真实情况，例如江苏省会南京与邻近的镇江关系密切，但不能说其与连云港等城市没有联系。

$$W_{ij} = \begin{cases} 1，城市\ i\ 与城市\ j\ 相邻接 \\ 0，其他 \end{cases} \qquad (6.1)$$

（2）空间反距离权重矩阵（W_2）

反距离权重矩阵根据两个研究对象之间的距离，例如高速公路、铁路或直线距离来确定空间效应强度，两个研究对象之间的距离越近，说明它们对彼此的影响就越大，反之则相反。距离的选择各不相同，但目前的文献大多以经纬度来衡量城市之间的空间距离，计算两个研究对象之间空间距离的平方，可以清楚地看到随着距离的增加，空间效应会加速减弱。W_{ij} 为矩阵 W_2 中的元素表示，其计算方式如式（6.2）所示，其中，d_{ij} 表示城市 i 和城市 j 间的球面距离，其计算方式如式（6.3）所示。

$$W_{ij} = \begin{cases} \dfrac{1}{d_{ij}^2}，\ i \neq j \\ \\ 0，\ i = j \end{cases} \qquad (6.2)$$

$$d_{ij} = R\theta = R\arccos\left[\cos(\alpha_1 - \alpha_2)\cos\beta_1\cos\beta_2 + \sin\beta_1\sin\beta_2\right] \qquad (6.3)$$

（3）经济权重矩阵（W_3）

众所周知，构建空间权重矩阵的出发点是研究两个城市（单位）之间的地理关系（邻接关系、地理距离等），但城市（单位）之间存在空间效应的原因是多方面的，包括经济发展水平、社会习惯、人文环境等，这些都是产生城市间空间关联性的重要因素。因此，许多研究选择经济指标作为构建经济权重矩阵的依据。矩阵 W_3 中的元素一般选用经济指标（包括城市 GDP、人均 GDP 和人力资本等）之差绝对值的倒数，具体计算方式如公式（6.4）所示。

$$W_{ij} = \begin{cases} \dfrac{1}{\mid X_i - X_j \mid}, & i \neq j \\ 0, & i = j \end{cases} \quad (6.4)$$

（4）经济地理权重矩阵（W_4）

经济地理矩阵（嵌套权重矩阵）结合了各城市的空间地理因素和空间经济因素，并将反空间距离权重矩阵（W_2）和经济权重矩阵（W_3）结合起来，更完整地表示空间相关性的多重性和复杂性。因此，在随后的工作中，考虑到控制变量的选择和数据的可得性，使用经济地理矩阵来衡量空间莫兰指数（Moran's I）并建立空间计量经济学模型，其中选择城市 GDP 作为指标来构建经济权重矩阵。

2. 模型设定

虽然空间效应的影响在古典经济学中经常被忽视，但事实上各个城市或者说空间单位之间在地理上和经济上都存在一定程度上的空间联系。因此，本章根据选定的空间权重矩阵来衡量空间莫兰指数，研究产学研三类创新主体之间是否存在空间自相关。莫兰指数的计算方法如公式（6.5）所示，具体计算结果将在后面介绍。

$$\text{Moran's I} = \frac{\displaystyle\sum_{i=1}^{n} \sum_{j=1}^{n} W_{ij}(Y_i - \overline{Y})(Y_j - \overline{Y})}{S^2 \displaystyle\sum_{i=1}^{n} \sum_{j=1}^{n} W_{ij}} \quad (6.5)$$

其中，$S^2 = \dfrac{1}{n} \sum_{i=1}^{n}(Y_i - \overline{Y})$，$\overline{Y} = \dfrac{1}{n} \sum_{i=1}^{n} Y_i$，$Y_i$ 表示第 i 个地区的

观测值，n 为地区总数，W_{ij} 为经济地理权重矩阵。

在此基础上，本章更详细地拓展空间计量模型。空间面板计量经济学模型主要有三种类型：空间自回归模型（Spatial Autoregression，SAR）、空间误差模型（Spatial Errors Model，SEM）和空间杜宾模型（Spatial Dubin Model，SDM），相比于其他空间模型，如果数据的生成过程是空间误差或滞后模型，SDM 模型能保证系数估计的无偏性质，也即空间杜宾模型是空间自回归模型和空间误差模型的一般形式，由于测试结果显示空间杜宾模型更适合本章的研究内容，空间自回归模型和空间误差模型的具体设置将不再赘述。Hausman 检验结果显示固定效应下的空间杜宾模型能更好地解释产学研三类创新主体的创新溢出效应，具体模型设置如下。

（1）高校和科研机构影响企业创新水平的空间杜宾模型

$$ENT_{it} = \alpha_0 + \rho W \cdot ENT_{it} + \alpha_1 INS_{it} + \alpha_2 C\&U_{it} + \sum_{i=1}^{6} \beta_i Controls_{it}$$
$$+ \lambda_1 W \cdot INS_{it} + \lambda_2 W \cdot C\&U_{it} + \varepsilon_{it} \quad (6.6)$$

（2）科研机构和企业影响高校创新水平的空间杜宾模型

$$C\&U_{it} = \alpha_0 + \rho W \cdot C\&U_{it} + \alpha_1 ENT_{it} + \alpha_2 INT_{it} + \sum_{i=1}^{6} \beta_i Controls_{it}$$
$$+ \lambda_1 W \cdot ENT_{it} + \lambda_2 W \cdot C\&U_{it} + \varepsilon_{it} \quad (6.7)$$

（3）企业和高校影响科研机构创新水平的空间杜宾模型

$$INS_{it} = \alpha_0 + \rho W \cdot INS_{it} + \alpha_1 \cdot ENT_{it} + \alpha_2 \cdot C\&U_{it}$$
$$+ \sum_{i=1}^{6} \beta_i Controls_{it} + \lambda_1 W \cdot ENT_{it}$$
$$+ \lambda_2 W \cdot C\&U_{it} + \varepsilon_{it} \quad (6.8)$$

企业、高校和科研机构的创新水平由 ENT_{it}、$C\&U_{it}$ 和 INS_{it} 表示，$W \cdot INT_{it}$ 表示本市企业创新水平对周边城市研究机构和高校创新水平的影响，$W \cdot C\&U_{it}$ 表示本市高校创新水平影响周边城市企业和研究机构创新水平的大小，$W \cdot INS_{it}$ 表示本市科研机构的创新水平对周边城市企业和研究机构创新水平影响的大小。$\sum_{i=1}^{6} \beta_i Controls_{it}$ 是六个控制变量，分别为人力资本（HUM）、互联网发展（INTER）、交通便利性（TRA）、信息和通信（TELE）、城市规模（POP）和经济开放程度（OPEN）；ρ 为空间自回归系数，用来描述空间滞后项对长三角地区各城市不同创新主体的影响；ε_{it} 是随机误差项。

6.2.2　数据来源与模型设定

1. 数据来源和描述性统计

本章的目的是探讨制造业集群创新体系中企业、高校和研究机构三类主体之间的协同创新效应和地理外溢，选取中国长三角地区 26 个城市 2008～2018 年的面板数据进行实证检验。数据来源于《中国城市统计年鉴》（2009～2018 年）、《安徽统计年鉴》、《江苏省统计年鉴》和《浙江统计年鉴》（2009～2019 年），部分缺失数据由地级市年鉴补充。专利数据来自国家知识产权局，作者手动提取了每个城市的发明、实用新型和外观设计数据信息，并根据申请人所属的类别进行清洗整理。依据《国民经济行业分类》（2017）标准，进一步筛选包括农产品加工业、食品加工业以及汽车制造业等在内的 31 个大类的制造业相关数据，表 6.1 为数据的描述性统计；为了消除数据可能出现的异方差，对部分变量进行对数化处理；各变量 VIF 值均小于 10，不存在多重共线性。

表 6.1　　　　　　　　　描述性统计分析

变量名称	单位	样本数	平均值	标准差	最小值	最大值
企业专利	件	286	13235.62	18464.59	5	108245
高校专利	件	286	2457.43	4514.25	0	24533

变量名称	单位	样本数	平均值	标准差	最小值	最大值
科研机构专利	件	286	591.99	1151.32	0	6914
人力资本	万人	286	142678.99	185229.59	3500	856796
互联网宽带接入用户	万户	286	163.96	338.93	4.51	5174
公路客运量	万人	286	12128.76	10657.93	1197	68895
移动电话用户	万户	286	644.05	608.11	42.8	3722.3
城市规模	万人	286	488.56	274.25	73.8	1455
实际使用外资	万美元	286	235728.15	317733.92	6719	1851378

2. 变量设定和测算方式

核心变量：①企业的创新水平（ENT）；②高校的创新水平（C&U）；③研究机构的创新水平（INS）。首先考虑数据可得性，本章使用集群（城市）被授予的专利数量作为创新水平的衡量指标。其次考虑城市间人口数量差异，仅用专利授权量来衡量创新水平则有些片面，故调整为每万人拥有的专利数量作为创新水平的衡量指标。因此，首先在国家知识产权局网站搜索各城市的全部专利授权数量，然后以此为基础，分别统计产学研三类创新主体的专利授权量，并结合相关文献，进行控制变量的选择和计算。

（1）人力资本（HUM）

人才储备是新时代发展的重要源泉，对提高企业、高校和科研机构三大创新主体起到引领作用。要实现中国制造业的"新旧动能转换"，提高科技研发的自主创新水平，离不开高尖端人才的智力支持。在现有研究的基础上，本章拟通过高校在校学生人数作为人力资本的衡量指标。

（2）互联网发展程度（INTER）

在数字经济时代互联网越来越普及，有效地加快了信息的传递，促进了不同地区的人们之间的交流与合作，传统合作模式的诸多空间和时间限制得以克服。因此，本章将此因素视为影响制造业集群创新体系中各主体创新水平的控制变量，以互联网宽带接入用户与城市人口的比例来衡量。

（3）交通通达（TRA）

交通设施的便利化可以有效地加快人与人、城市与城市的交流与合作。运输能力和半径的扩大增加了不同创新主体之间的合作机会，为实现创新水平的突破提供了良好的基础设施。该指标用城市道路客运量占城市人口的百分比来衡量。

（4）信息通讯（TELE）

毫无疑问，通讯等基础设施的改进和普及能够促进人们之间的交流和互动。中国的信息基础设施水平远远高于世界平均水平，也较许多发达国家具有优势。一个繁荣的信息通讯市场将增加企业提高创新水平的机会。本章用移动电话年末用户数占城市人口的百分比来衡量。

（5）城市规模（POP）

已有研究表明城市规模对其创新水平有显著影响。本章使用26 个地级市的行政区划来界定相关产业集群的边界，但在城市规模影响集群（城市）整体创新水平的同时，也不可避免地会影响到不同行动主体的创新水平。因此本章选择城市年末户籍人口数来衡量城市规模。

（6）经济开放度（OPEN）

经济开放水平在一定程度上反映了区域经济发展的活力，经济开放水平的提高有助于缩小不同创新主体和不同城市之间的鸿沟，加快先进知识和成功经验的传播，提高不同创新主体和整个集群的创新水平。因此本文借鉴现有的研究，以各个城市实际使用外资来衡量经济开放度。

各变量含义和测算方式见表 6.2。

表 6.2   各变量含义和测算方式

变量类型	变量名称	变量含义	衡量指标
核心变量	ENT	企业创新水平	企业专利授权数量
	C&U	高校创新水平	高校专利授权数量
	INS	科研机构创新水平	科研机构专利授权数量
控制变量	HUM	人力资本	高等学校在校学生人数
	INTER	互联网发展程度	每万人互联网宽带接入用户数
	TRA	交通通达	公路客运量/城市人口
	TELE	信息通信	移动电话年末用户数/城市人口
	POP	城市规模	城市年末户籍人口数
	OPEN	经济开放度	实际使用外资额

6.2.3 空间相关性检验结果

在建立空间计量模型之前，首先对制造业集群创新体系中的三类创新主体进行了空间自相关检验，结果见表 6.3。从表 6.3 可以看出，2008～2018 年产学研三类成员创新水平的全局莫兰指数显著为正，并在 5% 的置信水平下通过了显著性检验。长三角地区 26 个地级市企业、高校和科研机构的创新水平并不服从随机分布，存在显著的空间集聚效应。

表 6.3   企业、高校和科研机构创新水平的莫兰指数

年份	ENT			C&U			INS		
	Moran's I	Z	P	Moran's I	Z	P	Moran's I	Z	P
2008	0.647 ***	4.400	0.000	0.638 ***	4.259	0.000	0.444 ***	3.023	0.003
2009	0.612 ***	4.133	0.000	0.628 ***	4.206	0.000	0.437 ***	2.982	0.003
2010	0.481 ***	3.381	0.001	0.673 ***	4.513	0.000	0.422 ***	2.875	0.004
2011	0.509 ***	3.692	0.000	0.666 ***	4.491	0.000	0.555 ***	3.728	0.000
2012	0.407 ***	3.117	0.002	0.612 ***	4.175	0.000	0.621 ***	0.621	0.000

年份	ENT			C&U			INS		
	Moran's I	Z	P	Moran's I	Z	P	Moran's I	Z	P
2013	0. 430 ***	3. 386	0. 001	0. 681 ***	4. 680	0. 000	0. 599 ***	4. 048	0. 000
2014	0. 366 ***	2. 994	0. 003	0. 555 ***	3. 910	0. 000	0. 663 ***	4. 468	0. 000
2015	0. 276 **	2. 016	0. 044	0. 647 ***	4. 375	0. 000	0. 723 ***	4. 879	0. 000
2016	0. 276 **	2. 013	0. 044	0. 514 ***	3. 544	0. 000	0. 665 ***	4. 496	0. 000
2017	0. 343 **	2. 442	0. 015	0. 494 ***	3. 470	0. 001	0. 572 ***	3. 892	0. 000
2018	0. 331 **	2. 382	0. 017	0. 587 ***	4. 041	0. 000	0. 676 ***	4. 583	0. 000

注：***、**、* 分别表示变量在 1%、5%、10% 的水平上显著。

6.2.4　实证结果及分析

（1）高校、科研机构对企业创新水平的影响

前一章对集群中三类创新主体的溢出效应和空间溢出效应进行了理论分析，而本章在数据可得的情况下，以长三角地区城市的行政区划设定制造业集群边界，将高校和科研机构对企业创新水平的影响进行计量经济分析。为避免 OLS 对空间计量模型的结果造成偏差，本章选择最大似然估计进行分析（MLE），并分别列出三个空间计量模型的估计结果，具体结果见表 6.4。从 LR 结果可知，空间杜宾模型不能退化到空间自回归模型和结构方程模型，所以下文主要讨论 SDM 模型的回归结果。

表 6.4　高校、科研机构对企业创新水平影响的实证结果

解释变量	OLS	SAR	SEM	SDM
C&U	0. 2363 *** （5. 80）	0. 1357 *** （4. 10）	0. 0873 ** （2. 25）	0. 0980 *** （2. 76）
INS	0. 0340 （1. 04）	0. 0729 *** （2. 83）	0. 0773 *** （3. 04）	0. 0617 ** （2. 39）

续表

解释变量	OLS	SAR	SEM	SDM
HUM	1.2791 *** (7.27)	0.9632 *** (6.70)	0.5855 *** (4.36)	0.9467 *** (6.70)
INTER	0.1207 (1.18)	0.1237 (1.55)	0.1601 ** (2.09)	0.1228 (1.60)
TRA	0.0017 (1.20)	0.0016 * (1.68)	0.0001 (0.12)	0.0016 (1.44)
TELE	0.2057 (1.09)	0.4047 *** (3.30)	0.4070 *** (2.73)	0.1939 (1.37)
POP	1.1224 *** (3.73)	0.6944 *** (3.03)	0.2450 (1.02)	0.8301 *** (3.44)
OPEN	0.7228 *** (3.36)	0.3893 *** (2.75)	0.3059 (1.52)	0.2642 (1.53)
W * C&U				0.1462 ** (2.59)
W * INS				− 0.0562 (− 1.09)
P		0.5936 *** (13.32)		0.4287 *** (6.99)
Λ			0.9026 *** (41.61)	
σ^2		0.0801 *** (11.72)	0.0858 *** (11.36)	0.0729 *** (11.78)
Likelihood		− 58.6535	− 98.2453	− 38.1113
Obs	286	286	286	286
R^2	0.9645	0.6261	0.5888	0.5977
LR − lag	41.08 ***			
LR − error	120.27 ***			

注: *** 、 ** 、 * 分别表示变量在1%、5%、10%的水平上显著。

　　表 6.4 的估计结果显示，高校和研究机构对企业的创新水平贡献很大，高校和科研机构的创新水平每增加 1 个单位，对企业的创新水平分别有 0.0980 个和 0.0617 个单位的贡献。在控制变量中，人力资本每增加 1%，当地企业的创新水平就会增加 0.9467%，这说明高端人力资本是促进企业创新水平的一个重要因素。城市规模的扩大也会对企业的创新水平产生显著影响，这一结果表明，目前长三角地区大城市的企业创新水平正在迅速提高；其他控制变量不会对当地企业的创新水平产生显著影响。

　　空间自回归系数（ρ）通过了 1% 的显著性检验，为 0.4287，表明长三角地区不同城市的企业创新水平存在明显的空间依赖。表 6.4 同时报告了高校和科研单位对企业创新水平的溢出效用，但考虑到前文讨论的空间效应，估计结果并不可靠。因此，参照 LeSage 方法，本章将空间杜宾模型的结果细致划分为直接和间接效应，结果见表 6.5。

表 6.5　　　　　　　　　　SDM 模型分解效应的实证结果

	C&U	INS	HUM	INTER	TRA	TELE	POP	OPEN
直接效应	0.1219 *** (3.37)	0.0569 ** (2.08)	1.0686 *** (7.49)	0.1071 (1.33)	0.0022 ** (2.11)	0.1976 (1.34)	1.0888 *** (4.10)	0.3569 ** (2.05)
间接效应	0.3151 *** (3.87)	-0.0493 (-0.55)	1.4967 *** (3.85)	-0.2028 (-0.66)	0.0088 *** (3.01)	-0.0659 (-0.18)	3.3704 *** (4.31)	1.3469 *** (3.22)
总效应	0.4370 *** (4.76)	0.0076 (0.07)	2.5652 *** (5.51)	-0.0957 (-0.28)	0.0110 *** (3.48)	0.1318 (0.31)	4.4592 *** (4.82)	1.7038 *** (3.88)

　　注：***、**、* 分别表示变量在 1%、5%、10% 的水平上显著。

　　表 6.5 的直接效应结果显示，高校和研究机构的创新水平的直接效应系数分别为 0.1219 和 0.0569，表明长三角地区的企业从同城的高校和科研单位吸收创新成果的能力日益提升，集群内部

由研到产的传导较为顺畅；间接效应的结果显示，高校创新水平每提高 1 个单位，周边城市企业创新水平将显著提高 0.3151 个单位，高校创新水平通过长三角地区城市间的知识外溢促进周边城市企业的创新水平的提升，但科研单位对相邻城市企业的创新水平没有显著影响，说明科研单位更多地作用于同一城市企业，区域间合作尚显不足，没有显著的空间溢出效应。

（2）科研机构、企业对高校创新水平的影响

以高校为基础的知识创新处于整个创新链的最前沿，主要涉及理论知识和研究方法的基础研究。为了保证实证研究的准确性和一致性，所使用的方法和控制变量与以前的工作基本一致，其中，LR – 滞后和 LR – 误差统计量分别为 28.00 和 54.02，均通过 1% 的显著性检验，说明空间杜宾模型不可退化，结果显示在表 6.6 中。

表 6.6　　科研机构、企业对高校创新水平影响的实证结果

解释变量	OLS	SAR	SEM	SDM
INS	0.1858 *** (3.94)	0.1818 *** (4.43)	0.1766 *** (3.91)	0.1735 *** (4.15)
ENT	0.5168 *** (5.80)	0.3906 *** (5.20)	0.5849 *** (7.73)	0.2440 ** (2.50)
HUM	− 0.1588 (− 0.55)	− 0.1205 (− 0.48)	− 0.1139 *** (− 0.43)	− 0.0952 (− 0.38)
INTER	0.0623 (0.41)	0.1098 (0.84)	0.0759 (0.55)	0.1513 (1.20)
TRA	0.0063 *** (3.05)	0.0033 ** (2.07)	0.0027 (1.56)	0.0027 (1.49)
TELE	− 1.1578 *** (− 4.28)	− 0.9770 *** (− 5.04)	− 0.8121 *** (− 3.79)	− 1.1658 *** (− 5.23)

续表

解释变量	OLS	SAR	SEM	SDM
POP	−0.4816 (−1.05)	−0.2445 (−0.67)	0.1927 (0.50)	−1.0599 *** (−2.62)
OPEN	0.5196 (1.60)	0.7899 *** (3.60)	1.1732 *** (5.01)	0.3429 (1.20)
W * INS				0.2398 *** (2.90)
W * ENT				0.3213 ** (2.35)
P		0.3978 *** (6.50)		0.2447 *** (3.39)
Λ			0.2662 *** (3.36)	
σ^2		0.2131 *** (11.81)	0.2387 *** (11.86)	0.1982 *** (11.89)
Likelihood		−190.4102	−203.4205	−176.4126
Obs	286	286	286	286
R^2	0.9607	0.6490	0.7369	0.0697
LR − lag	28.00 ***			
LR − error	54.02 ***			

注：***、**、* 分别表示变量在1%、5%、10%的水平上显著。

表6.6中的SDM估计结果显示，科研机构、企业均显著地提升了本地高校的创新水平，研究机构和企业的创新水平外溢系数分别为0.2398和0.3213，均通过了p检验，空间自回归系数（ρ）也显著为正，说明长三角地区的科研机构和企业可以通过空间溢出效应提升周边地区高校的创新水平。如上节所述，为了避免空间效应导致拟合结果出现偏差，对空间杜宾模型的估计结果

进行了进一步分解，分解后的回归结果见表 6.7。

表 6.7   SDM 模型分解效应的实证结果

	INS	ENT	HUM	INTER	TRA	TELE	POP	OPEN
直接效应	0.1927 *** (4.49)	0.2623 *** (2.84)	-0.1197 (-0.48)	0.1612 (1.28)	0.0029 * (1.67)	-1.1945 *** (-5.43)	-1.1532 *** (-2.66)	0.3694 (1.27)
间接效应	0.3688 *** (3.62)	0.4840 *** (3.22)	-1.1167 ** (-2.16)	0.2326 (0.60)	0.0037 (0.96)	-0.8200 * (-1.91)	-2.5830 ** (-2.69)	0.6555 (1.13)
总效应	0.5615 *** (4.87)	0.7464 *** (4.87)	-1.2364 * (-1.88)	0.3937 (0.91)	0.0066 (1.60)	-2.0144 *** (-4.16)	-3.7362 *** (-3.14)	1.0249 * (1.73)

注：***、**、* 分别表示变量在 1%、5%、10% 的水平上显著。

表 6.7 的回归分析结果显示，科研机构的创新水平每增加 1 个单位，本市高校的创新水平就会增加 0.1927 个单位，邻近城市的创新水平就会增加 0.3688 个单位。这表明，研究机构在提高城市高校创新水平的同时，也通过溢出效应对提高邻近城市高校的创新水平作出了巨大贡献。位于创新链末端的企业创新水平的直接效应和溢出效应的系数分别为 0.2623 和 0.4840，且均满足 1% 的显著性检验，表明长三角地区的企业能够对处于创新链前沿以高校为主体的创新起到很好的反馈，对提高本市及周边城市高校的创新水平影响深远。

（3）企业、高校对科研机构创新水平的影响

科研机构在高校与企业的创新水平方面扮演着承上启下的角色。表 6.8 中的 LR – lag 检验结果显示，LR – lag 和 LR – error 均显著为正，因此拒绝了 SDM 模型可能变成 SAR 或 SEM 模型的初始假设，本节继续选择 SDM 模型进行实证研究。

表 6.8　企业、高校对科研机构创新水平影响的实证结果

解释变量	OLS	SAR	SEM	SDM
ENT	0.1298 (1.04)	0.2267 ** (2.21)	0.2542 ** (2.42)	0.3332 ** (2.49)
C&U	0.3240 *** (3.94)	0.3255 *** (4.33)	0.3399 *** (4.49)	0.3077 *** (3.89)
HUM	− 0.7024 * (− 1.86)	− 0.7219 ** (− 2.08)	− 0.7285 ** (− 2.08)	− 0.3935 (− 1.15)
INTER	0.2754 (1.39)	0.2061 (1.14)	0.2035 (1.13)	0.1260 (0.73)
TRA	− 0.0059 ** (− 2.14)	− 0.0060 *** (− 2.76)	− 0.0062 *** (− 2.82)	− 0.0059 ** (− 2.42)
TELE	1.0678 *** (2.94)	1.2528 *** (4.53)	1.3011 *** (4.66)	0.9428 *** (2.99)
POP	− 0.6412 (− 1.06)	− 0.4529 (− 0.87)	− 0.3341 (− 0.66)	− 0.1020 (− 0.18)
OPEN	− 0.5657 (− 1.32)	− 0.3645 (− 1.17)	− 0.2492 (− 0.79)	− 0.0662 (− 0.17)
W ∗ ENT				− 0.3110 (− 1.62)
W ∗ C&U				0.2854 ** (2.23)
P		0.1127 (1.46)		0.0308 (0.36)
A			0.0817 (0.88)	
α^2		0.4103 *** (11.94)	0.4128 *** (11.95)	0.3727 *** (11.96)
Likelihood		− 278.8442	− 279.5090	− 264.7255

续表

解释变量	OLS	SAR	SEM	SDM
Obs	286	286	286	286
R^2	0.9367	0.5462	0.5772	0.7108
LR – lag	28.24 ***			
LR – error	29.57 ***			

注：*** 、** 、* 分别表示变量在1%、5%、10%的水平上显著。

表 6.8 的估计结果显示，ENT 和 C&U 项的估计系数均显著为正，表明高校和企业对位于同一城市科研机构的创新水平有良好的催化作用。W∗ENT 项的系数不显著，表明企业和科研机构之间的合作尚未建立，双方的良好协同互动尚未形成。W∗C&U 项的系数为 0.2854，通过 5% 的显著性检验。这表明，提高高校的创新水平会大大增加邻近城市的研究机构的创新水平。在此基础上，对空间杜宾模型的结果进行了进一步分解，具体结果见表 6.9。

表 6.9　　　　　　　SDM 模型分解效应的实证结果

	ENT	C&U	HUM	INTER	TRA	TELE	POP	OPEN
直接效应	0.3362 ** (2.46)	0.3061 *** (4.02)	– 0.3682 (– 1.10)	0.1243 (0.73)	– 0.0058 ** (– 2.51)	0.9616 *** (3.13)	– 0.0513 (– 0.09)	– 0.0829 (– 0.21)
间接效应	– 0.3005 (– 1.54)	0.3054 ** (2.43)	– 0.7758 (– 1.42)	0.0675 (0.16)	0.0003 (0.07)	1.2909 *** (2.66)	2.6584 ** (2.41)	– 1.2536 * (– 1.81)
总效应	0.0357 (0.19)	0.6115 *** (4.74)	– 1.1440 * (– 1.66)	0.1918 (0.42)	0.0056 (– 1.31)	2.2526 *** (4.39)	2.6070 * (1.92)	– 1.3365 ** (– 2.08)

注：*** 、** 、* 分别表示变量在1%、5%、10%的水平上显著。

表 6.9 的估计结果显示，企业和高校的创新水平每增加 1 个单位，同一城市科研机构的创新水平将分别增加 0.3362 个和

0.3061 个单位。尚未发现企业对邻近城市的科研机构产生显著的间接效应，高校创新水平每增加 1 个单位，周边城市科研机构的创新水平增加 0.3054 个单位。

综上所述，本章利用长三角一体化的 26 个城市的行政区划来处理各自的生产集群边界，并从实证实验中得出以下结论：首先，一个发明主体的发明潜力受同一集群内其他两类发明主体的显著影响，表明同一集群内的企业、高校和科研机构在创新领域具有密切的合作创新关系，长三角地区全面实现集群内协同创新指日可待。其次，基于高校的知识创新环节处于整个创新链的最前沿，通过地理外溢，增强了附近集群科研机构和组织的发明技能，并获得了显著的正反馈。最后，长三角地区科研院所创新水平的提升尚未对周边集群企业的创新潜力产生显著影响，企业创新对邻近集群科研院所创新潜力的影响是同样如此，即产研之间的交流是不充分的。

6.2.5　稳健性检验

在前面的研究中，本书将每个城市（集群）产学研不同创新行动者的专利授权数量作为其创新水平的衡量指标。但是"发明专利"与"外观设计专利"在创新上的工作量存在很大的差距，因此按照创新工作量的大小给这三种专利类型赋予不同的权重，以突出创新工作量之间的差异，从而检验之前实证分析的稳健性。控制变量的选取与模型基本设定均与前文一致，所以不单独示例空间计量模型分解前的回归结果，只介绍空间杜宾模型分解后的估计结果。

表 6.10 的回归结果显示，三类创新主体的直接效应系数只是数值大小有所不同，方向与通过的显著性水平均与前述结果相同。这说明长三角地区城市内部不同创新行为体通过创新因素和其他

因素的交流共建，成功实现了知识的扩散和共享，表明了实证分析结果的稳健性。间接效应的结果也得到了验证，具体表现为：模型 1 显示，由于空间溢出效应，一个集群的高校创新水平的提高会大大增加邻近集群企业的创新水平，而研究机构的间接效应项的系数不显著。模型 2 显示，企业和研究机构的创新水平每增加 1 个单位，相邻城市高校的创新水平就会增加 0.5448 与 0.2598；模型 3 显示，高校的创新水平每增加 1 个单位，相邻城市研究机构的创新水平就会增加 0.3609，而企业的创新水平对相邻城市科研机构的创新水平没有显著推动作用。稳健性检验的结果与前文基准回归结果保持一致，无论是直接选择每个企业的专利总数，还是考虑到不同类型专利的差异，调查结果都没有变化，这证明了本章提出模型的稳健性。

表 6.10　　　　　　　　　稳健性检验结果

解释变量	模型 1 – 企业创新水平		模型 2 – 高校创新水平		模型 3 – 科研机构创新水平	
	直接效应	间接效应	直接效应	间接效应	直接效应	间接效应
ENT			0.3059 *** (3.47)	0.5448 *** (3.96)	0.3491 ** (2.48)	− 0.2624 (− 1.20)
C&U	0.1625 *** (4.20)	0.4013 *** (4.87)			0.3892 *** (4.54)	0.3609 ** (2.29)
INS	0.0446 * (1.74)	− 0.0838 (− 1.10)	0.1774 *** (5.00)	0.2598 *** (3.21)		
HUM	0.9337 *** (6.24)	1.2083 *** (3.13)	− 0.1847 (− 0.79)	− 0.8860 * (− 1.94)	− 0.4162 (− 1.17)	− 1.5608 *** (− 2.74)
INTER	0.1055 (1.26)	− 0.1988 (− 0.65)	0.1004 (0.83)	0.1576 (0.44)	0.1761 (0.93)	0.2033 (0.39)
TRA	0.0017 * (1.63)	0.0075 *** (2.56)	0.0032 * (1.92)	0.0023 (0.65)	0.0069 *** (− 2.71)	0.0004 (0.07)

解释变量	模型 1 - 企业创新水平		模型 2 - 高校创新水平		模型 3 - 科研机构创新水平	
	直接效应	间接效应	直接效应	间接效应	直接效应	间接效应
TELE	0.2282 (1.48)	- 0.0655 (- 0.19)	- 1.2026 *** (- 5.66)	- 0.4659 (- 1.20)	1.1459 *** (3.50)	1.1259 ** (1.97)
POP	1.1421 *** (4.10)	2.6329 *** (3.45)	- 1.4421 *** (- 3.53)	- 2.3034 *** (- 2.66)	0.1413 (0.22)	0.0189 (0.15)
OPEN	0.3000 * (1.64)	1.2630 *** (2.99)	0.1845 (0.66)	0.3181 (0.58)	- 0.0446 (- 0.10)	- 1.3848 * (- 1.68)

注：***、**、* 分别表示变量在 1%、5%、10% 的水平上显著。

6.2.6　内生性检验

在前面的研究中，基于产学研这三类创新主体，建立了一个空间杜宾模型，分别考察集群城市内部和集群城市之间三类创新主体的协同创新效应并进行了稳健性检验，得到了一致的估计结果，基本上证明本章研究成果的可靠性。然而，鉴于这三类创新主体在现实情况下可能存在双向因果关系，导致模型估计存在内生，本节将进一步构建空间面板联立方程模型，使用广义空间三阶段最小二乘法（GS3SLS）对内生性问题进一步检验。

从统计学的角度来看，某独立方程的回归，就是选择一个被解释变量作为研究对象，去寻找多个与其相关的变量，这可以科学地解释想要回答的许多经济问题。然而，这种方法更适用于解决一些单向的因果关系，而实际生活和现实经济系统的运行是庞大复杂的。例如系统中的三类行为者产学研之间两两相互影响，企业创新水平不可避免的同时受到高校和科研机构的影响，并将对两者产生反馈效应；这种影响不仅在同一集群内部发生，跨集群也会产生创新水平之间的影响，比如集群 A 的企业创新水平会受到邻近集群 B 中的高校和科研机构影响。考虑到以上问题，本节构建空间面板联立方程模型以期解决双向因果关系，如公式 (6.9) ~ 公式 (6.11) 所示。

$$
\begin{cases}
\text{ENT}_{it} = \alpha_0 + \alpha_1 \cdot W_{ij} \cdot \text{ENT}_{it} + \alpha_1 \cdot W_{it} \cdot \text{C\&U}_{it} \\
\qquad + \sum_{i=1}^{6} \gamma_i \text{Controls}_{it} + \varepsilon_{it} \\
\text{C\&U}_{it} = \beta_0 + \beta_1 \cdot W_{ij} \cdot \text{C\&U}_{it} + \beta_2 \cdot W_{ij} \cdot \text{ENT}_{it} \\
\qquad + \sum_{i=1}^{6} \gamma_i \text{Controls}_{it} + \varepsilon_{it}
\end{cases}
\tag{6.9}
$$

$$
\begin{cases}
\text{C\&U}_{it} = \alpha_0 + \alpha_1 \cdot W_{ij} \cdot \text{C\&U}_{it} + \alpha_2 \cdot W_{it} \cdot \text{INS}_{it} \\
\qquad + \sum_{i=1}^{6} \gamma_i \text{Controls}_{it} + \varepsilon_{it} \\
\text{INS}_{it} = \beta_0 + \beta_1 \cdot W_{ij} \cdot \text{ISN}_{it} + \beta_2 \cdot W_{ij} \cdot \text{C\&U}_{it} \\
\qquad + \sum_{i=1}^{6} \gamma_i \text{Controls}_{it} + \varepsilon_{it}
\end{cases}
\tag{6.10}
$$

$$
\begin{cases}
\text{INS}_{it} = \alpha_0 + \alpha_1 \cdot W_{ij} \cdot \text{INS}_{it} + \alpha_2 \cdot W_{it} \cdot \text{ENT}_{it} \\
\qquad + \sum_{i=1}^{6} \gamma_i \text{Controls}_{it} + \varepsilon_{it} \\
\text{ENT}_{it} = \beta_0 + \beta_1 \cdot W_{ij} \cdot \text{ENT}_{it} + \beta_2 \cdot W_{ij} \cdot \text{INS}_{it} \\
\qquad + \sum_{i=1}^{6} \gamma_i \text{Controls}_{it} + \varepsilon_{it}
\end{cases}
\tag{6.11}
$$

为确保实证结果的可靠性和有效性，产学研三类主体创新水平的确定及控制变量的选取与前述工作保持一致，W_{ij} 仍为经济地理权重矩阵，鉴于"联立内生性"和"空间相关性"可能会影响空间联立方程模型估计结果的准确性，本节采用广义空间三阶段最小二乘法（GS3SLS）实证检验系统三类主体创新水平的外溢效应。具体操作如下：首先，充分考虑回归过程的"联立内生性"，将所有解释变量和空间滞后项作为工具变量，利用 2SLS 获得残差；其次，由于在第一步寻找残差时忽略了扰动项的空间自相关，得到的估计并非最佳，因此用 GMM 方法估计残差的空间自回归，并通过 "空间 Cochran – Orcutt 变换" 消除空间自相关产生的偏差；最后，为了获得真正有效的结果，使用 2SLS 方法对处理后的方程再次进行计量分析。

表 6.11 展示了回归分析结果，首先，在去除内生性问题后，模型 4 ~ 6 中直接效应项的系数显示，同一集群内两类不同创新主体之间均表现出了显著的促进作用，这也与知识溢出相一致，长江三角地区优势互补，协同创新向前发展。其次，空间杜宾模型和空间 GMM 模型均显示，企业和科研机构在跨城市多主体协同创新中尚未有统计意义上的促进作用。间接效应的系数仍然小于企业与高校、高校与科研机构之间的回归系数，这再次证实了企业与科研机构在城市间协同创新过程仍有较大潜力。在考虑内生性问题后，所得结果与前文一致，再次确认了本章所建立的模型的稳健性。

表 6.11　空间面板联立方程的回归结果

解释变量	模型 4 企业 – 高校		模型 5 高校 – 科研机构		模型 6 科研机构 – 企业	
	企业	高校	高校	科研机构	科研机构	企业
ENT		1.16605 *** (10.19)			1.26916 *** (8.09)	
C&U	0.71209 *** (10.10)			0.72153 *** (6.61)		
INS			0.96127 *** (11.80)			0.91966 *** (7.14)
W * ENT		0.00034 *** (7.90)			0.00018 *** (6.32)	

续表

解释变量	模型4 企业-高校		模型5 高校-科研机构		模型6 科研机构-企业	
	企业	高校	高校	科研机构	科研机构	企业
W * C&U	0.00036 *** (10.98)			0.00023 *** (4.48)		
W * INS			0.00028 *** (4.08)			0.00021 *** (7.58)
Controls	Yes	Yes	Yes	Yes	Yes	Yes
F - test	202.18 ***	239.78 ***	194.66 ***	218.75 ***	127.53 ***	246.61 ***
Likelihood	-363.4628	-434.6329	-425.9779	-407.9743	-470.9772	-413.5164
Obs	286	286	286	286	286	286
R^2	0.7417	0.7849	0.7975	0.8352	0.7439	0.8293

注：***、**、*分别表示变量在1%、5%、10%的水平上显著。

6.3 制造业集群政府参与协同技术创新效应分析

区域创新体系不仅受到产学研三类创新主体协同创新的影响，而且还受到政府的管理和帮扶的影响。一方面，产学研三类创新主体的需求和目标不同，这需要中央政府和地方政府充分考虑各方利益诉求，联手制定精细化政策。政府可以最大限度地激发三类直接参与者的潜能，促进整个系统的顺利运作，使他们能够实现各自的创新目标。另一方面，政府领导统筹整个区域的创新行为，要用前瞻视野制定完整的区域创新发展战略，把握产学研三类主体的发展方向。因此，政府事无巨细地操持着开展创新行为所需的政策法规、基础设施建设、未来发展方向及创新主体相互协调等支撑作用。基于此本章将详细研究政府对产学研协同创新水平的影响，选择双边随机前沿模型来评估政府的激励和抑制作用，阐明政府在产学研协同创新中能够发挥的作用，旨在为提升创新水平促进区域经济发展提供理论依据和相关建议。

6.3.1 双边随机前沿模型的设定

本节将借鉴 KUMBHAKAR 和 CHRISTOPHER 的方法，构建双边随机前沿模型，分别测量政府可能产生的激励与抑制效应，以便更清楚直观地识别和分解政府在系统中的作用，分解公式如式（6.12）所示。

$$\mathrm{inno}_{it} = i(x_{it}) + \xi_{it}, \ \xi_{it} = \omega_{it} - u_{it} + \varepsilon_{it} \qquad (6.12)$$

其中，$i(x_{it}) = \lambda x_{it}$，$\lambda$ 为特征变量估计参数，x_{it} 为考察样本的特征变量，为了保证和前一章实证的一致性，该部分的特征变量与前文控制变量的设定保持一致，分别为人力资本（HUM）、互联网发展程度（INTER）、交通通达（TRA）、信息通信（TELE）、城市规模（POP）和经济开放度（OPEN）。$i(x_{it})$ 为前沿城市产学研协同创新水平，即在影响产学研协同创新水平的因素确定时的城市协同创新水平；ξ_{it} 为复合残差项，其中 ω_{it} 表示政府对产学研协同创新水平的激励效应，且 $\omega_{it} \geq 0 u_{it}$；$u_{it}$ 则表示政府对创新水平的抑制效应，u_{it} 的取值范围同样大于等于 0；ε_{it} 为随机误差项。

式（6.12）政府会对产学研协同创新产生激励与抑制双重作用，一般而言，复合残差项 ξ_{it} 并不为 0，这也就导致 OLS 模型的估计结果存在有偏性，因此使用 MLE 法得到的回归结果更加真实有效。因为 ω_{it} 与 u_{it} 均具有单边分布的特征，我们假设其均服从指数分布，即 $\omega_{it} \sim i.i.d.\ \mathrm{EXP}(\sigma_\omega, \sigma_\omega^2)$、$u_{it} \sim i.i.d.\ \mathrm{EXP}(\sigma_u, \sigma_u^2)$，$\varepsilon_{it}$ 则服从正态分布，即 $\varepsilon_{it} \sim i.i.d.\ \mathrm{N}(0, \sigma_\varepsilon^2)$，且误差项之间相互独立，与六个特征变量 X_{it} 之间不存在相关关系。根据上述假设，进一步计算得到式（6.13）的复合残差项 ξ_{it} 概率密度函数。

$$f(\xi_{it}) = \frac{\exp(\alpha_{it})}{\sigma_u + \sigma_w}\Phi(\Upsilon_{it}) + \frac{\exp(\beta_{it})}{\sigma_u + \sigma_\omega}\int_{\eta_{it}}^{\infty}\phi(Z)\,\mathrm{d}z$$

$$= \frac{\exp(\alpha_{it})}{\sigma_u + \sigma_w}\Phi(\Upsilon_{it}) + \frac{\exp(\beta_{it})}{\sigma_u + \sigma_\omega}\phi(\eta_{it}) \qquad (6.13)$$

在式（6.13）中，$\Phi(\cdot)$ 与 $\phi(\cdot)$ 分别为标准正态分布下的累积分布函数与概率密度函数，具体参数设定如式（6.14）所示。

$$\alpha_{it} = \frac{\sigma_v^2}{2\sigma_\omega^2} + \frac{\xi_i}{\sigma_\omega} \quad \gamma_{it} = \frac{\xi_i}{\sigma_v} + \frac{\sigma_v}{\sigma_u} \quad \beta_{it} = \frac{\sigma_v^2}{2\sigma_u^2} + \frac{\xi_i}{\sigma_u} \quad \eta_{it} = \frac{\xi_i}{\sigma_v} + \frac{\sigma_v}{\sigma_\omega} \qquad (6.14)$$

在此基本上得到式（6.15）所示的对数似然函数，其中 $\theta = [\beta, \sigma_v, \sigma_w, \sigma_u]$ 为待估计参数，n 为样本数。

$$\ln L(X;\theta) = -n\ln(\sigma_u + \sigma_\omega) + \sum_{i=1}^{n}\ln\left[e^{\alpha_{it}}\Phi(\gamma_{it}) + e^{\beta_{it}}\Phi(\eta_{it})\right]$$

$$(6.15)$$

本部分的研究目标是探讨政府对集群产学研协同创新水平的激励效应与抑制效应，因此进一步计算 ω_{it} 和 u_{it} 的条件密度函数，分别如式（6.16）和式（6.17）所示，其中 $\lambda = \frac{1}{\sigma_u} + \frac{1}{\sigma_\omega}$。

$$f(\omega_{it} \mid \xi_{it}) = \frac{\lambda\exp(-\lambda\omega_{it})\Phi(\omega_{it}/\sigma_v + \eta_{it})}{\exp(\beta_{it} - \alpha_{it})\left[\Phi(\eta_{it}) + \exp(\alpha_{it} - \beta_{it})\Phi(\gamma_{it})\right]}$$

$$(6.16)$$

$$f(u_{it} \mid \xi_{it}) = \frac{\lambda\exp(-\lambda u_{it})\Phi(u_{it}/\sigma_v + \eta_{it})}{\Phi(\eta_{it}) + \exp(\alpha_{it} - \beta_{it})\Phi(\gamma_{it})} \qquad (6.17)$$

依据式（6.17），进一步计算 ω_{it} 和 u_{it} 的条件期望：

$$E(\omega_{it} \mid \xi_{it}) = \frac{1}{\lambda} + \frac{\sigma_v\left[\Phi(-\eta_{it}) + \eta_{it}\Phi(\eta_{it})\right]}{\exp(\beta_{it} - \alpha_{it})\left[\Phi(\eta_{it}) + \exp(\alpha_{it} - \beta_{it})\Phi(\gamma_{it})\right]}$$

$$(6.18)$$

当 ω_{it} 或 $u_{it}\omega_{it}u_{it}$ 中任意一项为 0 时，式（6.18）变为单边随机前沿模型；若二者均为 0，则退化为 OLS 模型。

$$E(\omega_{it} \mid \xi_{it}) = \frac{1}{\lambda} + \frac{\exp(\alpha_{it} - \beta_{it})\sigma_{it}[\Phi(-\gamma_{it}) + \eta_{it}\Phi(\eta_{it})]}{\Phi(\eta_{it}) + \exp(\alpha_{it} - \beta_{it})\Phi(\gamma_{it})}$$

$$(6.19)$$

依据式（6.18）和式（6.19）计算出的期望表示政府激励效应与抑制效应导致城市产学研协同创新水平偏离前沿水平的绝对值，式（6.20）和式（6.21）为二者的百分比形式。

$$E(1 - e^{-\omega_{it}} \mid \xi_{it}) = 1 - \frac{\lambda[\Phi(\gamma_{it}) + \exp(\beta_{it} - \alpha_{it})\exp(\sigma_v^2/2 - \sigma_v\eta_{it})\Phi(\eta_{it} - \sigma_v)]}{(1 + \lambda)\exp(\beta_{it} - \alpha_{it})[\Phi(\eta_{it}) + \exp(\alpha_{it} - \beta_{it})\Phi(\gamma_{it})]}$$

$$(6.20)$$

$$E(1 - e^{-u_{it}} \mid \xi_{it}) = 1 - \frac{\lambda[\Phi(\eta_{it}) + \exp(\alpha_{it} - \beta_{it})\exp(\sigma_v^2/2 - \sigma_v\gamma_{it})\Phi(\gamma_{it} - \sigma_v)]}{(1 + \lambda)[\Phi(\eta_{it}) + \exp(\alpha_{it} - \beta_{it})\Phi(\gamma_{it})]}$$

$$(6.21)$$

最终，政府激励效应和抑制效应对城市产学研协同创新水平产生的净效应由上述公式的差值得到，具体计算方式如式（6.22）所示。

$$NE = E(1 - e^{-\omega_{it}} \mid \xi_{it}) - E(1 - e^{-u_{it}} \mid \xi_{it}) = E(e^{-u_{it}} - e^{-\omega_{it}} \mid \xi_{it})$$

$$(6.22)$$

6.3.2　变量选取与数据来源

为了与上一章的实证研究保持一致，本章仍选择长三角城市群 26 个地级市 2008～2018 年的面板数据作为研究样本。目前，产学研协同创新主要通过随机前沿分析法、数据包络分析或选择多个指标构建产学研综合指标体系来衡量，但上述方法在指标选择过程中存在一定的主观性，并可能导致测量结果的差异。因此，本章从联合申请的角度，在每个城市的专利申请数量的基础上，获得至少涉及两类或更多不同申请人的专利数量，即"企业－高校""高校－科研机构""科研机构－企业""企业－高校－科研机构"四种情况。政府的宏观调控和干预功能通常以财政支出在GDP中的比重来衡量，但考虑到并非所有的财政支出都会对创新活动产生影响，本章借助财政支出中科技方面的支出研究政府在系统中发挥的作用。控制变量的选择与上一节相同，原始数据也进行了对数处理以避免异方差。

6.3.3　模型估计与结果分析

（1）实证结果

在本节中，为了更清楚直观地了解政府的激励和抑制效应如何影响产学合作的创新水平，根据上节所述的双边随机前沿模型对样本数据进行了测度，结果见表6.12。模型1是普通最小二乘估计结果，模型2~5是两边随机前沿下 MLE 估计，模型2增加了 $\ln\sigma_u = \ln\sigma_\omega = 0$ 的限制，模型3控制政府因素，以确定政府对产学研协同创新水平的激励和抑制作用，在此基础上，模型4和5逐步控制时间和区域效应。根据最大似然估计的结果，后文选择模型5进行重点分析并进行方差分解。

表6.12　　　　　　　双边随机前沿模型的基本回归结果

解释变量	模型1	模型2	模型3	模型4	模型5
HUM	0.5084 *** (6.54)	0.7064 *** (265.63)	0.7684 *** (13.57)	0.4004 ** (2.04)	0.4293 *** (4.29)
INTER	0.2488 (1.05)	0.1567 *** (65.02)	0.1623 * (1.81)	0.1783 *** (9.58)	0.1337 *** (2.65)
TRA	0.0014 (−0.59)	−0.0028 *** (−32.99)	−0.0031 (−1.61)	−0.0047 *** (−4.75)	−0.0017 (−1.57)

解释变量	模型 1	模型 2	模型 3	模型 4	模型 5
TELE	0. 2325 （1. 37）	0. 2373 *** （25. 66）	0. 1166 （1. 01）	0. 5835 *** （10. 83）	－ 0. 0550 （ － 0. 45）
POP	1. 1436 *** （8. 63）	0. 8001 *** （88. 97）	0. 7104 *** （6. 16）	1. 0012 *** （7. 30）	0. 4833 *** （2. 60）
OPEN	2. 2930 *** （13. 26）	2. 0445 *** （463. 32）	1. 7412 *** （11. 02）	0. 9889 *** （12. 49）	0. 4754 *** （5. 26）
时间固定	No	No	No	No	Yes
地点固定	No	No	No	Yes	Yes
Likelihood	—	－ 357. 8345	－ 341. 2693	－ 223. 2815	－ 197. 6266
Obs	286	286	286	286	286
R^2	0. 8476	—	—	—	—

注： ***　、**　、* 分别表示变量在 1% 、5% 、10% 的水平上显著。

　　模型 5 的基本估计结果显示，人力资本、互联网接入、城市规模大小和经济开放度对产学研协同创新水平有显著促进作用，而交通便利和信息通信对产学研协同创新水平尚无明显影响。

　　总的来说，政府对产学研协同创新水平的抑制作用比较强，政府未能促进产学研协同创新水平。造成这种现象的原因可能是政府扶持激励了各创新主体"短平快"成果产出，对于含金量较高、研发周期较长的长期创新并无助益，二者冲突导致地方政府帮扶政策对创新行为的净效益为负。从影响程度看，随机项总方差 $\sigma_v^2 + \sigma_u^2 + \sigma_\omega^2$ 为 1. 0679，抑制效应占比达到 60. 05% ，远远超过激励效应占比的 39. 95% ，如表 6. 13 所示。综上所述，从影响系数和权重两个指标来看，政府对产学研协同创新水平的限制性影响要大于促进性影响。

表 6.13 方差分解：政府的抑制效应与激励效应

	变量含义	符号	测度系数
政府的创新效应	随机误差项	σ_v	0.0004
	激励效应	σ_ω	0.6532
	抑制效应	σ_u	0.8008
	净效应	$\sigma_w - \sigma_u$	−0.1476
方差分解	随机项总方差	$\sigma_v^2 + \sigma_u^2 + \sigma_w^2$	1.0679
	总方差中激励和抑制效应共同影响比重	$(\sigma_u^2 + \sigma_w^2)/(\sigma_v^2 + \sigma_u^2 + \sigma_w^2)$	1
	激励效应比重	$\sigma_w^2/(\sigma_u^2 + \sigma_w^2)$	0.3995
	抑制效应比重	$\sigma_u^2/(\sigma_u^2 + \sigma_w^2)$	0.6005

为细致分析政府扶持产生的正向负向影响对长三角地区产学研协同创新的影响，本章对政府的两种效应进行了额外的单边效应估计，结果见表 6.14。结果显示，政府扶持的正向影响促进协同创新水平平均高于前沿创新水平 18%，政府扶持负向抑制协同创新水平落后于前沿创新水平 32%，在这两个因素的综合作用下研究主体创新水平会负向偏离前沿创新水平 13%。表 6.14 的后三列显示了政府正向和负向作用机制对产学研创新水平的影响的四分位数，据 Q1 结果看，1/4 的城市拥有相对良好的创新体系和强大的创新水平，协同创新水平增加了 5%，而 Q3 的结果显示，1/4 集群的产学研创新水平下降 36%，这些城市缺乏领先的公司和先进的研究和创新基础设施，受到政府扶持政策的影响，没有内生创新激励，不能实现创新水平的真正提高。

表 6.14　　政府正向和负向作用机制对产学研协同创新水平的评估

变量	均值	标准差	Q1	Q2	Q3
政府激励效应	0.18	0.12	0.13	0.14	0.17
政府抑制效应	0.32	0.26	0.12	0.16	0.49
净效应	-0.13	-0.32	0.05	-0.05	-0.36

注：Q1、Q2 和 Q3 分别表示第 1、2、3 四分位数，下同。

（2）稳健性检验

为了保证测量结果的科学，本章从年度特征和集群特征两个方面对评估的净影响进行稳健性检验。表 6.15 结果显示，政府正向与负向作用机制的交互项对产学研协同创新水平的平均净效应在 -1% ~ -30%，而且逐年增加。对四分位数结果的进一步分析表明，2008 ~ 2010 年第一四分位数（Q1）集群对产学合作创新水平的净影响为零，而从 2011 年起，政府对产学研协同创新激励效果明显，且稳中有升；2008 ~ 2014 年第二分位数（Q2）对产学研协同创新水平有负面影响，但抑制作用逐年减少，从 2015 年起正向影响与负向影响相互抵消，净效应为 0；集群产学研协同创新水平净效应的第三分位数（Q3）为负值，其负效应同样随着年份增加逐渐降低，充分说明政府对集群产学研合作创新水平的正向作用逐年增强。这一部分的估计结果与前述结论大体一致，从而有效地证明了之前工作的可重复性。

首先，虽然政府没有直接参与创新过程，但不可否认其在这个系统中的重要作用，政府帮扶对产学研协同创新水平有着深远的影响。其次，虽然"创新是引领发展的第一动力"理念逐渐深入人心，但中国大多数企业、高校及科研机构仍处于创新模仿阶段，自主创新能力仍旧薄弱，政府的帮扶尤为关键。值得一提的是，地方政府一般会倾向于支持"短平快"的研发项目，资金流向不利于产学研三类创新主体长期发展的创新领域，这最终会影响到其创新水平。

表 6.15　　　　　政府对产学研协同创新水平影响的年份特征

年份	均值	标准差	Q1	Q2	Q3
2008	-0.30	0.36	0.00	-0.27	-0.60
2009	-0.23	0.37	0.00	-0.23	-0.52
2010	-0.25	0.32	0.00	-0.27	-0.55
2011	-0.17	0.37	0.07	-0.04	-0.46
2012	-0.18	0.34	0.02	-0.13	-0.35
2013	-0.12	0.33	0.03	-0.05	-0.32
2014	-0.07	0.29	0.11	-0.01	-0.16
2015	-0.06	0.22	0.07	0.00	-0.21
2016	-0.03	0.28	0.14	0.00	-0.20
2017	-0.06	0.26	0.14	0.00	-0.13
2018	-0.01	0.29	0.19	0.00	-0.14

资料来源：笔者计算所得。

　　鉴于长三角地区各省（市）之间的创新水平也存在较大差异，在按年度定量分析政府对产学研协同创新水平的影响后，分别测算了该地区 26 个地级市的净效益，如表 6.16 所示。区域分类显示，上海、南京、无锡、南通、苏州、宁波的平均净效益为正，而其余城市的净效益为负。净效益为正的这些城市大多是长三角地区经济发展水平较高的地区，其产学研协同创新能力较强，本次评估结果与前文的研究一致，即这部分创新水平高的城市在政府发挥着正负双重作用的情况下，其协同创新水平仍有一定程度的提高。在其他城市，净收益有不同程度的下降，安徽省的滁州（53%）、铜陵（36%）、池州（34%）和芜湖（33%）的下降程度尤其严重，均超过 30%。如上所述，安徽省大多数城市在经济发展水平、人力资本和科技创新的研发基础设施方面与江苏、浙江和上海有较大差距，上述因素的综合影响造成这些城市高度依赖政府支持，自主创新的积极性不高，城市创新能力缺乏实质上的提高，最终导致创新水平下降。

表 6.16 政府对产学研协同创新水平影响的城市特征

城市	均值	标准差	Q1	Q2	Q3
上海	0.19	0.20	0.32	0.17	0.00
南京	0.01	0.11	0.03	0.00	0.00
无锡	0.04	0.13	0.14	0.00	-0.01
常州	-0.04	0.16	0.09	-0.01	-0.15
南通	0.03	0.25	0.05	-0.02	-0.21
盐城	-0.09	0.37	0.30	-0.03	-0.43
扬州	-0.12	0.22	0.03	-0.12	-0.28
镇江	-0.15	0.23	0.01	-0.18	-0.28
泰州	-0.16	0.20	0.00	-0.15	-0.30
杭州	0.05	0.19	0.15	0.04	-0.13
宁波	0.01	0.21	0.17	0.00	-0.05
嘉兴	-0.05	0.22	0.02	-0.01	-0.26
湖州	-0.20	0.20	0.00	-0.20	-0.29
绍兴	-0.06	0.37	0.30	-0.02	-0.34
金华	-0.14	0.33	0.03	-0.05	-0.39
舟山	-0.29	0.28	-0.02	-0.19	-0.50
台州	-0.17	0.50	0.08	-0.21	-0.58
合肥	-0.01	0.14	0.06	0.00	-0.10
芜湖	-0.33	0.48	0.21	-0.47	-0.84
马鞍山	-0.15	0.20	-0.01	-0.11	-0.35
铜陵	-0.36	0.37	0.02	-0.58	-0.65

续表

城市	均值	标准差	Q1	Q2	Q3
安庆	- 0.30	0.42	0.00	- 0.52	- 0.63
滁州	- 0.53	0.34	- 0.35	- 0.66	- 0.76
苏州	0.02	0.25	0.21	0.06	- 0.14
池州	- 0.34	0.35	- 0.13	- 0.44	- 0.60

资料来源：笔者计算所得。

6.4 本章小结

本章详细阐述了产业集群理论和技术创新系统理论，分析了各创新主体在系统中的功能和地位，厘清了产学研三类主体间的集群（城市）内协同创新和集群（城市）间协同创新相关机理及政府在系统中的引领机制，构建一个经济地理矩阵并利用空间计量模型对长三角地区制造业集群创新体系中的产学研三类行为主体的创新溢出效应进行实证研究。结果显示：第一，长三角地区的产学研合作日益密切，合作广度和深度不断扩大，集群（城市）内的三类创新主体之间形成了相互交织、相互支撑的协同创新体系；第二，对于不同集群（城市）的产学研合作，高校、企业和科研院所之间产生了显著的正向促进；第三，替换变量进行稳健性检验，以及使用空间面板联立方程模型进行估计后，均获得了一致的估计结果，证明了研究结果的科学性。

利用长三角地区 2008～2018 年的城市面板数据，在控制其他情况不变的基础上构建双边随机前沿模型，分别评估政府帮扶对产学研协同创新水平的正向与负向影响，得出以下结论：（1）根据政府激励效应（39.95%）和抑制效应（60.05%）对产学研合作创新水平的综合影响，城市地区的产学研合作创新水平下降了

20.1%，即目前整个长三角地区的政府帮扶行为无法促进提高产学研协同创新水平。（2）时间趋势检验的结果表明，政府扶持对产学研协同创新水平的激励作用逐年增强，2011 年以来部分城市地方政府对产学研协同创新水平的刺激作用强于抑制作用，且促进作用逐年增强。（3）区域异质性结果显示，政府行为对产学研协同创新水平的影响存在显著的区域异质性，其中，上海、南京、无锡、南通、苏州、杭州、宁波等成熟型产业集群（发达城市）的政府扶持净收益显著为正，滁州、铜陵、池州、芜湖等成长型产业集群（发展中城市）政府扶持负向作用更为明显。

第7章

制造业集群主体关系强度
对创新模式选择的影响

借鉴相关研究成果，从以下几个方面研究关系强度、学习方式和创新模式三者之间的关系：首先，研究关系强度与创新模式之间的关系，在此基础上研究关系强度与创新模式之间的相互作用关系；其次，加入学习方式作为中介变量，考察了利用式学习在强关系和渐进式创新当中的运行机制，探索式学习在弱关系与突破式创新当中的运行机制；再次，从动态角度考察了渐进式创新与突破式创新的变化关系；最后，利用收集到的问卷得到的数据来对关系强度、学习方式和创新模式三者运行的机理进行实证检验。

7.1 关系强度与创新模式

关于关系强度与创新模式关系的后续研究大多是起源于社会资本理论（Burt），学者们将关系视为一种社会资本，但是在深入的定量研究中关系又不能被严格理解为社会资本，因而后来的研究中将关系强度看作一种获得社会资本的途径。其实无论是把主体之间的关系看作社会资本还是作为获得所需资源的途径，只要社会资本与主体的创新之间存在影响关系，则说明关系强度对于主体创新模式有可能会有一定程度的影响。从本书第二章节关系强度可视化图谱解析以及前人的相关理论研究发现：主体之间的关系强度对它们选择哪一种创新模式有着重要的影响。企业之间维持适当的关系强度主要的好处或者优势有：获取外部技术资源和信息；分担投资风险；互相联合实现技术互补等。根据前人的研究经验将关系强度分为强、弱关系，创新模式分为渐进式、突破式创新，那么它们之间就必然存在着一一对应的关系。但是究竟何种关系强度更有利于产业集群中最重要的主体——企业的创新模式的选择，进而带动集群整体实现发展和升级，目前还尚未形成定论。

7.1.1　强关系与创新模式

尽管存在以上争议，但是强关系可以给企业带来的好处显而易见。在集群技术创新系统内部强关系最大的优势在信息的传递和共享方面，企业间拥有强关系会使得彼此非常熟悉现有的技术信息，更便于彼此间进行畅通无阻的交流、传达以进入到共享状态（刘寿先，2008）。此外，企业间拥有强关系代表着它们之间强烈的信任感，而信任感作为一种有效的社会治理机制，可以有效避免机会主义的出现（Rowley et al.，2000）。

一方面，强关系与难以传达的、企业所拥有的复杂信息相关。复杂信息通常就是企业的系统性关键核心技术，从基本的社交法则出发不会与关系弱的合作伙伴交流传递，存在着强关系的企业之间在互换这些复杂信息时的动力会比较强（Granovertter，1995）。另外，复杂信息传递需要传递者与接收者之间拥有长时间的接触和共同的知识背景，这使得企业间遇到共同困难联合解决问题时，可以很迅速地一起分析问题、解决问题（Uzzi，1997）。另一方面，信任是反映关系质量的关键元素。企业间的信任主要可以分为对能力和商誉信任两种，其中，能力信任是指企业期望其合作伙伴能够按照预期完成相关活动的一种心理状态，即合作企业之间不仅要信赖对方能够攻克现有技术难关，还有更强大的能力面对未来的技术难关；商誉信任是指在企业没有提出明确的要求情况下，对其合作伙伴利益的关心程度，这个程度越高，它们之间合作的价值就越大（Levin & Cross，2004）。

主体间存在强关系，势必它们接触的频率较高，出于强烈的信任，双方交流沟通过程中会降低保护意识，分享更多更有深度的信息。但是，这些信息往往存在冗余，即双方传递的信息和主体自身所具有的信息高度吻合，这就使得企业间虽然产生了信息交换行为，但很大一部分信息都是企业已有的复杂技术信息。这种高度的感情投入更有利于企业对已有技术的进一步利用，促进企业间深层次的合作和交流，有利于专有技术的深度开发（齐昕等，2019），而企业间强关系会导致彼此的依赖程度很高，形成强烈的认同和信任，降低企业寻找其他合作伙伴的意图，不利于企业探索新领域的技术信息。

基于以上论述，本章提出以下假设：

H7.1：强关系对渐进式创新具有显著正向影响。

H7.2：强关系对突破式创新具有显著负向影响。

7.1.2　弱关系与创新模式

根据格兰诺维特对关系强度的研究，由于弱关系的社会开放性程度较大，不仅很容易形成，而且很容易在不同社会群体之间扮演信息桥梁的角色，从而接触不同的主体获取多样化的、冗余度低的信息。弱关系建立时不需要频繁接触，避免了维持关系所需的时间和资源，达到低成本效果的同时，获取信息的成本相对强关系来说也很低。

首先，弱关系可以大幅度减少取得信息的成本。这一点是相对于强关系而言的，弱关系并不需要主体间频繁的接触，只需要在技术交流时投入特定的成本，而且并不需要为对方提供优惠，这样建立起来的不用维持的关系成本较强关系而言较低。其次，弱关系不存在对特定关系资产投资的风险。弱关系主体间的交换遵从市场化的交易规矩，并不需要关系的承诺，也就不用斥资去维持特定的关系，可以降低主体投资风险。以上两点也引申出弱关系的另外一个特点，弱关系之间传播的信息冗余度较低。弱关系不仅很容易建立，而且主体间接触的频次低，很少受到关系网络的束缚和限制，还可以使得主体更容易保持自我延伸到主体现有的成熟技术创新网络以外，相对独立地搜寻或接触全新的技术信息，实现跨界主体的交流和联系，更容易接触到新的前沿技术，从而提高主体的创新能力。

在技术创新系统中扮演信息桥角色的弱关系便于主体节约时间、降低成本，以便构建更多的关系联结，吸收到更多该主体所需要的低冗余度的信息。一般来说，主体增加弱关系就意味着与不是很熟悉、背景不同、面对技术瓶颈的见解也不尽相同的主体联系，这种非冗余信息的获得，有利于主体保持技术信息的多样性，从而不被原有的技术信息水平所约束，可以突破常规现有的成熟技术，独立地在全新前沿的领域进行探索，完成技术创新（Hansen et al.，1999）。受格兰诺维特弱关系的力量观点启发，伯特（Burt，1992）创造出结构洞理论，其根本思想是与某一主体都有直接联系的两个主体之间没有任何联系，进而形成了结构洞。虽然结构洞中的两个主体间没有信息和资源的交换机会，但是它为与两个主体单方面联系的主体提供了信息资源优势，这种优势可以帮助该主体决定资源的流向，实现信息资源的相互流通，从而形成收益最大化。

基于以上论述，本研究提出以下假设：

H7.3：弱关系对突破式创新具有显著正向影响。

H7.4：弱关系对渐进式创新具有显著负向影响。

7.2　关系强度、学习方式与创新模式的关系

从 20 世纪 70 年代开始就有社会学家做出经典论述，认为集群技术创新系统中主体的关系强度会影响主体间的学习，进而影响技术信息的传递（Granovetter，1973）。随着时间的推移，也有学者做出了实证检验，但是无论是理论还是实证研究均没有能够达成一致意见。目前具有两种极端相对的观点，一种观点会认为主体间的强关系会更有助于学习，另一种则认为主体间的弱关系才会更有助于学习。实际上，在马奇（1991）把学习方式分为探索式和利用式后，关系强度对这两种学习方式就产生了不同的作用机理。

利用式学习通常强调的是对现有信息的开发和利用，存在一个"熟悉陷阱"，主要表现在对现有信息的进一步开发，使得主体容易产生信息僵化问题，难以开启新的研究方向，可能会导致创新效率降低。利用式学习主体相对具有层次分明的等级结构，控制系统和依赖性的文化环境，往往是涉及对现有成熟领域技术的改进。与探索式学习相比，利用式学习的回报周期较短、风险较小且主体获得的回报通常情况下是确定的。在激烈的市场环境中，集群技术创新系统中的主体会趋于产生规避风险的倾向，为了降低投资的风险以及可能带来的创新效率低下等问题，主体更愿意优先就现有领域成熟技术进行改进和完善，而不是选择对全新领域、高风险、回报周期长的前沿技术进行探索。利用式学习通过不断的深挖和提炼，将增强企业在现有产品生产方面的能力，提升技术创新主体的创新水平，但同时也会在一定程度上使主体很

难有突破性的发展。探索式学习对主体的技术创新的作用首先表现为主体在接收到新的信息时，帮助它们发现旧技术存在的问题，增加它们在内部进行技术创造的能力。有学者通过大样本研究发现，在高度的环境不确定情况下，进行有效的探索式学习是必须的（Patel & Pavitt，1997）。另外，当面对新的技术或者新的市场时，创新主体需要新的信息，涉及与以往不同技术的转移，通过探索式学习接近新的技术信息，可以提高主体对信息吸收的能力，为日后对外部信息的消化吸收提供基础。两种学习方式相比，探索式学习存在较高的风险，应在创新主体内的各个部门之间建立风险分散机制，更加注重对研发创新人员长期创新成果的考核，而不是只关注当下的利益，这是对需要承担风险的一线研发创新人员的一种保障。

目前，主体的学习方式对其技术创新模式选择的影响已经得到了学者们的普遍性研究，两种学习方式也不例外（March，1991）。但是，因为这两种学习方式存在一定的自身特点使得它们对主体进行技术创新的模式选择的影响出现差异。利用式学习的本质是对主体现在拥有的能力、资源和范例的提炼和拓展，它的收益是正面的、快速的、可预测的，而探索式学习的本质是用新的技术替代原有的技术，它的收益是不确定的、缓慢的，往往是消极的。按照创新的程度不同，可以将技术创新分为两种模式，其中：渐进式创新是一种对现有成熟的产品或技术进行微小的改进，用于满足已有消费需求的一种创新模式；突破式创新是一种对新的前沿信息或技术进行吸收并运用，用于满足潜在消费需求的一种创新模式。强弱关系都会影响主体的学习，但是会通过对不同的学习方式的影响，进而影响到主体选择技术创新的模式。由于本研究的最终落脚点是产业集群技术创新系统能够产生正向的创新绩效，故而在关系强度与创新模式中间加入两种学习方式时，暂不考虑会产生负向显著影响的路径。

基于上述论述，本章提出以下假设：

H7.5：利用式学习在强关系对渐进式创新的影响中具有显著中介作用。

H7.6：探索式学习在弱关系对突破式创新的影响中具有显著中介作用。

集群技术创新系统主体为了维系自身的竞争力优势，通常需要不断地进行开发和创造。创新主体在接触和学习新的知识或技术的时候，这种行为本身存在巨大的风险和不确定性，但是可以拓宽主体的认知领域，对开发新产品和延伸产业链具有重要作用。有些学者认为主体在创新的过程中，既离不开对新资源的探索，也离不开对已有资源的利用，纯粹的探索式学习是无法满足主体创新的需求的。从上文对两种学习方式辩证的思考来看，创新主体成立之初一定是一个探索式学习的过程，其结果会产生突破式创新，而当创新主体逐渐发展稳定之后，就会利用原先的信息进行下一轮的渐进式创新，同时新一轮的探索式学习又是在利用式学习的基础上进行的，而探索又为下一轮利用提供了基础（赵丰义和唐晓华，2013）。探索式学习包含着冒险和创新，对集群技术创新系统的主体来说，面临的问题是全新的，这些新的信息可以帮助主体用新的方法来处理面临的问题。创新主体通过大胆探索新领域，能够比竞争对手更早进入并向新市场注入新产品。此外，创新主体经常进行探索式学习会改善对新信息或技术吸收的能力，为技术创新积累更多的经验，在这种量变的基础上将会产生质的变化，故而探索式学习的过程将会产生突破式创新。

虽然利用式学习和探索式学习表面是相对立的，但是从哲学角度来看，矛盾是不会消失的，物质永远处于运动的状态，也就是说技术创新的产生是可以从量变慢慢累积并最终发生质变的过程。换句话说，创新主体根据自身在集群技术创新系统中的关系强度更倾向于利用式学习时，刚开始只会产生渐进式的创新，当创新效率达到一定高度时就会产生突破式的创新。而在创新主体成立之初的阶段是一个新的价值创造的机会，当主体探索获得潜在价值后就会逐步转向利用技术进一步创新，而后由于创新效率变低、环境不确定性等因素，又要进行探索式学习，进入全新领域的前沿技术的开发和利用，如此往复循环，才能达成创新主体的可持续发展。这表明利用式学习的创新活动最开始时依赖于管理者的探索式学习的创新活动，在利用式学习不断进行的过程中，当创新效率达到一定高度，创新主体也可以产生突破式创新。

基于上述论述，本章提出以下假设：

H7.7：渐进式创新对突破式创新具有显著正向影响。

7.3　主体关系对创新模式选择影响的理论模型

本章在社会网络理论、学习方式和技术创新理论的基础上，结合前人的相关研究，引入学习方式这个中介变量，探讨了关系强度与创新模式的运行机理，对变量之间的关系做出推演，构造了"关系强度——学习方式——创新模式"的理论模型（见图7.1），为下文的量化检验部分做好理论的铺垫。

在引入学习方式作为中介变量而构建的关系强度与创新模式之间匹配机理的理论模型中，根据上文对六个变量相互之间关系的论述，有三个方面的研究设想：首先，关系强度与创新模式之间的关系表现为强关系有利于渐进式创新不利于突破式创新，弱关系有利于突破式创新不利于渐进式创新；其次，关系强度、学习方式与创新模式之间的机理表现为利用式学习在强关系与渐进式创新当中存在中介效应，探索式学习在弱关系与突破式创新当中存在中介效应；最后，创新模式之间的关系表现为渐进式创新有利于突破式创新的出现。

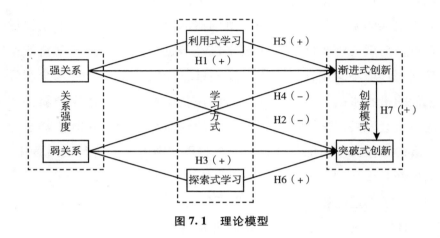

图 7.1　理论模型

7.4　主体关系强度对创新模式
选择影响的实证分析

7.4.1　问卷质量检测

（1）问卷设计

在正式发布问卷之前，课题组成员带着事先准备好的预调研问卷走进了镇江新材料产业园区，在园区负责人总体介绍园区产业发展情况后，课题组成员有针对性地选择了园区内 20 家企业进行了预调研。从一周后反馈回来的结果来看，课题组成员发现了问卷设计过程中的一些漏洞，如受访者不愿意透露所属单位名称、用数字表示受访者接受程度时很容易趋于中立等问题。面对上述问题，课题组对问卷的表述方式做了较大程度的改动，随后，也请了专家学者对修改后的问卷做可行性评估，最终得到正式的问卷。

　　本次调研主要的数据来源是网络问卷调查，在问卷星平台上录入已经设计好的问卷，限定受访者的职位为管理人员或者技术人员，问卷填写地点为江苏省内，行业为制造业。一方面通过向问卷星平台和微信同时发布调研问卷，另一方面通过实地调研现场反馈填写的问卷。根据江苏省的区域经济关系，课题组从苏南、苏中、苏北三个产业发展梯度的经济区域选择了典型制造业集群做调研，这主要是考虑到数据的可获得性，更重要的是苏南、苏中和苏北依次为发达地区、次发达地区和欠发达地区，可以看作江苏省整个经济体的缩影。课题组在 2018 年 5 月至 2018 年 8 月，实地走访了江苏苏州工业园区、江苏镇江新区新材料产业园区以及江苏淮安盐化新材料产业园区。其中，苏州工业园区于 1994 年建立，覆盖近 300 平方千米，全区有 600 多家外资企业，投资来源于数十个国家或地区，企业涵盖 16 个行业，近年来尤其是电子信息技术、医疗器械、新能源产业发展突飞猛进；镇江新材料产业园区经过 20 多年的规划发展，总体的规划面积约 12 平方千米，目前园区内的主导领域主要为高端精细化工和功能性新材料，形成了六大产业链耦合发展的态势；淮安盐化新材料产业园区规划占地已经达到 66.6 平方千米，因其得天独厚的岩盐资源优势，形成了一批销售百亿元以上的发展势头强劲的企业。

　　产业集群技术创新系统中主体关系强度的测量研究主要包括个人信息、企业信息以及问卷内容三个方面。为了保证所得问卷的准确性与可靠性，问卷星平台设计了常识题用于排除机械受访者，在问卷设计过程中课题组成员也想出了利用前后题项对比来排除前后逻辑不通的答卷。课题组在收到近 400 份问卷时，暂停了问卷发布并对每一份问卷进行了仔细核对与筛选。企业作为产业集群技术创新系统的核心，是研究的重中之重，故而问卷主要针对江苏省制造业企业的管理人员和技术人员进行发放，涉及机械加工、制药、精密仪器和化工等制造业企业，并且覆盖大中小型企业，其中，企业规模在300人以上的企业占54.85%，企业年限在5年以上的占92.41%。

（2）数据收集

借助问卷星平台以及实地调研，从江苏省内的制造业企业共收集到367份问卷，剔除不符合逻辑、空项过多、雷同等，共得到237份有效问卷，问卷有效率达64.58%。问卷来源的具体情况见表7.1。

表7.1　　　　　　　　　　样本企业描述性统计

题目	选项	频数	有效百分比	累计百分比
被调研对象职位	高层管理人员	24	10.13%	10.13%
	中层管理人员	80	33.75%	43.88%
	基层管理人员	116	48.95%	92.83%
	技术人员	17	7.17%	100%
企业成立年限	2年以下	1	0.42%	0.42%
	3~5年	17	7.17%	7.59%
	6~10年	81	34.18%	41.77%
	11~20年	106	44.73%	86.50%
	21年以上	32	13.50%	100%
企业员工人数	100人以下	42	17.72%	17.72%
	101~300人	65	27.43%	45.15%
	301~500人	46	19.41%	64.56%
	501~1000人	50	20.10%	85.66%
	1001人以上	34	14.34%	100%

（3）验证式因素分析

测量模型是指由多个观察的变量及其共同构成的潜在变量所

形成的构面，在 SEM 中被称为验证式因素分析。验证式因素分析是用来检查构面中多个测量的变量构成各潜在变量的程度，为此，本章对问卷中的六个潜在变量的测量模型进行了逐一分析，各变量的测量构成指标汇总见表 7.2。

就强关系（STR）而言，在问卷中考察了企业的高层管理人员或技术人员与创新伙伴的相关人员每年接触频次（ST1）、企业与创新伙伴每年合作项目个数（ST2）、企业与创新伙伴合作时间（ST3）、企业与创新伙伴共同研发投入占企业所有研发投入的比重（ST4）、企业与创新伙伴每年共同成功开发产品的数量（ST5）、企业稳定的创新伙伴的数量（ST6）。根据 AMOS 构面组成系数相关分析，ST1 和 ST3 的因素负荷量较小（见图 7.2）导致模型适配度较差，经过调整后，最终确定由 ST2、ST4、ST5 和 ST6 共同组成强关系构面的测量模型（见图 7.3）。

就弱关系（WEA）而言，在问卷中考察了企业与竞争对手每年联系频次（WT1）、企业每年参加政府座谈会频次（WT2）、企业每年参加展示会的频次（WT3）、企业每年参加行业性协会活动的频次（WT4）、企业为获得新知识每年去其他企业参观的频次（WT5）、企业每年通过私人活动获得业内信息频次（WT6）。根据

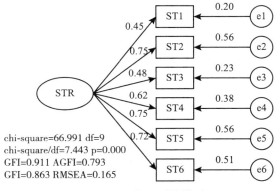

图 7.2　强关系测量模型

AMOS 构面组成系数相关分析，虽然模型适配度良好，但是 WT1 和 WT6 的因素负荷量较小（见图 7.4），经过调整后，最终确定由 WT2、WT3、WT4 和 WT5 共同组成弱关系构面的测量模型（见图 7.5）。

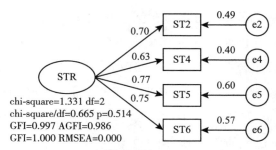

图 7.3 调整后的强关系测量模型

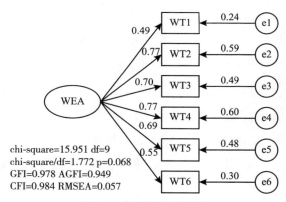

图 7.4 弱关系测量模型

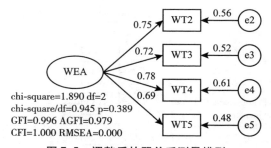

图 7.5 调整后的弱关系测量模型

　　就利用式学习（USE）而言，在问卷中考察了企业通过与本领域成熟技术掌握者交流而获取技术的效率（UL1）、企业内部对本领域成熟技术的培训频次（UL2）、企业对所获取的本领域成熟技术的推广速度（UL3）、企业每年运用本领域成熟技术生产产品的种类（UL4）。根据 AMOS 构面组成系数相关分析，UL2 的因素负荷量较小（见图 7.6），经过调整后，最终确定由 UL1、UL3 和 UL4 共同组成利用式学习构面且能够恰好识别的测量模型（见图 7.7）。

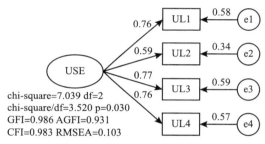

图 7.6　利用式学习测量模型

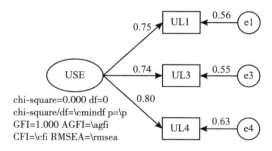

图 7.7　调整后的利用式学习测量模型

　　就探索式学习（EXP）而言，在问卷中考察了企业通过与新领域前沿技术掌握者交流而获取技术的效率（EL1）、企业内部对新领域前沿技术的培训频次（EL2）、企业对所获取的新领域前沿技术的推广速度（EL3）、企业每年运用本领域前沿技术生产产品的种类（EL4）。根据 AMOS 构面组成系数相关分析，EL2 的因素负荷量较小（见图 7.8），经过调整后，最终确定由 EL1、EL3 和 EL4 共同组成探索式学习构面且能够恰好识别的测量模型（见图 7.9）。

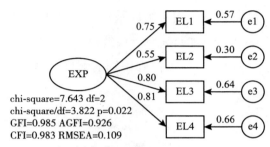

图 7.8　探索式学习测量模型

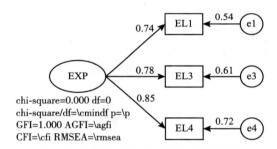

图 7.9　调整后的探索式学习测量模型

就渐进式创新（GRA）而言，在问卷中考察了企业每年从同行处引入产品样式（GI1）、企业每年改进现有产品和工艺频次（GI2）、企业改进生产设备和流程的周期（GI3）、企业的创新很大程度上基于现有技术（GI4）。根据 AMOS 构面组成系数相关分析，GI3 的因素负荷量较小（见图 7.10），经过调整后，最终确定由 GI1、GI2 和 GI4 共同组成渐进式创新构面且能够恰好识别的测量模型（见图 7.11）。

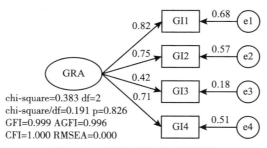

图 7.10　渐进式创新测量模型

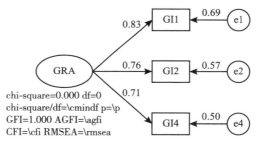

图 7.11　调整后的渐进式创新测量模型

就突破式创新（BRE）而言，在问卷中考察了企业开发全新产品的周期（BI1）、企业每年新产品替代现有产品的频次（BI2）、企业每年开发和引进行业内的前沿技术（BI3）、企业在新产品方面引进全新的概念（BI4）。根据 AMOS 构面组成系数相关分析，BI1 的因素负荷量较小（见图 7.12），经过调整后，最终确定由 BI2、BI3 和 BI4 共同组成突破式创新构面且能够恰好识别的测量模型（见图 7.13）。

根据以上分析，关系强度对创新模式选择的影响通过六个构面的 20 个题目得以测量，其中，强关系和弱关系分别由四个题目测量，利用式学习、探索式学习、渐进式创新和突破式创新分别由三个题目测量，得到潜在变量测量指标汇总表（见表 7.2）。

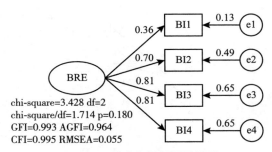

图 7.12　突破式创新测量模型

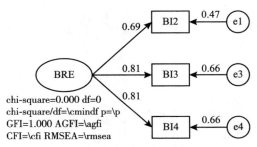

图 7.13　调整后的突破式创新测量模型

表 7.2　　　　　　　　　潜在变量的测量指标汇总

构面	题目	题目内容
STR	ST2	企业与创新伙伴每年合作项目个数
	ST4	企业与创新伙伴共同研发投入占企业所有研发投入的比重
	ST5	企业与创新伙伴每年共同成功开发产品的数量
	ST6	企业稳定的创新伙伴的数量
WEA	WT2	企业每年参加政府座谈会频次
	WT3	企业每年参加展示会的频次
	WT4	企业每年参加行业性协会活动的频次
	WT5	企业为获得新知识每年去其他企业参观的频次
USE	UL1	企业通过与本领域成熟技术掌握者交流而获取技术的效率
	UL3	企业对所获取的本领域成熟技术的推广速度
	UL4	企业每年运用本领域成熟技术生产产品的种类

构面	题目	题目内容
EXP	EL1	企业通过与新领域前沿技术掌握者交流而获取技术的效率
	EL3	企业对所获取的新领域前沿技术的推广速度
	EL4	企业每年运用本领域成熟技术生产产品的种类
GRA	GI1	企业每年从同行处引入产品样式
	GI2	企业每年改进现有产品和工艺频次
	GI4	企业的创新很大程度上基于现有技术
BRE	BI2	企业每年新产品替代现有产品的频次
	BI3	企业每年开发和引进行业内的前沿技术
	BI4	企业在新产品方面引进全新的概念

资料来源：本研究整理所得。

为了确保问卷的内容效度，本研究所采用的量表经过多次走进企业实地调研，同多位企业高管及专家讨论，并请相关人员协助参与问卷的开发和修改工作，以确保被调研对象不会对量表中的题项产生任何异议，同时保证量表中的题项能够准确反映所要测量的变量的本质。故而，可以认为所设计的问卷具有良好的内容效度。此外，本章采用的验证性因子分析是对量表的构建效度进行检验，具体分析结果见表 7.3 和表 7.4。在进行构面的修正后，通过构面中各个题目的因素负荷量可以计算出每个题目的题目信度（SMC）、组成信度（CR）和收敛效度（AVE）。CR 值是指一个构面所有题目信度的组合，可以看出整个构面的指标的内部一致性，类似于克隆巴赫 α 系数（Cronbach's α），CR 值越高可以表示构面的内部一致性就越高，0.7 是可接受门槛（Fornelland & Larcker，1981）。AVE 是测算题目对构面的解释能力的平均值，代表着构面的收敛效度。通常 AVE 值越高，就代表着构面收敛的效度越高，0.36 ~ 0.5 为可接受门槛，福内尔和拉克尔（Fornell &

Larcker, 1981) 建议大于 0.5。

从表 7.3 收敛效度分析中可以看出, 强关系 (STR) 构面由 ST2、ST4、ST5 和 ST6 四个题目组成, 组成信度为 0.808, 收敛效度为 0.515; 弱关系 (WEA) 构面由 WT2、WT3、WT4 和 WT5 四个题目组成, 组成信度为 0.825, 收敛效度为 0.542; 利用式学习 (USE) 构面由 UL1、UL3 和 UL4 三个题目组成, 组成信度为 0.806, 收敛效度为 0.580; 探索式学习 (EXP) 构面由 EL1、EL3 和 EL4 三个题目组成, 组成信度为 0.832, 收敛效度为 0.624; 渐进式创新 (GRA) 构面由 GI1、GI2 和 GI4 三个题目组成, 组成信度为 0.809, 收敛效度为 0.587; 突破式创新 (BRE) 构面由 BI2、BI3 和 BI4 三个题目组成, 组成信度为 0.815, 收敛效度为 0.597。以上各值均大于专家学者们的建议值, 故而可以认为本次问卷所测量的六个构面具有很高的收敛效度。

表 7.3 收敛效度分析

构面	题目	参数显著性估计				因素负荷量	题目信度	组成信度	收敛效度
		Unstd	S. E.	t-value	P	std	SMC	CR	AVE
STR	ST2	1.000				0.702	0.493	0.808	0.515
	ST4	0.837	0.101	8.304	***	0.632	0.399		
	ST5	1.165	0.121	9.629	***	0.774	0.599		
	ST6	1.485	0.156	9.500	***	0.753	0.567		
WEA	WT2	1.000				0.751	0.564	0.825	0.542
	WT3	1.010	0.101	9.961	***	0.721	0.520		
	WT4	1.055	0.100	10.547	***	0.780	0.608		
	WT5	0.915	0.096	9.569	***	0.689	0.475		

续表

构面	题目	参数显著性估计				因素负荷量	题目信度	组成信度	收敛效度
		Unstd	S. E.	t-value	P	std	SMC	CR	AVE
USE	UL1	1. 000				0. 747	0. 558	0. 806	0. 580
	UL3	0. 993	0. 103	9. 637	***	0. 741	0. 549		
	UL4	1. 074	0. 110	9. 734	***	0. 796	0. 634		
EXP	EL1	1. 000				0. 737	0. 543	0. 832	0. 624
	EL3	0. 913	0. 085	10. 686	***	0. 779	0. 607		
	EL4	1. 066	0. 099	10. 794	***	0. 849	0. 721		
GRA	GI1	1. 000				0. 828	0. 686	0. 809	0. 587
	GI2	0. 872	0. 088	9. 902	***	0. 756	0. 572		
	GI4	0. 764	0. 079	9. 650	***	0. 709	0. 503		
BRE	BI2	1. 000				0. 687	0. 472	0. 815	0. 597
	BI3	1. 104	0. 113	9. 754	***	0. 814	0. 663		
	BI4	1. 071	0. 110	9. 758	***	0. 810	0. 656		

注：***、**、*分别表示变量在1%、5%、10%的水平上显著。
资料来源：本研究整理所得。

区别效度就是指构面所能解释的变量程度与其他构面所能解释的变量程度之间是否存在显著性差异。在 AMOS 操作过程中，首先是去掉结构模型中构面之间的回归路径以及结构残差；其次在结果输出里面找出构面之间皮尔逊相关系数表，将每个构面的收敛效度即 AVE 放入表 7.3；最后将对角线上换成相应构面的收敛效度的平方根，制成六个构面之间的区别效度分析表。在该表中需要用对角线上的构面收敛效度的平方根与该构面和其他构面的皮尔逊相关值进行比较，如果前者大于后者，则说明该构面与其他构面存在区别效度。

从表7.4 区别效度分析中可以看出，突破式创新（BRE）的收敛效度平方根为 0.773，该值大于下方的突破式创新（BRE）与其他五个构面的皮尔逊相关，证明突破式创新（BRE）与其他五个构面具有区别效度；渐进式创新（GRA）的收敛效度平方根为 0.766，该值大于左边的渐进式创新（GRA）与突破式创新（BRE）以及下方的渐进式创新（GRA）与其他四个构面的皮尔逊相关，证明渐进式创新（GRA）与其他五个构面具有区别效度；探索式学习（EXP）的收敛效度平方根为 0.790，该值大于左边的两个构面与探索式学习（EXP）以及下方的探索式学习（EXP）与其他三个构面的皮尔逊相关，证明探索式学习（EXP）与其他五个构面具有区别效度；强关系（STR）的收敛效度平方根为 0.718，该值大于左边的三个构面与强关系（STR）以及下方的强关系（STR）与其他两个构面的皮尔逊相关，证明强关系（STR）与其他五个构面具有区别效度；弱关系（WEA）的收敛效度平方根为 0.736，该值大于左边的四个构面与弱关系（WEA）以及下方的弱关系（WEA）与利用式学习（USE）的皮尔逊相关，证明弱关系（WEA）与其他五个构面具有区别效度；利用式学习（USE）的收敛效度平方根为 0.762，该值大于左边的利用式学习（USE）与弱关系（WEA）、强关系（STR）、渐进式创新（GRA）、突破式创新（BRE）的皮尔逊相关，虽然略小于和探索式学习（EXP）的皮尔逊相关，但是相差不大，因此基本上可以认为利用式学习（USE）与其他五个构面具有区别效度。

表 7.4　　　　　　　　　　　　　区别效度分析

构面	AVE	BRE	GRA	EXP	STR	WEA	USE
BRE	0.597	0.773					
GRA	0.587	0.660	0.766				
EXP	0.624	0.705	0.555	0.790			

构面	AVE	BRE	GRA	EXP	STR	WEA	USE
STR	0.515	0.600	0.658	0.657	0.718		
WEA	0.542	0.558	0.397	0.546	0.611	0.736	
USE	0.580	0.615	0.717	0.783	0.673	0.549	0.762

资料来源：本研究整理所得。

（4）研究方法的确定

结构方程模型（SEM）本质上是一种用来验证的方法，常规上要有理论或者经验法则的支撑，在理论的引导下构建相关的假设。即使是对模型的修正，也必须要依据相关的理论来保证模型的合理性。本章选择 SEM 模型主要是因为 SEM 模型之中的验证性因素分析能够直接检验所选构面测量指标的有效性，比起传统的探索性因素分析显得更有意义、更严密。此外，当样本超过 200 份时，在 SEM 模型的估计方法中最常用的是极大似然法，这种方法除了要求样本数量适中以外，还要求样本的数据保持正态分布。

在 SEM 的分析软件中，除了 LISREL 以外，EQS 与 AMOS 也是普及度很高的两款软件，尤其是 IBM 公司的 SPSS 系列中的 AMOS 软件。AMOS 是矩结构分析的缩写，所谓的矩结构与协方差矩阵的内涵相近，应用于结构方程模型分析时又被称为协方差结构分析。由于 AMOS 是一种非常容易上手的可视化模块软件，只要在它的绘图工具箱中点击图像按钮就可以快速绘制 SEM 图形、浏览估计模型图、查看模型适配度以及相关指标，因而本章选取 AMOS 软件进行 SEM 模型的分析与修正。

由于题目分布的性质会影响 SEM 模型分析时的结果，在做初始模型之前需要先对每个题目的偏度和峰度进行检查。偏度的绝对值如果大于 3，题目会被看作具有极端偏态；峰度的绝对值如果大于 10，题目会被看作存在问题，如果大于 20，题目会被看作具有极端峰态，不能进行下一步分析。题目峰度及偏度检验结果见表 7.5。

表 7.5   **题目峰度及偏度检验**

题目	偏度	峰度	题目	偏度	峰度
ST2	0.789	− 0.009	UL4	0.593	− 0.110
ST4	0.653	− 0.170	EL1	0.584	− 0.343
ST5	0.912	0.138	EL3	0.781	0.033
ST6	0.622	− 0.781	EL4	0.701	0.005
WT2	0.465	− 0.561	GI1	0.711	− 0.169
WT3	0.540	− 0.592	GI2	0.647	− 0.428
WT4	0.399	− 0.548	GI4	− 0.031	− 0.470
WT5	0.534	− 0.347	BI2	0.691	− 0.337
UL1	0.609	− 0.113	BI3	0.549	− 0.364
UL3	0.729	− 0.177	BI4	0.456	− 0.125

资料来源：本研究整理所得。

本研究题目偏度的绝对值中，最小值是 0.031，最大值为 0.912，两者相差 0.881（远小于临界标准 3）；峰度的绝对值中，最小值是 0.005，最大值为 0.781，两者相差 0.776（远小于临界标准 10）。本研究的样本数为 237，并且偏度和峰度都远小于临界标准，以上两个条件均满足，证明本研究符合极大似然法用来估计模型参数的标准。

7.4.2　结构方程模型分析

（1）构建初始 SEM 模型

通过对样本中强关系（STR）、弱关系（WEA）、利用式学习

（USE）、探索式学习（EXP）、渐进式创新（GRA）、突破式创新
（BRE）组成的维度进行基本分析，发现它们的信度和效度基本符
合结构方程模型拟合的要求。用椭圆来表示 6 个潜变量，矩形来
表示 20 个显变量，利用 AMOS 所画的初始的 SEM 模型如图 7.14
所示。

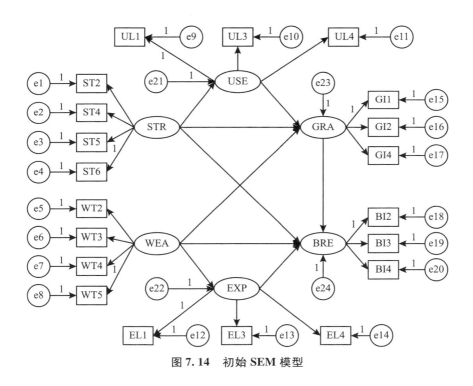

图 7.14　初始 SEM 模型

在初始 SEM 模型中，对关系强度设置了 STR 和 WEA 2 个内生
潜变量，对应着分别有 ST2、ST4、ST5、ST6 和 WT2、WT3、
WT4、WT5 等 8 个外生显变量；对学习方式设置了 USE 和 EXP 2
个内生潜变量，对应着分别有 UL1、UL3、UL4 和 EL1、EL3、EL4
等 6 个外生显变量；对创新模式设置了 GRA 和 BRE 2 个内生潜变
量，对应着分别有 GI1、GI2、GI4 和 BI2、BI3、BI4 等 6 个外生显

变量。设置了 20 个外生潜变量的残差变量，标识为 e1，e2，…，e20，另外还设置了 USE、EXP、GRA 和 BRE 4 个潜变量的残差变量，标识为 e21，e22，e23 和 e24。

（2）初始 SEM 模型的估计与评价

在 AMOS 软件中导入处理后的问卷数据，经过运算，在初始模型的非标准化结果输出里面观察到所有的因子负荷量均达到显著水平（P 值小于 0.001 用 "***" 表示），测量误差均为正值（见表 7.6），表明本研究设定的初始 SEM 模型满足基本的拟合指标。

表 7.6 初始 SEM 模型路径参数估计结果

路径			Estimate	S. E.	C. R.	P
USE	<---	STR	0.520	0.070	7.416	***
EXP	<---	WEA	0.624	0.099	6.317	***
GRA	<---	USE	0.594	0.127	4.690	***
GRA	<---	STR	0.308	0.096	3.222	***
GRA	<---	WEA	−0.023	0.093	−0.242	0.809
BRE	<---	EXP	0.336	0.077	4.351	***
BRE	<---	GRA	0.322	0.079	4.072	***
BRE	<---	WEA	0.182	0.080	2.291	**
BRE	<---	STR	0.011	0.074	0.147	0.883

注：*、**、*** 分别表示在 10%、5%、1% 水平上显著。

而后得到的 SEM 模型标准化状态下的各个系数（见图 7.15）。从路径系数显示来看，GRA <--- STR 的路径系数为 0.33，BRE <--- STR 的路径系数为 0.02，USE <--- STR 的路径系数为 0.67，GRA <--- USE 的路径系数为 0.49，GRA <--- WEA 的路径系数为 −0.02，BRE <--- WEA 的路径系数为 0.21，EXP <--- WEA 的

路径系数为 0. 55 , BRE <--- EXP 的路径系数为 0. 43 , BRE <---
GRA 的路径系数为 0. 45 , 以上 7 条路径的回归系数均没有超过 1 ,
基本符合作为结构方程模型的假定条件。但是 , 其中 BRE <---
WEA 的路径系数低至 0. 21 , 只在 5% 的显著性水平下显著 , 这条
路径尚在可接受范围内。而 BRE <--- STR 和 GRA <--- WEA 的路
径的回归系数非常低 , 证明强关系对突破式创新的影响负向影响
很小 , 弱关系对渐进式创新的负向影响也非常小。

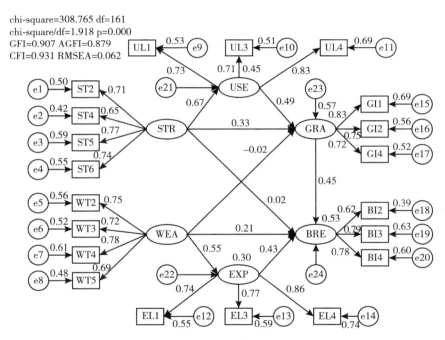

chi-square=308.765 df=161
chi-square/df=1.918 p=0.000
GFI=0.907 AGFI=0.879
CFI=0.931 RMSEA=0.062

图 7. 15　初始 SEM 模型运行结果

从表 7. 6 可以看出 , BRE <--- STR 的路径 P 值为 0. 883 ,
GRA <--- WEA 的路径 P 值为 0. 809 , 这两条路径的 P 值均大于
0. 1 , 并未达到本研究所预想的显著性水平 ; 根据问卷数量以及模
型适配度来看 (具体标准见表 7. 7) , χ^2 值为 308. 765 , χ^2/df 值为

1.918，GFI 指标值为 0.907，AGFI 指标值为 0.879，CFI 值为 0.931，RMSEA 值为 0.062，SRMR 值为 0.210。七个指标中，AGFI 和 SRMR 两个指标并未达到理想状态，且假设模型标准化以后的残差出现较大偏差（见图 7.15），这可能是出于本研究所构建的理论模型本身存在问题，也可能是因为在回收的调查问卷中的收集到的数据有偏差造成的，因此下面需要对初始模型再进行调整并修正，再次检测模型的显著性和拟合情况。

表 7.7 基本的模型适配度指标要求

指标	性质	范围	判断标准	适用情形
χ^2	理论模型与观测模型的拟合程度	越小越好	$P > 0.05$	模型解释能力
χ^2/df	卡方与模型自由度的比值	$1 \sim 3$	<3	不受模型复杂程度影响
GFI	假设模型解释观测模型的比例	$0 \sim 1$	>0.90	不受模型复杂程度影响
AGFI	调整后的 GFI	$0 \sim 1$	>0.90	模型的简约程度
CFI	假设模型与虚无模型的差异	$0 \sim 1$	>0.90	假设模型的改善程度
RMSEA	理论模型与观测模型之间的差距	$0 \sim 1$	<0.08	不受样本数和模型复杂程度影响
SRMR	假设模型标准化后的整体残差	$0 \sim 1$	<0.05	对整体残差估计

资料来源：Higuchi et al.（1993）和 Maruyama（1998）。

7.4.3 SEM 模型的修正与评价

（1）SEM 模型的修正方法

对 SEM 模型的修正一般有两种方法：一是根据构面（测量模

型）输出的修改指标，增加残差之间的相关关系。如果变量之间修改的指标比较大，会使得模型拟合效果降低，这就需要承认变量之间的相关关系，通过增加残差之间的协方差关系对测量模型做出相应的调整；二是根据初始模型中的各条路径显示的系数来检验最终结果是否符合标准，可以增加或者减少构面之间的路径来对模型进行微调。

在综合分析了模型运行的结果后，结合前人的研究以及变量之间存在的现实意义，本研究认为初始模型有两条路径的系数较低且不显著。另外，从模型适配度的值来看，假设模型可以解释初始模型的比例明显低于正常标准，即模型的解释力不够，故而在对模型进行首次微调时选择删除这两条路径。由于首次的微调并没有很大幅度地提高模型解释力，根据嵌入性理论的相关研究，增加了强关系和弱关系之间协方差来对模型进行再次微调，增强模型的适配度指标。

（2）SEM 模型的修正过程

在相关研究文献（魏江和郑小勇，2010；王文平等，2011）的基础上，结合变量实际意义，本研究对初始模型中两条系数较低且没有通过 P 值的验证的路径进行删除并联系关系强度的实际意义，在初始模型中增加强弱关系之间的相关关系以达到对初始模型进行微调，在 AMOS 中经过计算，对模型的修正结果见表 7.8 和图 7.16。

表 7.8 模型修正路径参数估计结果

路径			Estimate	S. E.	C. R.	P
USE	<---	STR	0.556	0.072	7.726	***
EXP	<---	WEA	0.707	0.103	6.869	***
GRA	<---	USE	0.584	0.131	4.454	***

续表

路径			Estimate	S. E.	C. R.	P
GRA	<---	STR	0.294	0.098	3.014	**
BRE	<---	EXP	0.337	0.079	4.246	***
BRE	<---	GRA	0.314	0.066	4.728	***
BRE	<---	WEA	0.185	0.085	2.171	**
STR	<-->	WEA	0.488	0.078	6.275	***

注：*、**、***分别表示在10%、5%、1%水平上显著。

从路径显示的系数的显著性可以看到，此次模型符合本研究要求的显著性水平。同时，从图 7.16 可以看出，模型经过此次修正后，χ^2 值下降非常明显，由原先的 308.765 降为 216.153，AGFI 也达到了大于 0.9 的标准，SRMR 值降为 0.0856，修改后模型适配度七大指标都得到明显改善。从路径系数显示来看，GRA <--- STR 的路径系数为 0.31，USE <--- STR 的路径系数为 0.71，GRA <--- USE 的路径系数为 0.49，BRE <--- WEA 的路径系数为 0.19，EXP <--- WEA 的路径系数为 0.62，BRE <--- EXP 的路径系数为 0.39，BRE <--- GRA 的路径系数为 0.40，新增加的 STR <--> WEA 的路径系数为 0.69（大于 0.67），说明强关系和弱关系之间存在很强的相关关系，不能将两者简单的分割开来进行探讨研究，以上路径的回归系数均没有超过 1，从而符合作为结构方程模型的假定条件。

（3）学习方式的中介作用

从图 7.16 和表 7.8 潜变量之间的关系对假设检验验证情况来看，在江苏制造业集群中渐进式创新对企业突破式创新的影响最大，这种正向且显著的影响验证了假设 H7.7。强关系和弱关系分别对于渐进式创新和突破式创新有着正向且显著的影响，验证了假设 H7.1 和假设 H7.3。

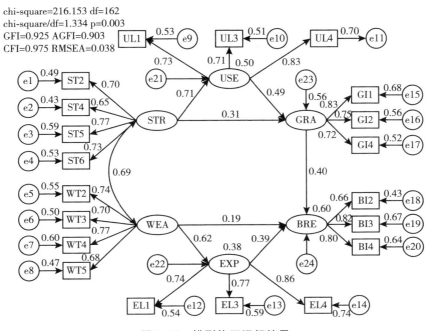

图 7.16　模型修正运行结果

　　从 SEM 模型的分析中可以看出，关系强度经历不同的学习方式对创新模式产生了不同的影响。为了深入探讨学习方式的中介作用，本节将利用层次回归模型，针对学习方式对关系强度与创新模式的中介作用进行具体分析。

　　设立模型 1 和模型 2 来反映企业性质和规模两个变量对创新模式的控制作用。从表 7.10 可以看出，企业性质和规模的作用并没有满足显著性要求，证实这两个变量不能解释技术创新。

　　由于在结构方程模型中，强关系对突破式创新的影响并不显著，同时，弱关系对渐进式创新的影响也不显著，因而在层次回归模型中只考察了关系强度中的强关系和弱关系分别对渐进式创新和突破式创新的直接影响。在模型 1 的基础上加入自变量强关系，设立模型 3 来反映强关系对渐进式创新的影响，回归的结果呈现出强关系与渐进式创新存在显著的正相关关系，回归系数为0.533，在0.001的水平上显著，这一结果支持了假设H7.1；在模型2的基础上加入自变量弱关系，设立模型4来反映弱关系对突破式创新的影响，回归的结果显示弱关系与突破式创新存在着显著的正相关，回归系数为0.454，在0.001的水平上显著，假设H7.3得到了支持。

为了检验学习方式的中介作用，首先将强关系与利用式学习进行了回归，结果显示强关系与利用式学习存在显著的正相关关系，回归系数为0.544，在0.001的水平上显著，因此可以认为强关系对企业与创新合作伙伴之间的利用式学习具有正面影响。然后，将弱关系与探索式学习进行了回归，结果显示弱关系与探索式学习存在显著的正相关，回归系数为0.456，在0.001的水平上显著，因此可以认为弱关系对企业与创新合作伙伴之间的探索式学习存在正面影响（见表7.9）。

表7.9　　　　　　　　　关系强度对学习方式的作用分析

自变量	因变量	R	R^2	ΔR^2	F	（std.）	DW
STR	USE	0.544	0.295	0.292	98.545***	0.544	1.450
WEA	EXP	0.456	0.208	0.205	61.740***	0.456	1.575

进一步的研究发现，在模型5中，利用式学习的加入使得强关系对渐进式创新的正向显著影响有所减弱，回归系数由原先的0.533降为0.315，均在0.001的水平上显著；同时，利用式学习与渐进式创新也是存在着显著的正相关，回归系数为0.404，在0.001的水平上显著。以上结果能够表明，利用式学习在强关系对于渐进式创新的影响中存在部分的中介效应，中介效应占总效应的比例为41.23%（0.544 * 0.404/0.533 = 41.23%），即强关系

与利用式学习呈现显著的正相关。利用式学习又与渐进式创新呈现显著的正相关，强关系经历利用式学习促进了渐进式创新，这一结果支持了假设 H7.5。

在模型6中，探索式学习的加入使得弱关系对于突破式创新的正向的显著影响有所减弱，回归系数由原先的 0.454 降为 0.252，均在 0.001 的水平上显著；同时，利用式学习与渐进式创新具有显著的正相关，其回归系数为 0.445，在 0.001 的水平上显著。以上结果能够表明，探索式学习在弱关系对于突破式创新的影响之中存在部分的中介效应，中介效应占到总效应的比例为 44.70%（0.456 * 0.445/0.454 = 44.70%），即弱关系与探索式学习呈现显著的正相关，而探索式学习又与突破式创新呈现显著的正相关，弱关系经历探索式学习促进了突破式创新，这一结果支持了假设 H7.6。学习方式的中介作用分析结果见表 7.10。

表 7.10 学习方式的中介作用分析

变量	GRA	BRE	GRA	BRE	GRA	BRE
	模型 1	模型 2	模型 3	模型 4	模型 5	模型 6
控制变量						
Q2	0.094	0.125	0.033	0.121	0.023	0.093
Q4	0.045	− 0.014	0.059	0.008	0.090	0.020
自变量						
STR			0.533 ***		0.315 ***	
WEA				0.454 ***		0.252 ***
中介变量						
USE					0.404 ***	
EXP						0.445 ***
R^2	0.11	0.016	0.291	0.221	0.406	0.377
F	1.31	1.875	31.924 ***	22.074 ***	39.565 ***	35.137 ***

续表

变量	GRA	BRE	GRA	BRE	GRA	BRE
	模型1	模型2	模型3	模型4	模型5	模型6
中介变量						
ΔR^2	0.003	0.007	0.282	0.211	0.395	0.367
ΔF	1.310	1.875	92.133	61.504***	44.577***	58.096***

注：*、**、***分别表示在10%、5%、1%水平上显著。

7.4.4 假设检验与解释

根据上一节的结构方程模型的调试与运行结果，对提出的假设检验结果可以做如下解释。

（1）关系强度–创新模式

根据结构方程模型的数据分析结果，主体在集群技术创新系统中的强关系和弱关系对创新模式存在显著影响，具体变现为：强关系→渐进式创新的路径对应系数的 C.R. 值为3.014，在0.05的显著性水平上显著；弱关系→突破式创新的路径对应系数的 C.R. 值为2.171，在0.05的显著性水平上显著。其中，临界比值 C.R. 均大于建议的标准值1.96且路径系数是显著的，故而假设 H4.1 和假设 H4.3 得到支持。而在初始模型中强关系→突破式创新的路径系数的 C.R. 值为0.147，弱关系→探索式学习的路径系数的 C.R. 值为－0.242，两者均不显著且临界比值 C.R. 均小于建议的标准值1.96，因而假设 H7.2 和假设 H7.4 没有得到支持。这就说明江苏制造业集群技术创新系统中的企业之间的关系强度与其所选择的创新模式密切相关，强关系对于主体的渐进式创新有显著的正向影响，弱关系对于主体的突破式创新也有显著的正向影响，强关系的企业之间更倾向于选择渐进式创新，而拥有弱关系的企业之间更倾向于选择突破式创新。虽然相关理论和前人的实证研究已经论证了关系强度对创新模式选择的重要作用，但是将关系强度划分为强和弱两个测量变量与两种创新模式的相互影响的研究还十分欠缺，本章通过实证分析得出的结果，深化了企业间关系强度对于创新模式选择的作用研究。

（2）关系强度－学习方式－创新模式

根据结构方程模型的数据分析结果，主体在集群技术创新系统中关系强度会通过不同的学习方式对技术创新模式的选择发挥显著影响，具体表现为：强关系→利用式学习的路径系数 C. R. 值为 7. 726，利用式学习→渐进式创新的路径系数的 C. R. 值为 4. 454，弱关系→探索式学习的路径系数的 C. R. 值为 6. 869，探索式学习→突破式创新的路径系数的 C. R. 值为 4. 246，并且上述几条路径都在 0. 001 的显著性水平上显著。这就说明江苏制造业集群技术创新系统中的企业与创新合作伙伴之间关系强度通过学习方式对创新模式产生了显著的正向影响。具体来说，学习方式的中介作用通过强关系－利用式学习－渐进式创新和弱关系－探索式学习－突破式创新这两条路径得到诠释，假设 H7. 5 和假设 H7. 6 得到了支持。另外，江苏制造业集群技术创新系统中的企业选择利用式学习更有利于渐进式创新，探索式学习则更有利于突破式创新，企业选择学习方式对技术创新的积极影响已经得到了广泛的认可，但是很少有研究针对两种不同的学习方式如何选择创新模式进行探讨，本研究进而也丰富了学习方式与技术创新模式研究的视角。

（3）渐进式创新－突破式创新

根据结构方程模型的数据分析结果，主体在集群技术创新系统中渐进式创新会对于突破式创新产生显著的正向影响。具体表现为：渐进式创新→突破式创新的路径系数 C. R. 值为 4. 728，在 0. 001 的水平上显著。这就说明江苏制造业集群技术创新系统中企业渐进式创新能够促进突破式创新的发生，假设 H7.7 得到了支持。从哲学角度辩证来看，如果将企业成立之初的创新看成突破式创新，那么今后企业会在此基础上进行不断的改进，这一过程中会不断地产生渐进式创新，当渐进式创新的量变达到一定程度就会产生质变，又形成突破式创新，即在企业从成立就一直存在这一理想假设的基础上，突破式创新→渐进式创新→突破式创新是一条永续循环的路径。渐进式创新→突破式创新是学者提出的被普遍认可的路径，而设定假设条件，将企业永远存在作为理想条件，从哲学角度提出突破式创新→渐进式创新→突破式创新的创新发展模式，将为以后的研究提供有益的开创性思路。

为了便于直观感受，具体假设检验结果见表 7.11。

表 7.11 假设检验结果

假设	潜变量之间关系	结果
1	强关系→渐进式创新	支持
2	强关系→突破式创新	不支持
3	弱关系→突破式创新	支持
4	弱关系→渐进式创新	不支持
5	强关系→利用式学习→渐进式创新	支持
6	弱关系→探索式学习→突破式创新	支持
7	渐进式创新→突破式创新	支持

7.5 本 章 小 结

本章分析了产业集群技术创新系统中主体二元关系与创新模式匹配的机理，分别考察了"关系强度与创新模式之间的关系""关系强度、学习方式与创新模式之间的关系"以及"渐进式创新与突破式创新之间的关系"，并提出如下假设：第一，强关系对渐进式创新具有显著正向影响，对突破式创新具有显著负向影响；第二，弱关系对突破式创新具有显著正向影响，对渐进式创新具有显著负向影响；第三，利用式学习在强关系对渐进式创新的影响中具有显著中介作用，探索式学习在弱关系对突破式创新的影响中具有显著中介作用；第四，渐进式创新对突破式创新具有显著正向影响。

　　本章还根据以上结论构建了理论模型，而制造业集群技术创新系统中主体二元关系与创新模式之间的具体匹配程度还要通过下章的实证进行检验。本研究以江苏省制造业集群企业为样本，收集了 237 份有效问卷，在对利用问卷构建的六个测量模型进行了一阶验证式因素分析后，确定使用结构方程模型对技术创新系统中企业关系强度、学习方式和创新模式进行实证研究，此外，还利用层次回归的模型对学习方式的中介作用做了更加量化的分析。通过上述实证研究相结合进一步检验并解释了假设，得到如下主要结论：

　　首先，在江苏制造业集群技术创新系统中的企业间存在强关系对创新模式有相同的影响。具体来说：强关系对于主体的渐进式创新有着显著的正向影响，对于主体的突破式创新也有微弱却不显著的正向影响。在江苏制造业集群技术创新系统中的企业间存在弱关系对创新模式有不同的影响，具体来说：弱关系对于主体的渐进式创新具有不显著的负向影响，对于主体的突破式创新具有显著的正向影响。这个结果表明：关系强度是企业所处技术创新系统中的重要关系特征，将其分成强关系和弱关系分别探究对创新模式选择的影响，发现在江苏制造业集群技术创新系统中企业间存在强关系更有利于企业的渐进式创新，弱关系更有利于企业的突破式创新，这与前人研究结果相一致。

其次，利用式学习在拥有强关系的江苏制造业集群技术创新系统中的企业间促进企业选择渐进式创新模式中具有部分中介作用。探索式学习在拥有弱关系的江苏制造业集群技术创新系统中的企业间促进企业选择突破式创新模式中具有部分中介作用。从修正后的结构方程模型运行结果来看，在江苏制造业集群技术创新系统中拥有强关系的企业间传递的信息和主体自身所具有的信息高度吻合，这是由于传递者与接收者之间长时间的接触和共同的知识背景，使得产生交换行为的很大一部分是企业已有的复杂技术信息，出于对合作伙伴能够一起解决问题、克服困难的信任，会坚持利用式学习已有的复杂信息进行渐进式创新；而在江苏制造业集群技术创新系统中拥有弱关系的企业往往出于不同的社会群体，由于这类主体之间的信息交换不需要关系承诺，遵循市场化交易的原则，便于实现跨界交流和联系，更有利于企业突破原有技术进行创新，即弱关系更有利于企业延伸到现有成熟技术创新网络以外，寻求冗余度较低的新领域的信息，探索新的前沿领域的技术信息，进而实现突破式创新。

最后，江苏制造业集群技术创新系统中的企业一定是符合自然发展规律，在企业成立之初先有对自身的一种突破式创新，随后企业在不断的发展过程中实现渐进式创新，当这种模式达到一定的程度又会产生突破式创新。从哲学辩证角度来说，加入企业一直发展就会经历突破式创新→渐进式创新→突破式创新的循环往复过程。一般来说，企业只要与创新伙伴形成联系，就会产生信息的传递。而企业出于可持续发展的目的，会通过不同的方式学习消化吸收这些信息，不断改进自身的生产设备、工艺和流程等，同时谋求进入新的前沿技术领域的机会。企业既有在原有基础上渐进式创新的情况，也有在渐进式创新量变的累积过程中产生质变为突破式创新，还有直接进入新的前沿领域实现突破式创新的可能。

第 8 章

全球创新网络关系强度对制造业集群主体技术创新模式的影响

在借鉴全球范围内众多学者有关文献的前提下，本章从对全球创新网络关系强度的分类和测度方法的思路出发，进一步探究企业的技术创新模式分类和划分方法，对它们的作用机理加以阐述并提出假设。

8.1 全球创新网络关系强度分析

8.1.1 全球创新网络关系强度分类

全球网络关系强度基于关系强度的定义进一步拓宽边界，以表示某主体与全球范围其他创新主体间网络关系的强度。社会学范畴将习惯意义上的网络关系强度分成强、弱关系（Granovetter，1973），在研究个体间关系或企业间关系的过程中，以强、弱关系两个指标对主体间网络关系的强度进行测度的方式受到众多学者的青睐。其中，强关系体现在主体间具有较强的信任关系、互动次数、关联水平、互惠水平，因此强关系的创新主体间具有更高的信息冗余程度，推动创新主体信任度的逐步加强，减少非必要交互成本的同时使得创新主体间具备更强意愿进行高质量隐性知识的共享。弱关系的定义则与之相反，导致创新主体间的信息冗余程度较低。

与此同时，也有相当一部分学者通过其他指标对网络关系强度加以衡量。有学者从关系的远近亲疏出发，从静态角度将关系强度区分为陌生人、普通相识、熟人以及家人（Yang，1994）。也有学者抓住关系强度的动态发展特征，考虑到强关系可能受时间影响削减为弱关系，弱关系随时间影响加固为强关系，这类学者将网络关系进一步区分为强关系、强弱关系、弱强关系以及弱关系（刘林平，2001）。还有学者认为超级关系的产生能够满足强关系的全部条件，并作用于合作双方，因此超级关系概念的提出可以大大提升创新主体合作的紧密度（刘俊婉等，2017）。详细分类及出处整理情况见表8.1。

表8.1　　　　　　　　全球创新网络关系强度分类及来源

全球创新网络关系强度分类来源	全球创新网络关系强度分类
Granovetter（1973）；姜波（2011）；谢洪明（2012）；乔坤（2014）	弱关系、强关系
Yang（1994）	陌生人、普通相识、熟人、家人
刘林平（2001）	弱强关系、强弱关系、强关系、弱关系
刘俊婉等（2017）	弱关系、强关系、超级关系

鉴于个体间的网络关系强度分类与企业间的网络关系强度分类存在差异，使用"陌生人""普通人""熟人"及"家人"的分类方式显然不适用于企业间网络关系强度的分类（Yang，1994）。故有学者提出从企业间关系发展的动态特征出发，考虑到某企业的合作伙伴可能会因为发展路径与该企业背道而驰，或者发展速度与核心节点企业相去甚远导致关系由强转弱，又有部分合作企业因技术水平的快速提升带来产品质量的突飞猛进也会助推二者

关系由弱转强，故在强、弱关系的基础上增加"强弱关系"及"弱强关系"更为合理（刘林平，2001）。但同时需考虑到由于企业间数据保密性的存在，导致获取资料存在失实的可能性，因此对这种动态关系的衡量难度也会相应加大。

有鉴于此，本章在使用受到大部分学者肯定的强、弱关系的前提下，添加超级关系，进一步细分企业和关联创新主体间的创新网络关系强度。一是因为强、弱关系目前受到社会各界的普遍接受且测度方式较为简单；二是因为本章研究的风电企业从2003年开始迈入快速成长期，伴随着更多风电企业的诞生与发展，原本为弱关系的合作伙伴间关系逐步增强，同理，原本为强关系的合作伙伴间的合作程度因行业的蓬勃发展会进一步提升为超级关系。

8.1.2　全球创新网络关系强度的测度方法

由于目前学界对强、弱关系及超级关系尚未形成严格意义上的统一界定和测度指标，对全球创新网络关系强度的判断方法因学者间的出发点与角度的差异而各有千秋。总体而言，大致可以分为主观划分与客观测度两种类别。

一是主观划分。受到布朗（Brown）（1987）、帕尔曼（Perlman）（1987）、卡兰托恩（Calantone）（2006）等较多学者支持的是格兰诺维特（Granovetter）（1973）所提通过彼此间认识时长、关系的亲密程度、互动频率及互惠程度四个维度对双方强弱关系进行衡量的观点。与国外研究不同的是，有国内学者在问卷调查中从社会资本的存量及高低、市场化程度和市场关联度等方面，对广州、厦门、上海、天津和长春的网络关系强度进行研究（边燕杰，2004）。此外，还有学者通过使用赋值法对中西部的一个大城市全部企业的高管予以赋值统计研究，从而对企业间关系的强弱进行界定（姚小涛，2008）。也有学者从企业间接触时长、交流合作范围、资源投入及互惠共享出发，将目光投至长三角地区的高新技术企业，通过发放问卷的形式对这些企业的中高层管理层或技术骨干展开评价，从而衡量企业间的关系强弱（潘松挺等，2011）。另有学者以机械制造企业间接触时长、互动频率、往来物资、亲密和互惠程度为衡量标准，据此判断其外部成员的社会网络关系强弱（乔坤等，2014）。除了总体划分为多维度外，有学者从关系的质量和广度角度出发，衡量创新网络关系强度，通过将关系质量划分为成员信任度、稳定度和互惠度，并将关系广度划分为连接对象的数量和种类，对修正药业公司的演化机理进行深刻分析（李文丽等，2018）。

二是客观测度。有学者以电动汽车的技术领域为切入点，将联合专利的共同申请人或发明人为测度依据展开研究，并对其合作关系强度进行测量（罗立国，2012）。还有一些学者对美国科学院院士的合作关系强度展开研究，利用其联名发表的科技论文的合计数量进行评价（刘俊婉，2017）。又有学者从"有核"网络关系强度出发，利用联合专利十万申请数对我国电子信息产业关系强度加以衡量（程悦，2019）。也有学者在测度中国 108 家整车制造企业的创新网络强度过程中，使用企业联合专利申请数对模块化的创新网络进行架构（曾德明等，2020）。全球创新网络关系强度测度类型、来源和指标整理情况见表 8.2。

表 8.2　　全球创新网络关系强度测度类型、来源及指标

全球创新网络关系强度测量类型	全球创新网络关系强度测度的来源	全球创新网络关系强度测量指标
主观测量	Granovetter（1973）；Perlman（1987）；Brown（1987）；Calantone（2006）	互动频率、互惠程度、时间长短、亲密程度

续表

全球创新网络关系强度测量类型	全球创新网络关系强度测度的来源	全球创新网络关系强度测量指标
主观测量	边燕杰（2004）	社会资本存量、社会资本高低、市场化程度、市场关联度
	姚小涛等（2008）	亲属、熟人、相识、其他关系
	潘松挺和郑亚莉（2011）	投入资源、互惠性、接触时间、合作交流范围
	乔坤和吕途（2014）	互动频率、交往物质、亲密性、认识时间、互惠程度
	李文丽和杨吉生（2018）	信任、稳定性、互惠程度、联结数量与种类
客观测量	罗立国和余翔（2012）	联合专利数
	刘俊婉等（2017）	科研人员累计合作论文数
	程跃（2019）	联合申请专利数
	曾德明等（2020）	联合申请专利数

　　在对网络关系的强度进行测度的方法中，相当一部分学者习惯使用发放问卷给相关企业及采用李克特（Likert）量表的方式对关系强弱进行衡量，此举遭到部分学者的质疑，有学者提出被调查者的主观误导和较低的问卷回收率会直接影响主观数据调查的真实性，因此客观数据在衡量主体间关系强度的过程中具有更高的可信度（Valeria et al.，2017）。以格兰诺维特（1973）所提"互动频率""互惠程度"或者李文丽等（2018）提到的"信任""稳定性"等指标为例，由于指标本身由于自身价值、实际经验紧密联系，存在较大的主观随意性。而本章涉及的研究对象为处于快速成长期的风电行业，高管事务较为繁忙，难以抽身亲自填写问卷，也有可能由于不仔细填写导致问卷数据严重失实。而采用

客观数据对风电企业间的创新网络关系强度加以测度则可避免上述问题的发生，从而有效克服主观随意性、时间不全和问卷调查回收率低等一系列弊端。

由于本章研究对象为处于快速成长期的风电行业，因其高新技术产业特征，具有十分迅速的技术换代水平，加之企业自身能力有限，唯有持续通过和其他创新主体的合作创新与专利申请，才有可能在维持和巩固在该行业中名列前茅的同时，保持和稳定市场份额。此外，由于联合专利与有形资产存在较大差异，在受到法律保护的基础上能够有效避免他人的模仿与抄袭，故对企业的技术创新水平和其竞争优势的体现更有帮助，故联合专利无疑是衡量企业创新能力的必要指标。因此，本章在借鉴罗立国等（2012）、刘俊婉等（2017）研究思路的基础上，利用客观数据对企业间的关系强弱加以衡量，并在研究企业间全球创新网络关系的强度过程中加入风电企业间的联合专利申请量，从其数量的多少进行强弱判定。同时，本章在彼得森（Petersen，2015）、刘俊婉等（2017）对强、弱关系和超级关系定义的基础上，界定合作企业间的平均合作强度，对该类型企业在全球创新网络中关系的强度进行衡量。

8.2 网络关系强度对企业创新模式选择的作用机理与假设

在企业进行创新模式选择的过程中，企业间全球创新网络关系的强弱对其具有极为重要的意义。就企业间关系强度与企业技术创新模式间关系而言，学界尚存较大争议，结论也因不同学者观念的差异大相径庭。网络强度最早由格兰诺维特（1973）提出并受到社会各界的广泛关注，且其对弱关系的详细定义为后人对强、弱关系的研究奠定基础，产生了极为深刻的影响。

8.2.1　弱关系对企业技术创新模式的作用机理假设

（1）弱关系与突破式创新

目前，较多国内外学者致力于对促进突破式创新和渐进式创新过程中弱关系助力的偏向性研究，其中，认为弱关系对突破式创新更有帮助的观点在数量上更胜一筹。格兰诺维特强调了弱关系在企业和群体之中所扮演的信息桥的角色，因此弱关系更有可能助推企业、群体接触以及传播多样化的信息，由于企业间弱关系的存在，新知识和新信息有了更大的空间进行传播，从而有效避免长时间接触造成的知识和信息的冗余，最终对企业的创新能力起到积极作用。林（Lin，1981）在其社会资源理论中提出企业间的弱关系能够帮助各个企业获取不同资源的同时，也能够为其得到有效信息提供帮助，最终推动突破式创新。伯特（Burt，1992）则在格兰诺维特的弱关系力量理论基础上继续深化，在其"结构洞"理论中提出信息的传播在非冗余企业成员间构成的关系网络中具有更大的价值。此后，汉森（Hansen，1999）发现企业间的弱联结因互动的频率较低，基本不受到网络的制约，因而有更多的机会在更多领域搜索并获得新的知识和信息，最终推动企业探索式的创新。罗纳德（Ronald，2004）发现弱关系中有着大量的资源和异质性信息，加之有较多"结构洞"存在，因此弱关系企业间被架以连接的桥梁，企业间的突破式创新再一次被加速推动。

与国外相比较，国内对该问题的研究虽然起步较晚，但成果颇丰。蔡宁等（2008）从海正药业 50 年的发展史为切入视角，发现弱关系企业间存在的巨大优势就是更低的信息冗余度和联系成本，因此，相关企业进行后续探索式创新的异质性信息和知识，很多时候可以依靠弱关系来提供帮助。胡磊磊（2012）发现，弱关系促使集群企业提供例如供需信息、市场信息和政策信息等即时、有用的异质性信息，从而助力上述企业进行突破式创新。庞娟等（2019）在对华中、华南等地的智能制造企业的相关研究过程中发现，企业的突破式技术创新很大程度得益于其外部创新网络的弱关系。

综上所述，要想获得更多的突破式创新，可以借助创新主体和企业的弱关系，帮助企业获取更多异质性信息。以智能机器人技术为例，该技术的成熟与发展助推智能制造向着"无人值班、少人值守"的方向发展。企业生产效率的突飞猛进也得益于新模式及新技术的推广和应用。故本章提出，企业和创新主体间存在的弱关系对其突破式创新起到了促进作用。

基于上述论述，本章提出以下假设：

H8.1a：企业与全球创新主体间的弱关系会促进突破式创新。

（2）弱关系与渐进式创新

尽管当前学术界已在弱关系和突破式创新的正向关系方面达成"共识"，但仍有一部分学者提出异议。这类学者提出，弱关系同样有助于渐进式创新。王文平（2011）的研究发现企业外部的弱关系对企业间的渐进式创新同样起到正向的促进作用。谢卫红等（2015）则提出弱关系对企业的渐进式创新起到了显著的促进作用。

此外，也有部分学者不赞同弱关系有助于创新的观点。王（Wang，2016）在研究个体层面的知识创造与协同网络的关系时，发现弱联结因存在不可持续的投机特征，且由于弱关系企业间的信任度较低，即便可以传递异质性信息，仍然难以更好地助力深层次的交流合作，因此，共同创造出高质量流程或产品的可能性较低。

综上所述，鉴于企业间存在的弱关系可持续性较差，弱关系主体间的信任度较低，合作成本也会相应提高，而渐进式创新的前提是企业间因彼此间的强关系带来的高度信任，同时也需要更多的知识和不同的信息。故本章提出创新主体和企业的弱关系虽然能够促进渐进式创新，但促进效果与强关系相比较而言还是相去甚远。

基于上述论述，本章提出以下假设：

H8.1b：企业与全球创新主体间的弱关系会促进渐进式创新。

8.2.2 强关系对企业技术创新模式的作用机理与假设

对弱关系进行研究的同时，也有相当一部分学者致力于对强关系的研究。学术界就该关系对企业技术创新模式产生的影响的挖掘过程中，许多学者发现相较于弱关系，企业的渐进式创新更多得益于其与创新主体间的强关系。格兰诺维特（Granovetter，1973）最先提出外部的隐性知识能够通过强关系传播到企业内部，并且同质化信息的可持续传播促使该企业有更好的条件对原有公益流程或产品进行更新和改良。此后，科尔曼（Coleman，1988）提出，企业间的强关系会在帮助企业提高彼此间的信任度、维护双方名誉的同时，维系社会的和谐，同时促进企业间进行合作创新。乌齐（Uzzi，1996）研究发现企业间由于强关系的存在，信任感会加快形成，从而推进新信息加快处理，并有更多的空间留给深度知识和新方法的获取，故强关系能够显著提升企业的创新绩效。汉森（Hansen，1999）认为质量较高的信息及更深层次的知识传播得益于企业间强关系的作用力，且其产生的信任也会促使企业愿意主动分享生产制造等方面的隐性知识，加速技术创新。马里奥（Mario，2017）对企业协同创新的过程进行研究，发现处于强关系网络中的企业间由于关系十分紧密，互动频率会随之增加，在长期接触的过程中，企业与企业间更容易相互学习知识并对各自的目标和利益产生部分共识，从而加速企业的产品创新进程。黛娜（Dinah，2018）通过研究得出核心企业和外部企业之间的联系更紧密，则对核心企业的产品、技术和工艺流程的创新更有利，故强关系可以对新产品的创新起到显著的促进作用。

国内学者同样对强关系进行了一系列研究，并得出了相似的结论。1999年，"强关系的力量"一词由边燕杰（1999）首次提出——由于中国的特定国情使然，在职位变迁过程中，强关系比弱关系的作用更为重要。冯宝轩（2008）的研究发现，集群内部企业的创新绩效对企业的关系强度起到了正向的促进作用。刘学元等（2016）通过研究，得出结论——具备更大强度网络关系企业的吸收能力更高，创新水平更高，故企业间的强关系助推了企业的创新进程。吴晓云等（2017）发现相较于突破式创新，强关系更有助于推动渐进式创新。王庆金等（2018）研究了企业中高端人才并发现企业员工的创新创业能力取决于协同创新网络中企业的网络关系强弱程度，更强的网络关系会加速培育更具备创新创业能力的员工，则更利于企业进行技术创新。王建平等（2019）提出，企业间的强关系显著促进了企业创新绩效的提升，且由于网络内部的差异化结构，使得企业间战略性的合作往来对关系强度起到了显著的促进作用。曾德明等（2020）发现，不同组成部分的企业，其强弱关系会推进各异的创新模式，故系统集成供应商间存在的强关系对突破式创新产生促进作用，而模块供应商间的强关系会对渐进式创新产生促进作用。尹建华等（2020）在对社会互动是否会作用于城市家庭节能行为的问题进行研究后，发现强关系能够获取到异质性的知识资源，但异质程度较低。

基于上述研究，本章提出创新主体和企业间的强关系能够推动渐进式创新。渐进式创新的作用为对既有技术等进行更新换代，具备强关系的企业之间因具有较高的信任度，助推企业接触更多的隐性知识，从而帮助企业进行更好地改造。当前，竞争日益激烈的环境背景下，众多企业为了规避风险，不愿意进行突破式创新，因此，上述两者对既有的相对成熟的产品等实行可持续改善，从而助推渐进式创新的进程。

同时，本章认为创新主体和企业的强关系也会加速突破式创新的进程。尽管强关系会带来过量的知识，使得因与外部网络的关系过强导致过度嵌入的不利局面时有发生，迫使企业陷入"低端锁定"和"技术锁定"的窘境。但总的来说，行业间的强关系也能带来异质性信息，以风电行业与大数据行业为例，行业间的强关系能够有效降低因行业不同而额外增加的交流成本，使得双方建立更强的信任，从而愿意共享能够在一定程度上助推突破式创新的隐性知识。

基于上述论述，本章提出以下假设：

H8.2a：企业与全球创新主体之间的强关系会促进渐进式创新；

H8.2b：企业与全球创新主体之间的强关系会促进突破式创新。

8.2.3　超级关系对企业技术创新模式的作用机理与假设

通过查阅国内外文献可知，与超级关系有关的文献较少。韩等（Han et al.，2001）提出，通常来说，超级关系会对社会经济中公平、平等与正义的基础造成一定程度的损害。刘俊婉等（2017）从科研人员的合作角度出发，提出超级关系表示科研人员间持续合作了 20 年及以上，且两人发表的论文中合作发表数超过 50%。超级关系由企业间的强关系演变而来，且超越了强关系的作用力，即表明是具备十分密切往来的企业才会拥有超级关系。李明星等（2020）提出坚不可摧的网络关系会推动建立更高水平的信任程度，也会对降低机会主义威胁产生积极作用，从而推动企业间的信息与技术共享，加速企业的突破式技术创新。

综上所述，唯有联系紧密才能够促进企业间建立超级关系，从而推动企业攻克创新难关，使得双方利益最大化，从而获取较为突出的竞争优势。此外，超级关系源于强关系，由高于其立意，促使关系双方具备更强的信任度，从而有更多可能去获得更多隐性层面的知识，因此超级关系对渐进式创新也起到了促进作用。故本章提出，超级关系不仅会对企业的突破式创新起到促进作用，也会促进企业的渐进式创新。

基于上述论述，本章提出以下假设：

H8.3a：企业全球创新主体间的超级关系会促进企业的渐进式创新；

H8.3b：企业全球创新主体间的超级关系会促进企业的突破式创新。

8.3 全球创新网络关系对企业技术创新模式选择实证分析

首先，本章所讨论的全球创新网络关系强度通过风电企业与全球合作伙伴共同申请的联合专利申请数量进行测度。风电企业的不同技术创新模式按联合专利分类，即实用新型专利、发明专利和外观设计专利来进行划分，从而将技术创新模式和风电企业全球创新网络的关系强度一一对应；其次，使用 QAP（Quadratic Assignment Procedure，二次指派程序）展开回归分析，从而对风电企业全球创新网络关系强度如何影响技术创新模式的选择给出确定结论。

8.3.1　全球创新网络现状分析

（1）全球创新网络发展趋势

全球创新网络是在当今全球化经济时代提出的一个全新的概念，它不是封闭的，且基于网络化的创新历史发展而来。它从早期发展至今，经历了从企业内部到区域范围再到全球范围创新网络的发展，随着范围的逐渐扩大，其复杂程度和综合程度也在大大提升。

一是初始阶段的企业内部创新网络，大多指的是围绕焦点企业的不同类型协作关系的整体结构，这是创新过程的核心，它基于企业层面的视角，并且以焦点企业为最初的出发点。

二是中期的区域范围创新网络，它通常侧重于特定区域内不同行为者（组织和个人，如地方政府、大学、企业和研究机构等）之间的工作关系，它建立在长期不同类型的沟通和合作上，并且相对稳定。同时，产业集群为高度集中在某一特定区域的产业成长的一种现象，可以被视为等同于区域创新网络同类型产业网络。

三是为逐渐发展而来的全球创新网络，一般是说企业与全球金融机构、全球中介组织、政府机构、研究机构、全球范围的大学等在全球范围内跨越区域和国家边界的各种不同类型联系的发展。在全球范围内寻找有使用价值的知识和技术，并且通常不需获取使用资源所有权，使得合作的形式多种多样，可以扭转区域创新网络的过度嵌入而成为"井底之蛙"的困境。

（2）全球创新网络特征

一是具有开放性。企业通过专利合作、技术联盟和与外部技术平台的合作开发，从内部创新转向外部创新。在此过程中，员工也有机会参与企业进行创新的各种活动中来，成为创新主体。

二是具有流动性，且涉及资源的流入和流出。在全球化的创新环境中，大多数有竞争实力的企业会在全球范围内寻找有价值且必要的资源，譬如于互联网上全球范围搜索必要的信息为己所用。同时，很多企业也会被其他企业列为搜索对象，为其他企业提供先进的管理技术、知识产权和专利等有用资源，进一步强化内外部资源的利用效率。

三是治理结构的多元化，全球创新网络可以由各种类型的治理结构组成。非正式的治理结构以临时的团队和某一社会渠道和平台为基础，并以使用权为重点，具有较为松散的特征。正式的治理结构以正式的机构和合同关系为基础，如公司和合同，需要较高的控制和所有权。近年来，随着人工智能、大数据等新兴技术在企业创新过程的逐步应用，全球创新网络的治理结构也变得愈发社区化、开放式、平台化和数据化。

8.3.2 基本模型构建与设定

（1）变量选取

自变量主要包括：

①弱关系（Weak Tie）：企业间的联系较为松散，且信息冗余度和成本较低，能够给予企业更多的多元化知识。通常情况下表现为信任度低、期望值低、相互间的亲密程度低、关联保障资本低、互惠程度低以及互动频率低。

②强关系（Strong Tie）：企业间的联系相对而言较为紧密，互动比较频繁，信任度较高，能够传播质量较高的信息与隐性知识。企业间的高信任度在有效降低社会治理成本的同时，避免了机会主义的盛行。

③超级关系（Super Tie）：源于强关系，而高于其立意，企业间的联系相对而言较为非常紧密，信任度更高，因此对降低机会

主义的威胁发挥了正向的影响作用，能够促进企业进行信息和技术的共享，但路径依赖度较高。

因变量主要包括：

①渐进式创新（Incremental Innovation）：大多在原有的工艺或技术的基础上实施较低程度的创新，具体表现在实用新型专利和外观设计专利。主要通过整合既有以及新的知识，达成既有工艺或技术的改良，积累性效果较为显著，且其可持续性较强。因此，渐进式创新不仅能够有效提升企业的技术与生产效率，而且能够强化企业与市场、客户之间的联系。

②突破式创新（Radical Innovation）：指的是摒弃以往的技术或生产工艺，采用全新的方式进行生产与优化，两阶段的技术或生产工艺存在十分明显的差异，主要表现在发明专利方面。客户的价值和技能水平因突破式创新产生了突飞猛进的提升，故其具有非线性、不可持续的特征，能够为企业谋取更多利润并拥有更大规模的市场份额。其弊端在于突破式创新的前期研发投入巨大，需要在建立长期的战略规划的前提下谨慎实施，有较高的风险。

（2）全球创新网络关系强度模型构建

本章主要借鉴了彼得森（2015）及刘俊婉等（2017）对强、弱关系以及超级关系的具体解释，假设合作企业间的平均合作强度 $\langle K_i \rangle$，由公式（8.1）得到。

$$\langle K_i \rangle = S_i^{-1} \sum_{j=1}^{S_i} K_{ij} \qquad (8.1)$$

其中，S_i 代表了企业 i 的合作半径；K_{ij} 代表了企业合作的关系强度，表示企业 i 和企业 j 在 L_{ij} 年共同拥有联合专利的积累数量（L_{ij} 表示合作持续时间，表示两家企业 i 和 j 共同合作第一个专利和最后一个专利之间的时间间隔）。依据上述公式，强关系指的是 $K_{ij} \geq \langle K_i \rangle$，弱关系指的是 $K_{ij} < \langle K_i \rangle$。

此外，超级关系满足企业之间强关系的多重条件，且必须保证两家企业的合作持续了 10 年及以上，同时超过一半的专利都是两家企业合作发表的。超级关系存在非对称性，即使对企业 j 来说企业 i 与其构成了超级关系，但仍不能保证对企业 i 来说，企业 j 一定与其构成超级关系。全球创新网络关系强度模型见图 8.1。

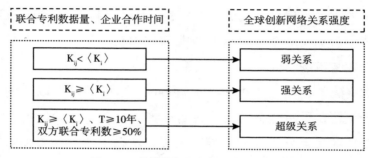

图 8.1　全球创新网络关系强度模型

（3）企业技术创新模式模型构建

在本章中，主要借鉴了瓦莱里亚等（Valeria et al.，2017）的研究，使用专利数据来测度企业的创新模式，以避免主观数据误导调查者。同时参考了贝努瓦（Benoit，2012）和刘志迎等（2013）的观点，将风电企业与其全球合作伙伴之间的发明专利定义为突破性创新，而实用新型和外观设计专利定义为渐进式创新。原因在于发明专利要通过一系列的严格审查，尤其是创造性审查，具有较高的经济价值和技术含量，能够为企业提供较高的技术水平、客户价值和创新改进，具有突出的新颖性；与发明专利相比，实用新型专利的创造性和技术含量较低，创新的广度和深度也较低。风电企业中的大多数外观设计专利涉及风机罩和外观的重新设计，仅仅强调了其品牌的影响力，创新水平不高。专利数据类型与技术创新模式之间的对应关系见图 8.2。

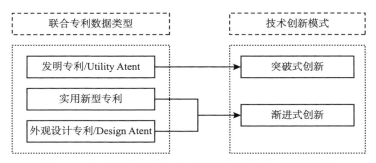

图 8.2　专利数据类型与技术创新模式模型对应关系图

8.3.3　数据收集与描述

　　本章从在中国拥有最大市场份额的国内和国际领先的风电公司中获取数据，探究该类型企业与创新主体的网络关系强度如何影响其在全球背景下创新模式的选择。

　　本章研究风电行业企业的原因主要有以下几点：一是作为绿色能源，风电是全球向低碳经济绿色转型的重要驱动力，且其重要性正在逐步凸显。多年来其开发的技术是推动全球能源转型的重要力量。特别是 2020 年以后新冠疫情席卷全球的情况下，中国的风电发展继续保持"稳步扩张"的趋势，装机的规模得以增长。二是与传统能源产业不同的是，风电行业属于中国的高科技和新能源产业，知识密集度高，技术方面也有着很高的要求。创新和转型是风电企业提高知名度和市场份额的必要条件，但许多风电企业因为是近年来刚刚诞生，内部研发能力较弱，于是它们与世界各地的创新主体合作，对产品的质量加以提高和改良。因此，风电行业的创新主体合作方式不仅方便了数据的获取，而且也符合新时代发展的要求。

　　本章使用了风电企业和全球范围内创新主体共同申请的联合专利数据。联合专利数据不是公司间技术合作和业绩的最优指标，但它是最直截了当的指标。本章整合了 1997～2019 年各个研究样本的联合专利数据进行定量研究，研究样本包括世界各地的 1014 个创新主体，主要是占中国风电市场份额 95% 以上的 17 家风电企业，并对每个样本进行了定量调查。

这 17 家企业占据中国风电市场 95% 以上的份额，因此是最能体现风电行业现状的企业，它们分别为：运达风电、上海电气、金风科技、明阳智能、联合动力、General Electric（通用电气）、远景能源、湘电风能、华锐风电、华创风能、许继风电、东方电气、中车风电、Siemens – Gamesa（西门子歌美飒）、中国海装、Vestas（维斯塔斯）、航天万源（因为这 17 家企业大部分有分公司，名称会有差别，为方便后续数据处理及查阅，在这里只显示它们的简称）。

本章使用了中外专利数据库服务平台——Incopat，并从该平台中收集了 17 家风电公司的国内外联合专利。以上海电气为例，该企业是一家较为综合的大型设备制造集团，不仅涵盖风电领域，还包括核电设备、输配电设备、电梯、轨道交通和机床等，因此有必要排除风电以外的领域的专利，即通过使用主题词或者 IPC 分类号对企业在风电行业的专利加以约束。

除此以外，一些风电企业不仅在国内，还在美国、欧洲和世界知识产权组织与外国伙伴联合提出专利申请。因此，在数据收集方面，本章首先总结了这 17 家企业的国内发明专利、实用新型和外观设计专利数据，然后，在美国专利商标局的专利数据库中以公司为单位对 17 家风电公司的国内联合专利进行检索，检索完成后，对 17 家风电企业的国内联合专利数据进行比对，排除重复申请和申请人少于 2 个的专利，最终得到 17 家风电公司和与其有关的 1014 家创新主体全部的联合专利数据。

本章主要借鉴邱洪华（2013）的方法，使用主题词与 IPC 分类号进行检索。按照风电行业的特征，IPC 分类号包含 6 部、28

大类、145 小类，分别为：B0（B01（一般的物理或化学的方法或装置）、B02（破碎、磨粉或粉碎；谷物碾磨的预处理）、B03（用液体或用风力摇床或风力跳汰机分离固体物料；从固体物料或流体中分离固体物料的磁或静电分离；高压电场分离）、B04（用于实现物理或化学工艺过程的离心装置或离心机）、B05（一般喷射或雾化；对表面涂覆液体或其他流体的一般方法）、B06（一般机械振动的发生或传递）、B07（将固体从固体中分离）、B08（清洁）、B09（固体废物的处理；被污染土壤的再生））、B23（机床；其他类目中不包括的金属加工）、B25（手动工具；轻便机动工具；手动器械的手柄；车间设备；机械手）、B29（塑料的加工；一般处于塑性状态物质的加工）、B61（铁路）、B63（船舶或其他水上船只；与船有关的设备）、B65（输送；包装；贮存；搬运薄的或细丝状材料）、B66（卷扬；提升；牵引）、C2（C21（铁的冶金）、C22（冶金）、C23（对金属材料的镀覆；用金属材料对材料的镀覆）、C25（电解或电泳工艺；其所用设备））、E0（E01（道路、铁路或桥梁的建筑）、E02（水利工程；基础；疏浚）、E03（给水；排水）、E04（建筑物）、E05（锁；钥匙；门窗零件；保险箱）、E06（一般门、窗、百叶窗或卷辊遮帘；梯子））、F03D（风力发动机）、F16（工程元件或部件；为产生和保持机器或设备的有效运行的一般措施；一般绝热）、H02（发电、变电或配电）、G01（测量；测试）。风电行业主题词主要包括：风机、风能、风力、风电、风轮、风场、风叶、小型风机、中型风机、大型风机、离网型、并网型、单叶片、叶片、三叶片、多叶片、水平轴风机、垂直轴风机、上风向型、下风向型、直驱型、半直驱型、高速型、定桨距、变桨距、失速型等。

　　风电企业国内联合专利（包括发明专利、实用新型专利、外观设计专利）总的检索式为：（IPC ＝（F03D OR H02 OR G01 OR B01 OR B05 OR B23 OR B25 OR B29 OR B61 OR B63 OR B65 OR B66 OR C2 OR E0 OR F16）AND（NO－AP ＝［2 to 100］）AND（AP ＝（上海电气风电）OR AP ＝（国电联合动力）OR AP ＝（航天万源）OR AP ＝（华创风能）OR AP ＝（华锐风电）OR AP ＝（金风科技）OR AP ＝（明阳智慧能源）OR AP ＝（东方电气风电）OR AP ＝（西门子）OR AP ＝（湘电风能）OR AP ＝（YJ 能源）OR AP ＝（运达风电）OR AP ＝（中车风电）OR AP ＝（中国海装风电）OR AP ＝（Gamesa）OR AP ＝（Vestas）OR AP ＝（General Electric）OR AP ＝（许继风电））。这个检索式的含义为申请专利的 IPC 分类号必须是与风电行业相关的一种，比如 F03D、H02 等；申请人数量的公式为 NO－AP ＝［2 to 100］，表示专利申请人数介于 2 人到 100 人，符合联合专利的定义，即申请人数≥2，即 2 ~ 100 人足以包括所有的联合专利申请人不同数量的情况；申请人 AP 必须至少是航天万源、远景能源、Gamesa、华锐风电、金风科技、上海电气、联合动力、明阳智能、湘电风能、Vestas、东方电气、General Electric、中国海装、运达风电、中车风电、华创风能、许继风电中的一个，从而保证这些企业在中国申请的所有联合专利数据都能被检索到。

对国外联合专利的检索方法与国内相同，即查阅上述企业的官方网站，搜索其英文名称以及风电行业主题词和 IPC 分类号，并在美国专利商标局的专利数据库中搜索各风电企业的专利。检索于 2019 年 12 月 28 日进行，共获得上述企业和创新主体的 2389 项有效联合专利数据，经筛选排除，总计获得 1938 项上述企业的有效联合专利数据。1997 ~ 2019 年 17 家风电企业的联合专利申请数量和增长率如图 8.3 所示。

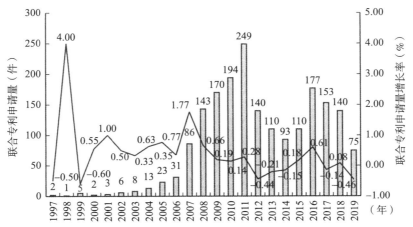

图 8.3　1997～2019 年 17 家风电企业联合专利的申请量与增长率

注：中国《专利法》规定专利申请过 18 个月后才能公开，因此图中 2018 年与 2019 年为不完整数据，无法反映出真实发展趋势。

8.3.4　全球创新网络关系强度分析

（1）全球创新网络中强关系与弱关系研究

现阶段，较多学者对强、弱关系展开深入研究，由于其特征鲜明，因此分析过程相对简单且便于区分；相较而言，对超级关系的相关内容鲜有研究，故在研究过程中存在一定困难，为了更好地反映实证分析的结果，本章将企业和创新主体间的强、弱关系放在一起进行汇总并展开探索，超级关系则另作解释。

为了探索风电企业合作过程中全球创新网络关系的强度，本章对上述企业和创新主体的全球合作网络进行了深入分析。为了更好地利用 Bibexcel 软件进行网络分析并制作全球创新网络的合作图，本章参考了刘俊婉等（2017）的观点。其中，关系小于等于 2 的节点和单独的孤立节点，即如果创新主体不与上述企业共同拥有 3 个及以上的专利，则不能被显示。最终有 265 个创新主体与这 17 家风电企业相关，并形成了一个有 265 * 265 共计 70225 个节点的共现矩阵。

　　然后，采用 Ucinet 等社会网络可视化和分析软件，将 17 家风电企业与相关创新主体的网络合作图呈现出来，见图 8.4。图中的每个节点都是一家风电企业或与风电企业合作的创新主体。节点越大，合作伙伴的数量越多，两个企业之间的合作越频繁，两个节点之间的界线越粗；反之，节点越小，合作伙伴的数量越少，两个公司之间的合作越不频繁，两个节点之间的界线越细。

　　由 Ucinet 的小团体分析（Subgroups）可知，共计 34 个小团体，图 8.4 中已用相聚在一起且颜色相同的标识标注出相似小团体。图中以 Vestas 和 Siemens - Gamesa 为首的风电企业，反映出了国外的风电行业发展较早，且技术较为成熟。中国也有许继风电、华创风电等明星风电企业，它们也拥有较多的创新主体和更大的合作力度。大树效应使得明星风电企业能够吸引其他创新主体的加入，便于创造新的合作机会。

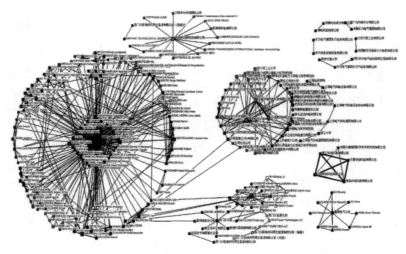

图 8.4　风电企业与创新主体的网络合作关系图

　　由本章提出的强关系和弱关系的定义，进一步分析了这 17 家风电企业和 1014 家创新主体之间的强关系和弱关系。鉴于与这 17 家风电企业合作的创新主体数量众多，这里只介绍与这 17 家风电企业合作较为典型的 3 ~ 6 家创新主体。这 17 家公司在全球创新网络中的弱关系和强关系如表 8.3 所示。

表 8.3　17 家风电企业的全球创新网络关系强度表（部分）

风电企业	合作伙伴	联合专利数量/个	平均合作强度〈K_i〉	关系类型	技术创新模式	合作持续时间/年
Vestas	BECH Anton	34		强	突破式	< 10
	HANCOCK Mark	33		强	突破式	< 10
	ZF Friedrichshafen AG	6	2.52	强	突破式	< 10
	KORSGAARD NIELSEN Thomas	3		强	突破式	< 10
	MOSTAFI Abdelhalm	1		弱	突破式	< 10
Siemens – Gamesa	HANSEN TRANSMISSIONS INTERNATIONAL	29		强	突破式	< 10
	Andresen Towers A/S	12		强	突破式	< 10
	西门子能源公司	6	2.01	强	突破式	< 10
	ZF Wind Power Antwerpen N V	2		弱	突破式	< 10
	MARKUSSEN Jens	1		弱	突破式	< 10
General Electric	HUANG Xiongzhe	6		强	突破式	< 10
	HAZEL Brian Thomas	3		强	突破式	< 10
	SOURI Ramy Michael	2	1.18	强	突破式	< 10
	MASHTARE Dale Robert	1		弱	突破式	< 10
	MUSTAFA Tekin DOKUCU	1		弱	突破式	< 10
东方电气	四川东方电气自动控制工程有限公司	29		强	突破式	< 10
	西安交通大学	3	7.2	弱	突破式	< 10
	成都邦普合金材料有限公司	2		弱	突破式	< 10

续表

风电企业	合作伙伴	联合专利数量/个	平均合作强度〈K_i〉	关系类型	技术创新模式	合作持续时间/年
东方电气	株式会社日立制作所	1	7.2	弱	突破式	<10
	德阳东汽工模具有限公司	1		弱	渐进式	<10
华创风能	沈阳华创风能有限公司	213	133.4	强	渐进式	<10
	宁夏华创风能有限公司	211		强	渐进式	<10
	通辽华创风能有限公司	211		强	渐进式	<10
	中国大唐集团科学技术研究院有限公司	16		弱	突破式	<10
	薛宇	16		弱	突破式	<10
华锐风电	LI Yan	2	1.2	强	突破式	<10
	JIN Baonian	2		强	突破式	<10
	YAO Libin	2		强	突破式	<10
	上海绿色环保能源有限公司	1		弱	突破式	<10
	YANG Song	1		弱	突破式	<10
金风科技	国家电网公司	8	2.12	强	突破式	<10
	国网新疆电力公司	2		弱	突破式	<10
	清华大学	2		弱	突破式	<10
	新疆大学	1		弱	突破式	<10
	韦塞斯能量股份公司	1		弱	突破式	<10
联合动力	国电联合动力技术（保定）有限公司	14	3.42	强	突破式	<10
	国网新源张家口风光储示范电站有限公司	5		强	突破式	<10
	江苏省电力公司	2		弱	突破式	<10
	华北电力大学	2		弱	突破式	<10
	中国电力科学研究院	2		弱	突破式	<10

续表

风电企业	合作伙伴	联合专利数量/个	平均合作强度/〈K$_i$〉	关系类型	技术创新模式	合作持续时间/年
上海电气	浙江大学	34	9.25	强	突破式	<10
	河海大学	1		弱	突破式	<10
	上海电气自动化设计研究所有限公司	1		弱	渐进式	<10
	上海电气风电设备东台有限公司	1		弱	突破式	<10
湘电风能	湘潭电机股份有限公司	13	2.7	强	突破式	<10
	HUANG Xiaojun	2		弱	突破式	<10
	GUO Yingfu	2		弱	突破式	<10
	WANG Xiangtao	1		弱	突破式	<10
	ZHU Weiya	1		弱	突破式	<10
许继风电	许继集团有限公司	328	32.38	强	突破式	≥10
	国家电网公司	252		强	突破式	<10
	许继电气股份有限公司	9		弱	突破式	<10
	哈尔滨工业大学	5		弱	突破式	<10
	许继电源有限公司	2		弱	突破式	<10
远景能源	国家电网公司	3	1.75	强	突破式	<10
	华北电力科学研究院有限责任公司	3		强	突破式	<10
	五源生态公司	3		弱	突破式	<10
	国网新源张家口风光储示范电站有限公司	1		弱	突破式	<10
	清华大学	1		弱	突破式	<10
运达风电	张北运达风电有限公司	8	2.15	强	突破式	<10
	国家电网公司	5		强	突破式	<10
	浙江大学	4		强	突破式	<10
	宁夏运达风电有限公司	1		弱	突破式	<10

续表

风电企业	合作伙伴	联合专利数量/个	平均合作强度〈K_i〉	关系类型	技术创新模式	合作持续时间/年
运达风电	中节能风力发电（张北）有限公司	1	2.15	弱	突破式	<10
中国海装	埃斯倍风电科技（青岛）有限公司	2	1.17	强	渐进式	<10
	沈阳东大伟业液压气动装备有限责任公司	1		弱	突破式	<10
	巨力索具股份有限公司	1		弱	突破式	<10
	TANG Wenbing	1		弱	突破式	<10
中车风电	中国电力科学研究院有限公司	2	1.5	强	突破式	<10
	国网山东省电力公司	1		弱	突破式	<10
航天万源	北京万源工业有限公司	10	10	强	渐进式	<10
明阳智能	青海东方华路新能源投资有限公司	2	2	强	渐进式	<10

从表8.3中可以清楚地发现，由于不同的风能企业会与不同的创新主体合作，与创新主体的合作程度也会存在差异，可以用联合专利的数量来表示不同的风能企业的平均合作强度〈K_i〉，且〈K_i〉的差异较大。华创风能最高的平均合作强度〈K_i〉为133.4，表明其与全球创新网络中的少数创新主体合作非常密切。这种强关系促进了企业之间的渐进式创新。大多数风电企业的平均合作强度〈K_i〉在1到3之间。当然，这种平均协作强度因公司而异，所以不能用平均协作强度来衡量一个公司的合作或创新能力，必须在单个公司内部进行纵向比较。

调查数据的分析结果也表明，关系的强弱是相对的，且其不在于双方共享的专利数量。例如，远景能源与国家电网和华北电力科学研究院有限公司有 3 项联合专利，远景能源与这两家子企业之间的关系非常紧密，而华创风能与华北电力科学研究院有限责任公司尽管共同拥有 16 项联合专利，双方仍为弱关系。

在全球创新网络合作的过程中，只要存在联合专利，那么每家企业至少会与一个创新主体存在密切关系。在最极端的情况下，如果某家企业和 n 个创新主体都共同持有联合专利，并且如果该企业和 n 个创新主体持有的联合专利数量相等，那么该企业将有 n 个强关系，且没有弱关系。例如，在本章的数据中，航天万源与北京万源、明阳智能与青海东方华路均只与一家公司共享联合专利数据，且都有强关系，不存在弱关系。

风电行业核心企业融入全球网络的程度与选定的合作伙伴的联合专利申请数量之间存在着明显的关联。不论是反映突破式创新的发明专利还是反映渐进式创新的实用新型和外观设计专利，公司与其合作伙伴之间的联系越强，这种专利的数量就越多。然而，与技术创新模式的选择没有必然的联系，如果一家企业和合作的创新主体间只有突破式创新或仅有渐进式创新，只要数量足够多，也可成为全球网络的核心枢纽。

（2）全球创新网络中超级关系研究

从图 8.4 可知，连线很粗的团体企业有两个，第一个团体为许继、许昌许继以及国家电网公司等；第二个团体为青岛、通辽、宁夏以及沈阳等华创风能。由上文对超级关系定义的阐述可知，青岛华创风能和通辽、宁夏以及沈阳三家华创风能的合作强度分别为 211、211 和 213，合作的强度远远超过平均合作的强度 $\langle K_i \rangle$（$\langle K_i \rangle = 133.4$），显然符合超级关系对合作强度的具体定义，但由于其合作时长未满 10 年，故不满足超级关系中对合作时长的约束，故这四家风电企业不存在超级关系。同理，许昌许继风电科技有限公司和国家电网公司的合作强度达到 252，远远超过平均合

作强度〈K_i〉(〈K_i〉= 32.38），但由于首次联合申请专利的时间为
2013 年 7 月，距今仍未满 10 年，同样不符合超级关系对合作市场的
约束，故许昌许吉风电科技有限公司和国家电网公司之间也不存在超
级关系。

不同于上述案例，许昌许继和许继集团的合作强度达到 328，
远超平均合作强度〈K_i〉(〈K_i〉= 32.38），且双方首次联合申请专
利时间为 2010 年 5 月，合作市场超过 10 年，因此，不论是从合
作强度来看，还是从合作市场来看，许昌许继和许继集团都满足
超级关系的定义，因此这两个企业间存在显著的超级关系。如图
8.5 所示，本章使用了 Netdraw 及 Ucinet，以更好的可视化效果展
示出许昌许继的全球创新网络关系，由图可知，与许昌许继相关
的共有 28 家创新主体与该公司联系最为紧密，共同申请联合专利
数量最多的企业为许继集团有限公司。

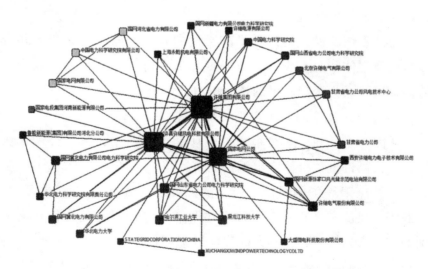

图 8.5　许昌许继风电科技有限公司的全球创新网络关系图

①超级关系企业之间的联合专利分析。

通过调查可知，许昌许继和许继集团的第一项实用新型专

利——"风力发电机、用于风力发电机的减震器及其减震垫"诞生于 2009 年，IPC 分类号如下所示：F16F7/00；F16F15/04；F03D9/00 和 F03D1/00。调查结果表明，这两家企业申请实用新型专利较多的年份介于 2009 至 2012 年、2012 至 2015 年。这两家企业联合申请实用新型专利的数量实现了跨越式增长，至今这两家企业的联合申请实用新型专利数仍保持风电行业的较高水平。

由于许昌许继与许继集团的合作越来越长，合作广度得以深度挖掘，这两家企业在 2012 年申请了第一件发明专利，呈现出从渐进式创新到突破性创新质变的繁荣发展趋势，发明专利申请数量在 2017 年达到了峰值，说明了近几年来两家企业的突破性创新已逐步达到巅峰状态。图 8.6 显示了两家企业的联合专利申请数量在一段时间内的变化情况。

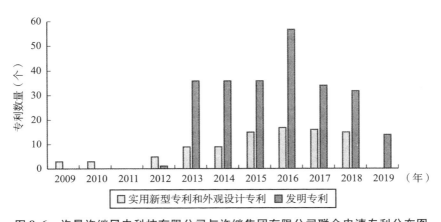

图 8.6　许昌许继风电科技有限公司与许继集团有限公司联合申请专利分布图

注：中国《专利法》规定专利申请过 18 个月后才能公开，因此图中 2018 年与 2019 年为不完整数据，无法反映出真实发展趋势。

②超级关系之间的点度中心性分析。

点度中心性强调了企业与其他创新主体之间的直接联系。与其他创新机构有更多联系的企业将有更多的机会处于更好的位置。

无向数据里，企业和其他创新主体的区别在于其链接的数量。发出和获得更多联系的公司在一定范围上会拥有更重要的地位，或者有更高的声望，在整个网络中处于中心地位，是中心节点企业。

从图 8.7 可以看出，许昌许继风电科技有限公司和许继集团有限公司的点度中心度分别为 680 和 686，代表这两家关系非常密切的公司构成了整个网络的核心。点度中心度的平均强度为 82，而国家电网公司和国网新源张家口风光储示范电站有限公司的点度中心度高于平均中心度，代表着这两家公司在这个网络中占据了比较核心的位置，有很大可能在接下来的阶段与许昌许继风电科技有限公司形成超级关系。

		1 Degree	2 NrmDegree	3 Share
1	许继集团有限公司	686.000	7.470	0.288
2	许昌许继风电科技有限公司	680.000	7.404	0.286
3	国家电网公司	602.000	6.555	0.253
4	国网新源张家口风光储示范电站有限公司	156.000	1.699	0.066
6	国网山东省电力公司电力科学研究院	47.000	0.512	0.020
5	许继电气股份有限公司	42.000	0.457	0.018
7	哈尔滨工业大学	25.000	0.272	0.011
8	黑龙江科技大学	25.000	0.272	0.011
9	国网冀北电力有限公司电力科学研究院	14.000	0.152	0.006
17	甘肃省电力公司	8.000	0.087	0.003
18	甘肃省电力公司风电技术中心	8.000	0.087	0.003

图 8.7　超级关系之间的点度中心度数据（部分）

③超级关系之间的接近中心度分析。

接近中心度表示的是一个节点和网络中所有其他节点之间的最短距离。换句话说，它关注的是企业与其他创新主体之间的距离，这个距离越短，说明企业越接近其他创新主体，即企业越处于核心位置。

图 8.8 表明，许昌许继风电科技有限公司是一家集研发、生产、销售于一体的企业，该公司和许继集团有限公司的接近中心度分别为 31 和 35，体现了存在超级关系的企业可以在较短的距离内接触到其他相关的创新主体，存在超级关系的企业身处于该网络的核心位置。此外，该网络的平均接近中心度是 51.655，国家电网公司、许继电气股份有限公司、国网山东省电力公司电力科学研究院、国网新源张家口风光储示范电站有限公司、国网冀北电力有限公司电力科学研究院、哈尔滨工业大学和黑龙江科技大学这些创新主体的接近中心度均低于平均值，代表这些创新主体也在较为核心的网络地位。

		1 Farness	2 nCloseness
1	许继集团有限公司	31.000	90.323
2	许昌许继风电科技有限公司	35.000	80.000
3	国家电网公司	37.000	75.676
5	许继电气股份有限公司	49.000	57.143
6	国网山东省电力公司电力科学研究院	49.000	57.143
4	国网新源张家口风光储示范电站有限公司	50.000	56.000
9	国网冀北电力有限公司电力科学研究院	50.000	56.000
7	哈尔滨工业大学	51.000	54.902
8	黑龙江科技大学	51.000	54.902
24	国网山西省电力公司电力科学研究院	52.000	53.846
25	中国电力科学研究院	52.000	53.846

图 8.8　超级关系之间的接近中心度数据（部分）

8.3.5　技术创新模式分析

从以上对渐进式创新和突破式创新的定义可知，本章将发明专利表示为突破性创新，将实用新型和外观设计专利表示为渐进式创新。经过相关处理，可以得到这 17 家风电企业及其相关创新主体在全球范围内共有 304 项渐进式创新和 1634 项突破式创新。

国内风电公司在渐进式创新领域占主导地位，相较而言，国外只有 Vestas 和 Siemens – Gamesa 在渐进式创新领域拥有 4 项联合专利。国内企业包括航天万源、金风科技、明阳智慧能源、湘电风能、远景能源、东方电气、华创风能、国电联合动力、上海电气、许继集团、中国海装等公司，共有 300 项渐进式创新成果。其中，数量最多的是华创风能，有 146 项渐进式创新成果，但其中大部分是由华创风能旗下的青岛华创风能有限公司、沈阳华创风能有限公司、宁夏华创风能有限公司、通辽华创风能有限公司联合开发的。许继集团有限公司的渐进式创新成果次多，共计 93 项，但依旧以内部企业合作为主，联合专利申请人按数量多少排序分别为许继集团有限公司、许昌许继风电科技有限公司，以及国家电网公司，许继集团有限公司以及许继风电科技有限公司分别为国家电网的下属公司。

国外风电公司在突破式创新领域占据主导地位，以 General Electric（通用电气）、Siemens – Gamesa（西门子歌美飒）、Vestas（维斯塔斯）为首的三家企业共计 1074 项突破式创新成果，占总数比重达到 65.73%。国内风电企业取得 560 项突破式创新，占总数的 34.27%，其中，许继风电、华创风能、金风科技、上海电气等风电企业的突破式创新成果较为显著。由上文可知，许继风电（许昌许继风电科技有限公司、许继集团、国家电网公司）与华创风能（青岛华创风能有限公司、沈阳华创风能有限公司、通辽华创风能有限公司、宁夏华创风能有限公司）的突破式创新大多基于内部合作展开。表 8.4 显示了风电企业的突破式创新和渐进式创新的数量和份额情况。

表 8.4　风电企业突破式创新与渐进式创新数量及占比

风电企业（部门）/ 创新模式	突破式创新 数量/个	突破式创新 占比/%	渐进式创新 数量/个	渐进式创新 占比/%
Vestas	651	39.841	1	0.329
Siemens – Gamesa	355	21.726	2	0.658
General Electric	68	4.162	0	0.000
东方电气	38	2.326	6	1.974
航天万源	2	0.122	8	2.632
华创风能	84	5.141	146	48.026
华锐风电	10	0.612	0	0.000
金风科技	49	2.999	16	5.263
联合动力	25	1.530	10	3.289
上海电气	46	2.815	13	4.276
湘电风能	12	0.734	3	0.987
许继风电	247	15.116	93	30.592
YJ 能源	16	0.979	1	0.329
运达风电	25	1.530	0	0.000
明阳智能	0	0.000	2	0.658
中国海装	3	0.184	1	0.329
中车风电	3	0.184	0	0.000

8.3.6　QAP 回归分析

上面已经讨论了风电企业全球创新网络的关系强度以及企业技术创新模式的作用，接着研究两个变量之间的关系，即全球范围内的创新主体和风电企业之间网络关系的强度是否影响到技术创新模式，应该使用 QAP 方法（Quadratic Assignment Procedure，二次指派程序）展开网络回归分析。

二次指派程序法主要通过互相比较两矩阵中各值的相似程度

进行操作，从而给出两矩阵的相关系数，并对相关系数展开非参数检验。在该网络回归分析中，一是要根据自变量矩阵以及因变量矩阵所对应的长向量元素展开常规多元回归分析；二是要同一时间随机置换因变量矩阵的行和列，并重新计算回归，在保存所有系数的前提下进行系数判定。需重复最多至上万次，以利于估计统计量的标准误差（Standard Errors），详细结果如表8.3及表8.4所示。其中，表8.3表明包括强关系、弱关系和超级关系在内的全球创新网络的关系强度对突破式创新的二次指派程序网络回归分析，而表8.4展示的是包括强关系、弱关系以及超级关系在内的全球创新网络关系强度对渐进式创新的二次指派程序网络回归分析。

由表8.5可知，强、弱和超级关系对突破式创新均存在正向的促进作用，而弱关系以0.731的回归系数位列最高的标准化回归系数，同时也在1%的显著性水平上显著，体现出弱关系更有利于突破式创新，这与格兰诺维特（1973）、汉森（1999）等学者的研究结论一致。

强关系的标准化回归系数为0.385，并在1%的显著性水平上显著，说明了强关系对突破式创新有一定积极作用，但是促进作用低于弱关系。这与边燕杰（1999）的"强关系的力量"观点一致。结合当前我国国情，可知中国人更喜欢与熟人和自己人展开更深层次更广范围的合作。视角切换至企业层面，依旧是同样的道理，同熟悉的企业进行交流合作可以尽可能减少双方交流和互动的成本，有更多的机会和空间获取隐性知识，从而取得更为显著的突破式创新。

超级关系的非标准化回归系数显示为0.027，并在1%的显著性水平上显著，这体现了超级关系同样有利于突破式创新，但是值得注意的是，超级关系对于突破式创新的影响程度低于强关系和弱关系。这种情况发生的原因在于超级关系较高的界定标准，即企业间不仅仅需要达到强关系，也需要有 10 年以上互相拥有联合专利的时长约束，且对两家企业共同申请联合专利的数量也有约束要求，因此样本量的不足很有可能导致数据统计和回归结果产生偏差。本章节涉及的二次指派程序网络回归分析总样本量为 1014 * （1014 – 1） 共计 1027182 个，然而经过严格的排查和筛选，风电企业与创新主体间的超级关系仅存有 2 * 2 共 4 个样本。我国风电行业目前尚处于高速成长阶段，因此风电企业自身的成立时长不会太久，故互相达到 10 年以上的合作时间的风电企业进一步大打折扣。加之企业特性使然，企业有很多合作伙伴，不仅仅包括提供原材料供应商的合作伙伴，还包括二次加工或是代加工的合作伙伴，以及产业联盟中相关的合作伙伴，因此，除了长期的内部合作外，很难有一家企业做到一半以上的联合专利出自其与另一家企业共同申请的情况发生。

从符合本章所有要求的两家风电公司来看：许昌许继的官方网站显示，其注册资本为 22000 万元人民币，其中由许继集团有限公司认缴出资 20500 万元，持股比例达到 93.18%，故这两个公司既存在超级关系，又是分公司及母公司的内部关系。这表明尽管中国风电行业处于高速成长期，但风电企业间的关系还不够发达，即使存在也是企业内部的关系，该关系超越了普通的合作范围。表 8.7 展示了突破式创新的 QAP 回归结果。

表 8.5　突破式创新 QAP 回归结果

变量	Un-stdized Coefficient	Stdized Coefficient	Proportion Significance	Proportion As Large	Proportion As Large
弱关系	0.990 ***	0.731 ***	0.000	0.000	1.000
强关系	0.972 ***	0.385 ***	0.000	0.000	1.000

续表

变量	Un-stdized Coefficient	Stdized Coefficient	Proportion Significance	Proportion As Large	Proportion As Large
超级关系	0.027 ***	0.001 ***	0.002	0.002	0.998
截距项	0.001	0.000			
P 值	0.000				
样本量	$1014*(1014-1)=1027182$				
随机置换数	2000				

注：*** 、 ** 、 * 分别代表在 1% 、5% 以及 10% 的水平下显著。

表 8.6 的结果表明，渐进式创新均能受到强、弱关系的正向促进作用，但超级关系对渐进式创新的促进作用远不如前两者显著。由结果可知，强关系以 0.098 的标准化回归系数位列第一，在 1% 的显著性水平上显著。这表明，强关系有利于风电企业接触并获取其他创新主体的隐性知识，长期接触同质信息会增加企业改进产品和工艺流程的倾向，从而促进企业的渐进式创新，这与格兰诺维特（1973）和科尔曼（Coleman，1988）等人的观点是一致的。

如表 8.6 所示，弱联系的标准化回归系数显示为 0.072，在 1% 的显著性水平上显著。这表明，即使企业与创新主体的关系薄弱，为弱关系范畴，依旧有助于风电企业的渐进式创新。然而，这种促进作用远低于强关系的作用力。这与王为东（2011）和谢卫红（2015）等学者的观点一致。渐进式创新不像突破性创新那样具有更强有力的创新性，但它是与两者间弱关系分不开的创新，同时需要各异且丰富的信息与知识。

此外，超级关系的标准化回归系数显示为 - 0.009，并在 1% 的显著性水平上显著，接近于 0，表明了企业与创新主体间的超级关系对渐进式创新促进作用不够显著，这虽与常识有一定出入，但是仍在可理解的范围之内。原因如下：

一是由于超级关系样本量的限制，导致数据统计和回归结果产生偏差。本章涉及的二次指派程序网络回归分析总样本量为 $1014 * (1014 - 1)$ 共计1027182个，但经过筛选排除，最后存在超级关系的样本只有4个，因此，超级关系样本量受到限制，必然会导致数据统计和回归结果产生一定的偏差。

二是由于渐进式创新的代表性实用新型和外观设计专利的样本量很小。在现阶段，无论是实现提高清洁能源消费比重的短期目标，还是实现"碳中和""碳达峰"的中长期目标，处于高速成长期的风电企业更需要通过突破式创新提升创新能力。因此，更多的风电企业为了追求突破性创新，对某些技术优势实施垄断策略，建立自己特有的竞争基础，提高在陆上风电和海上风电的市场份额，更倾向于申请发明专利。这导致了实用新型和外观专利申请数量以及渐进式创新份额的减少。

三是由于联合专利是一种"共同拥有和共同签署"的伙伴关系，因此只要企业和创新主体共同努力，它们就希望在某个细分的产品或工艺环节中争取更高的创新水平——实现突破性创新，从而带来比渐进式创新更多的利益。超级关系源于强关系，立意又高于强关系，公司和创新主体的紧密联系，使得双方的合作目标超越了渐进式创新的范畴，达到了突破式创新的范畴。双方的超级关系对渐进式创新的贡献不够显著，原因在于它们各自的研发人员都把精力放在产品和工艺的突破性创新上，没有额外的资源用在渐进式创新上。

表8.6　　　　　　　　　　渐进式创新 QAP 回归结果

变量	Un-stdized Coefficient	Stdized Coefficient	Proportion Significance	Proportion As Large	Proportion As Large
弱关系	0.001 ***	0.072 ***	0.000	0.000	1.000
强关系	0.023 ***	0.098 ***	0.000	0.000	1.000

续表

变量	Un-stdized Coefficient	Stdized Coefficient	Proportion Significance	Proportion As Large	Proportion As Large
超级关系	– 0. 023 ***	– 0. 009 ***	0. 000	1. 000	0. 000
截距项	0. 001	0. 000			
P 值	0. 000				
样本量	1014 * (1014 – 1) = 1027182				
随机置换数	2000				

注：***、**、*分别代表在 1%、5% 以及 10% 的水平下显著。

8.4　本章小结

本章根据相关文献明确了全球创新网络关系强度的客观的测度方法及其相应的数据指标，接着从理论机制层面，分析了企业技术创新模式的划分。最后，解释了全球创新网络强度影响企业技术创新模式选择的作用机理，基于此提出假设，即弱关系、强关系和超级关系对渐进式创新以及突破式创新的影响。

在理论分析的基础上，从占中国风电市场份额 95% 以上的风电企业出发，收集了世界各地的 1014 个相关创新主体的研究样本，通过采集和比较各研究样本 1997～2019 年的联合专利数量进行定量研究。而后通过公式来测度两者间的全球创新网络关系的强度，并确定技术创新的模式。得出如下结论：一是突破式创新和渐进式创新均会受到风电企业与其合作伙伴之间弱关系的促进作用；二是突破式创新和渐进式创新均会受到风电企业与其合作伙伴之间强关系的促进作用；三是上述两者间的超级关系既能够推动突破式创新，也可以推动渐进式创新，但相较而言，对渐进式创新的推动效果不够明显。

第 9 章

制造业集群技术创新生态系统跨越式升级对策

在上一章中，我们确定了制造业集群技术创新系统中不同行为主体的功能定位，分析并使用城市面板数据实证检验了它们之间的协同创新关系。在本章中，将从企业、高校、科研机构和政府四个层面提出一些建议，以提高各创新主体的创新能力，促进制造业集群技术创新系统的协调与有效运作。

9.1 企 业 层 面

9.1.1 主动寻求多主体合作与跨集群协同创新

作为产学研合作中的需求主体，企业应充分利用合作研发过程中的选择、学习和竞争的机会实现和提高自身的核心竞争力。除自身产业集群外，企业应主动寻求与上海、南京等地的成熟产业集群内高水准高校与科研机构进行联合研发，逐步提高跨集群协同创新能力。企业在市场运作和需求调查方面相比于高校和科研机构更具有优势，因此，企业应结合市场导向确定产学研协同方向，根据市场需求制定有针对性的技术引进策略，加强应用研究，建立促进长三角地区创新成果转化的导向机制，促进各类企业积极自主地参与科技创新活动，逐步完善从"产"到"学"的逆向反馈机制，为建立全国协同创新体系做出贡献。

9.1.2 完善创新人才引进与再教育机制

企业若要提高创新能力、产出更多科技创新成果，就必须拥有具备强烈创新意识和广阔创新视野的高水平创新人才。首先，企业需要完善外部招聘和选拔的人才入职制度；其次，企业需要完善人才管理和考核机制，采用定期考核等有效的管理形式，全面测试员工的专业技能、工作能力、心理心态和人生规划等方面；最后，企业需要高度重视员工的在职培训以提高员工的综合素质，通过专业课程培训和专家讲座等方式逐步提高企业的创新能力。此外，企业还可以结合员工（特别是管理人员和关键技术人员）的具体情况，通过脱产培训等方式提高相关员工的创业精神和专业技术能力。

9.1.3 建立健全创新成果激励机制与创新失败容忍机制

企业通过建立稳定的创新成果激励机制以确保创新人才在生活、医疗和养老等方面有所保障，从而激发员工的积极性和创新活力。首先，企业可以通过绩效考核、股权激励和提成分红等方式激发创新人才的科研热情和创新活力；其次，企业应尽力帮助创新人才解决住房、子女入学等基本生活问题，协助他们全身心投入工作；再次，在条件允许的情况下，应给予创新人才科研启动资金，满足其必要的工作需求，以确保创新活动以高效和有序的方式进行；最后，企业需要营造"失败乃成功之母"的良好创新氛围，科研创新是一个不断试错的过程，企业必须遵循客观的创新规律，在内部营造出人人想创新和人人敢创新的氛围。

9.2　高校层面

9.2.1　打破主体间的藩篱，建立协同创新平台

我国产学研协同创新体系的建设因日益普及的协同创新理念正在日趋完善，但不同主体间仍存在诸如相对孤立、缺乏沟通协作以及创新效率有待提高等问题。不同创新主体之间存在紧密的合作可能，比如企业从自身的市场化进程中积累更优的实用技术经验，同时可以为高校和科研机构提供一定数目的研究经费并培养学生解决实际问题的能力；高校可以为企业提供合适的科学知识与人才培训。因此，高校在完善学科建设的同时，应继续加强与其他创新主体的合作与交流，通过搭建人才合作培养与协同创新平台，将创新主体、创新要素和创新环境进行有机结合，进一步加大主体间合作力度，通过联合培养等方式重点培育全面优质人才，为重点领域（特别是高科技领域）注入新鲜血液，从而提升我国的整体技术创新能力与核心产业竞争力。

9.2.2　推动学科边界开放，实现跨学科协同创新

人们在不断深入了解科学知识的同时，各个学科的边界都在被逐渐打破并且不断扩展，不同学科之间原有的界限变得越来越模糊。如今，通过不同学科相互交织合作才可能发现一个新的未知领域或是取得颠覆式创新突破，而综合利用几个学科的知识和方法能够在很大程度上打破以前不同学科之间存在的壁垒。但目前，我国的许多高校在研究过程中仍然是各个学院独自埋头苦干，流于形式的学科与专业间合作并没有产生更深层次的互动、交流与融合。因此，高校需要打破传统固有思维与模式，在不同学科

之间建立真正的协同合作渠道，各学院间需要进行便捷有效的沟通和信息交流，共同解决合作过程中出现的重大关键问题，真正实现不同学科之间的协同创新。

9.2.3 转变传统教育理念，培养自主创新人才

人才是创新的基础，高校作为培养人才的高等教育机构，对国家创新能力的可持续发展做出了重要贡献。然而，传统的教育理念基于教学模式的稳定性和同质性，仅仅注重学生记忆与再现知识的能力。显然，在这种学习方式下，学生只能是单纯地得到结果，并没有进行发现和创新，学生发现问题、探索新事物的创新精神没有得到很好的培养。因此，高校应根据社会发展的现实需要，转变教育理念，提升人才各方面素养，注重研究和提高现代大学生的创新与实践能力，培养出符合国家和地区未来经济发展需求的综合型人才。此外，"实践出真知"，高校应鼓励学生走出"象牙塔"，在实践中通过交流与互动更好地学习书本中的知识，从而提高学生沟通、协作和解决问题的能力。

9.3 科研机构层面

9.3.1 提高科研成果互补性，避免同质性研发

科研机构应主动加强与创新体系中其他主体的联系，避免浪费创新资源与进行重复的研发工作，从供需两方面着手，在建设区域创新导向型产业集群中发挥关键作用。首先，最大限度地实现供给侧节约，通过各主体间交流合作避免重复投资与生产，进一步提高现有创新资源的使用效率和产出水平。其次，在需求侧实现创新成果的多元化与个性化，精准对接，提高搜索效率，避

免因产需不匹配而造成的浪费。然而，企业和高校、科研机构间
的信息交流很大程度上受到地方行政边界的阻碍，亟须加强不同
城市与集群之间的合作交流。因此，科研机构应主动加强集群间
科技成果转化的相互沟通机制和资源共享机制，完善集群间共性
技术研发过程中的资源共享和利益分配机制。

9.3.2　加强成果转化的沟通机制与共享机制

目前，我国科研机构对科研成果的评估侧重于理论投入而非
实际需求，侧重于数量而非质量，导致科研成果不能满足企业和
市场的实际需求。因此，科研机构应当充分利用其优势，以需求
为导向，逐步缩小创新链与产业链之间的显著差距。第一，鉴于
中国企业实施创新成果的能力不足，科研机构不能处于被动方，
需要进一步促进创新成果的转化。第二，调动企业参与创新活动
的积极性，与企业适时开展合作，完善成果共享交流机制。科研
机构需要兼顾企业和市场的动态需求，带动整个市场创新积极性
的提升，从而促进创新成果转化，逐步拓展产学研合作的深度和
广度，形成以需求为导向、市场为主体的科技创新体系。

9.3.3　定向培养专业化人才

创新人才离不开高校和科研机构的悉心培育，也正是这两个
主体的存在，其他行为主体才能够得到源源不断的基础扎实、思
维活跃的创新型高层次人才，对中国的技术创新体系的发展与优
化起到了极为重要的作用。值得注意的是，科研机构不同于高校
的人才培养方式，其主旨在于培养更具专业实践能力的创新型人
才，因此科研机构中的学生有更多的机会尽早参与到实践项目中
来，虽然活动显得略有单调，但更有利于学生专业素养和科研能
力的培养。故科研机构更应当按照区域创新政策的指引，明确自

身定位，在切合实际的前提下加强与国外顶尖科研机构的交流与合作，培养更专业的创新人才。

9.4 政 府 层 面

9.4.1 推进政产学研协同发展，打造协同创新平台

建立涵盖各种类型创新主体的交流机制，是落实创新驱动发展战略的关键一步，在此过程中，"政产学研用"成为提升区域协同创新能力的一大思路。第一，产学研等创新主体长期稳定的合作关系离不开政府的鞭策和指引，并鼓励产学研进行模式创新以及协同机制创新。第二，政府需要努力构建一个公正合理的平台，方便创新主体之间的交流与合作，从而提高主体的协同创新能力，并带动技术交流市场效率的提升。第三，要推进产业联盟创新进程的加快，以带动更多的高校、企业以及科研机构的积极参与，以更高水平发展为共同目标，兼顾利益共享、风险共担、联合研发、优势互补的原则，在提高自主创新能力的同时，打造具有世界范围竞争力的创新体系。

9.4.2 完善基础设施建设，优化集群发展环境

当前经济发展已到了以知识为基础、以脑力劳动为主体的时代，技术水平的不断更新换代、知识与技术的不断溢出，为一国创新带来源源不绝的动力。发展规划作为上下推动经济社会发展的共同行动纲领，需要政府部门的不断更新与落实，基础设施作为国民经济基础性、先导性、战略性、引领性产业，也需要政府部门的高度重视，从而克服区域间知识转移的空间限制。首先，考虑到地方经济的发展，加之技术创新系统建立的必要性，需要

对空间进行合理规划，加强通信和交通网络等基础设施的建设，充分发挥协同创新的溢出效应，推进创新成果进一步扩散，创造更适合产业集群发展的外部环境，建立协调的企业发展体系。其次，考虑到"以邻为壑"的不利局面，政府需要加强与区域间其他伙伴的交流合作，创造合作创新的新模式，以提高不同创新主体协同发展、共促创新的积极性，从而真正实现区域间的协调发展，真正提高系统的运行效率。

9.4.3　加强管理创新和制度建设，完善创新人才培养和引进机制

政府部门在实施创新驱动发展战略的过程中起到举足轻重的作用，在此过程中需要积极地推进和调整现有制度政策，努力提高部门间的联动效率，提高可持续创新绩效，为创新发展持续提供动力。在提高创新效率方面，政府应高度重视中央和地方的协同问题，基于产业集群在创新过程中的发展水平存在参差不齐的现象，在推进成熟性产业集群高质量发展的过程中，兼顾成长型产业集群（新兴城市）的政策引导与扶持，大力支持产学研相互协同创新水平提升，缩小产业集群之间创新水平的差距，逐步构建特色鲜明、彼此间促进的区域发展格局。此外，要注重和优化高层次创新型优质人才的培育与引进，为科研人员提供更多的空间与平台提升个人的知识素养，培养高水平、国际化的创新队伍。此外，针对当前互联网技术的快速发展，需着力推动人工智能、互联网、大数据与实体经济更深层次的交互融合，注重先进制造业的高质量发展，推进既有产业的优化升级，努力打造我国工业互联网发展新局面。

参 考 文 献

［1］阿尔弗雷德·韦伯. 工业区位论［M］. 李刚剑, 等, 译. 北京: 商务印书馆, 1997.

［2］白俊红, 卞元超. 政府支持是否促进了产学研协同创新［J］. 统计研究, 2015, 32（11）: 43－50.

［3］白俊红, 蒋伏心. 协同创新、空间关联与区域创新绩效［J］. 经济研究, 2015, 50（7）: 174－187.

［4］边燕杰, 丘海雄. 企业的社会资本及其功效［J］. 中国社会科学, 2000（2）: 87－99.

［5］卞元超, 白俊红. 区域创新系统研究进展: 基于系统内部主体之间以及系统之间关系的视角［J］. 中国科技论坛, 2015（10）: 92－97.

［6］蔡海亚, 徐盈之. 产业协同集聚、贸易开放与雾霾污染［J］. 中国人口·资源与环境, 2018, 28（6）: 93－102.

［7］陈建军, 陈菁菁. 生产性服务业与制造业的协同定位研究——以浙江省69个城市和地区为例［J］. 中国工业经济, 2011（6）: 141－150.

［8］陈建军, 刘月, 陈怀锦. 市场潜能、协同集聚与地区工资收入——来自中国151个城市的经验考察［J］. 南开学报（哲学社会科学版）, 2016（1）: 77－88.

［9］陈建军, 刘月, 邹苗苗. 产业协同集聚下的城市生产效率

增进——基于融合创新与发展动力转换背景［J］. 浙江大学学报（人文社会科学版），2016，46（3）：150－163.

　　［10］陈劲，刘景江，杨发明. 绿色技术创新审计实证研究［J］. 科学学研究，2002（1）：107－112.

　　［11］陈劲，阳银娟. 协同创新的理论基础与内涵［J］. 科学学研究，2012，30（2）：161－164.

　　［12］陈立勇，刘梅，高静. 研发网络成员多样性、网络关系强度对二元式创新的影响［J］. 软科学，2016，30（8）：25－28.

　　［13］陈默. 主体关系视角下制造业与生产性服务业协同集聚的绿色技术创新效应研究［D］. 镇江：江苏大学，2020.

　　［14］陈诗一. 中国的绿色工业革命：基于环境全要素生产率视角的解释（1980—2008）［J］. 经济研究，2010，45（11）：21－34.

　　［15］陈晓峰. 长三角城市群生产性服务业与制造业协同集聚研究［J］. 区域经济评论，2017（1）：89－96.

　　［16］陈阳，唐晓华. 制造业集聚对城市绿色全要素生产率的溢出效应研究——基于城市等级视角［J］. 财贸研究，2018，29（1）：1－15.

　　［17］陈云. 产学研合作相关概念辨析及范式构建［J］. 科学学研究，2012，30（8）：1206－1210.

　　［18］崔新健，崔志新. 多区域协同创新演化路径研究——构建3×3区域协同创新模式［J］. 经济社会体制比较，2018（3）：53－62.

　　［19］邓慧慧，杨露鑫. 雾霾治理、地方竞争与工业绿色转型［J］. 中国工业经济，2019（10）：118－136.

　　［20］邓晓兰，鄢伟波. 中国式分权、金融化与要素收入分配——基于中国地级市数据的实证检验［J］. 当代财经，2019（9）：48－59.

　　［21］豆建民，刘叶. 生产性服务业与制造业协同集聚是否能促

进经济增长——基于中国 285 个地级市的面板数据 [J]. 现代财经（天津财经大学学报），2016，36（4）：92 - 102.

[22] 傅羿芳，朱斌. 高科技产业集群持续创新生态体系研究 [J]. 科学学研究，2004（S1）：128 - 135.

[23] 高峰，刘志彪. 产业协同集聚：长三角经验及对京津唐产业发展战略的启示 [J]. 河北学刊，2008（1）：142 - 146.

[24] 高月姣. 区域创新主体及其交互作用产出效应研究 [D]. 南京：南京航空航天大学，2017.

[25] 葛扬，尹紫翔. 我国构建"双循环"新发展格局的理论分析 [J]. 经济问题，2021（4）：1 - 6.

[26] 郭将，许泽庆. 产业相关多样性对区域经济韧性的影响——地区创新水平的门槛效应 [J]. 科技进步与对策，2019，36（13）：39 - 47.

[27] 郭琪，贺灿飞. 演化经济地理视角下的技术关联研究进展 [J]. 地理科学进展，2018，37（2）：229 - 238.

[28] 韩春花，佟泽华，刘晓婷，等. 复杂动态环境下产业集群创新中的群体知识协同行为模型构建 [J]. 科技进步与对策，2019，36（9）：69 - 76.

[29] 韩先锋，宋文飞，李勃昕. 互联网能成为中国区域创新效率提升的新动能吗 [J]. 中国工业经济，2019（7）：119 - 136.

[30] 何爱平，安梦天. 地方政府竞争、环境规制与绿色发展效率 [J]. 中国人口·资源与环境，2019，29（3）：21 - 30.

[31] 何小钢. 能源约束、绿色技术创新与可持续增长——理论模型与经验证据 [J]. 中南财经政法大学学报，2015（4）：30 - 38.

[32] 何郁冰，张迎春. 网络类型与产学研协同创新模式的耦合研究 [J]. 科学学与科学技术管理，2015，36（2）：62 - 69.

[33] 何郁冰. 产学研协同创新的理论模式 [J]. 科学学研究，2012，30（2）：165 - 174.

［34］洪银兴．产学研协同创新的经济学分析［J］．经济科学，2014，36（1）：56－64．

［35］胡雯．中介组织在创新系统中的作用层次与功能演进：研究综述与展望［J］．科学学与科学技术管理，2020，41（11）：16－30．

［36］胡绪华，陈丽珍，胡汉辉．危机性产业衰退的内涵、传导效应及其应对思路研究［J］．经济学家，2015（6）：22－29．

［37］胡绪华，陈丽珍，吕魁．基于传染病模型的集群内异质企业间知识传播机理分析与仿真［J］．运筹与管理，2015，24（3）：248－257．

［38］胡绪华，陈默．产业协同集聚促进绿色创新了吗？——基于动态视角与门槛属性的双重实证分析［J］．生态经济，2019，35（10）：58－65＋107．

［39］胡绪华，陈默．制造业集聚与城市化协同驱动城市绿色全要素生产率提升研究——来自中国内地261个城市的经验证据［J］．科技进步与对策，2019，36（24）：70－79．

［40］花江峰．全球创新网络关系强度对企业技术创新模式选择的影响研究——基于风电企业联合专利数据分析［D］．镇江：江苏大学，2021．

［41］胡杨，李郇．多维邻近性对产学研合作创新的影响——广州市高新技术企业的案例分析［J］．地理研究，2017，36（4）：695－706．

［42］胡志坚．国家创新系统：理论分析与国际比较［M］．北京：社会科学文献出版社，2000．

［43］黄繁华，洪银兴．生产性服务业对我国参与国际循环的影响——基于制造业全球价值链分工地位的研究［J］．经济学动态，2020（12）：15－27．

［44］黄菁菁，原毅军．协同创新、地方官员变更与技术升级［J］．科学学研究，2018，36（6）：1143－1152．

［45］黄娟，汪明进.科技创新、产业集聚与环境污染［J］.山西财经大学学报，2016，3804：50－61.

［46］黄娟，汪明进.制造业、生产性服务业共同集聚与污染排放——基于285个城市面板数据的实证分析［J］.中国流通经济，2017，31（8）：116－128.

［47］黄鲁成.区域技术创新系统研究：生态学的思考［J］.科学学研究，2003（2）：215－219.

［48］黄鲁成.区域技术创新生态系统的稳定机制［J］.研究与发展管理，2003（4）：48－52.

［49］黄群慧.真实的产业政策发达国家促进工业发展的历史经验与新实践［M］.北京：经济管理出版社，2016.

［50］黄先海，余晓.以"一带一路"建设重塑全球价值链［J］.经济学家，2017（3）：32－39.

［51］回亮澔，伍玉林.战略性新兴产业集群主体协同创新系统研究［J］.自然辩证法研究，2020，36（9）：38－44.

［52］江曼琦，席强敏.生产性服务业与制造业的产业关联与协同集聚［J］.南开学报（哲学社会科学版），2014（1）：153－160.

［53］姜江，胡振华.区域产业集群创新系统发展路径与机制研究［J］.经济地理，2013，33（8）：86－90.

［54］孔群喜，陈慧，倪晔惠.中国企业OFDI逆向技术溢出如何提升绿色技术创新——基于长江经济带的经验证据［J］.贵州财经大学学报，2019（4）：100－111.

［55］寇宗来，刘学悦.中国城市和产业创新力报告2017［R］.复旦大学产业发展研究中心，2018.

［56］李大为，刘英基，杜传忠.产业集群的技术创新机理及实现路径——兼论理解"两个熊彼特"悖论的新视角［J］.科学学与科学技术管理，2011，32（1）：98－103.

［57］李丹，杨建君.关系状态、信任、创新模式与合作创新绩

效［J］．科研管理，2018，39（6）：103－111．

［58］李根强，孟勇，刘人境．基于心理阈值模型的网络舆情传播机制仿真研究［J］．情报科学，2016，34（10）：152－157．

［59］李恒毅，宋娟．新技术创新生态系统资源整合及其演化关系的案例研究［J］．中国软科学，2014（6）：129－141．

［60］李继宏．强弱之外——关系概念的再思考［J］．社会学研究，2003（3）：42－50．

［61］李建，金占明．复杂性理论与产业集群发展［J］．科学学研究，2007（12）：188－195．

［62］李林艳．社会空间的另一种想象——社会网络分析的结构视野［J］．社会学研究，2004（3）：64－75．

［63］李琳，彭璨．长江中游城市群协同创新空间关联网络结构时空演变研究［J］．人文地理，2020，35（5）：94－102．

［64］李培凤．我国大学、产业、政府三螺旋效果分析及政策建议［J］．科学学与科学技术管理，2014（12）：3－9．

［65］李婉红．排污费制度驱动绿色技术创新的空间计量检验——以29个省域制造业为例［J］．科研管理，2015，36（6）：1－9．

［66］李烨，涂跃俊．关系强度对员工创新绩效的影响机制研究［J］．软科学，2018，32（9）：80－83．

［67］李政，杨思莹，路京京．政府参与能否提升区域创新效率？［J］．经济评论，2018（6）：3－14．

［68］李稚，段珅，孙涛．制造业产业集聚如何影响生态环境——基于绿色技术创新与外商直接投资的双中介模型［J］．科技进步与对策，2019，36（6）：51－57．

［69］李子叶，韩先锋，冯根福．我国生产性服务业集聚对经济增长方式转变的影响——异质门槛效应视角［J］．经济管理，2015，37（12）：21－30．

［70］梁强，邹立凯，王博，等．关系嵌入与创业集群发展：基于

揭阳市军埔淘宝村的案例研究 [J]. 管理学报, 2016, 13 (8): 1125 - 1134.

[71] 刘恒江, 陈继祥. 国外产业集群政策研究综述 [J]. 外国经济与管理, 2004 (11): 36 - 43.

[72] 刘华军, 何礼伟. 中国省际经济增长的空间关联网络结构——基于非线性 Granger 因果检验方法的再考察 [J]. 财经研究, 2016, 42 (2): 97 - 107.

[73] 刘兰剑, 王晓琦. 创新路径、技术密度与制造业国际竞争力之间的关系——基于 17 个行业的实证研究 [J]. 中国科技论坛, 2020 (10): 114 - 121.

[74] 刘寿先. 企业社会资本与技术创新关系研究：组织学习的观点 [D]. 济南：山东大学, 2008.

[75] 刘曙光. 区域创新系统——理论探讨与实证研究 [M]. 青岛：中国海洋出版社, 2004.

[76] 刘学元, 丁雯婧, 赵先德. 企业创新网络中关系强度、吸收能力与创新绩效的关系研究 [J]. 南开管理评论, 2016, 19 (1): 30 - 42.

[77] 刘雪芹, 张贵. 创新生态系统：创新驱动的本质探源与范式转换 [J]. 科技进步与对策, 2016, 33 (20): 1 - 6.

[78] 刘耀彬, 袁华锡, 王喆. 文化产业集聚对绿色经济效率的影响——基于动态面板模型的实证分析 [J]. 资源科学, 2017 (4): 747 - 755.

[79] 刘友金, 易秋平, 贺灵. 产学研协同创新对地区创新绩效的影响——以长江经济带 11 省市为例 [J]. 经济地理, 2017, 37 (9): 1 - 10.

[80] 刘又嘉. 国际传播学领域中风险认知研究的分析——基于 Cite space 的聚类与突变检验 [J]. 传媒, 2019 (8): 89 - 93.

[81] 刘志彪. 攀升全球价值链与培育世界级先进制造业集

群——学习十九大报告关于加快建设制造强国的体会［J］.南京社会科学，2018（1）：13－20.

［82］刘志迎，沈磊，冷宗阳.企业协同创新实证研究——竞争者协同创新的影响［J］.科研管理，2020，41（5）：89－98.

［83］柳卸林.构建区域创新体系新思维［J］.人民论坛，2006（4）：15－16.

［84］柳卸林.国家创新体系的引入及对中国的意义［J］.中国科技论坛，1998（2）：3－5.

［85］卢洪友，连玉君，卢盛峰.中国医疗服务市场中的信息不对称程度测算［J］.经济研究，2011，46（4）：94－106.

［86］卢娜，王为东，王淼，等.突破性低碳技术创新与碳排放：直接影响与空间溢出［J］.中国人口·资源与环境，2019，29（5）：30－39.

［87］罗能生，郝腾.生产性服务业集聚对中国绿色全要素生产率的影响［J］.系统工程，2018，36（11）：67－76.

［88］吕一博，韩少杰，苏敬勤，等.大学驱动型开放式创新生态系统的构建研究［J］.管理评论，2017，29（4）：68－82.

［89］马文聪，叶阳平，徐梦丹，等."两情相悦"还是"门当户对"：产学研合作伙伴匹配性及其对知识共享和合作绩效的影响机制［J］.南开管理评论，2018，21（6）：95－106.

［90］毛艳华.区域创新系统的内涵及其政策含义［J］.经济学家，2007（2）：84－90.

［91］倪进峰，李华.产业集聚、人力资本与区域创新——基于异质产业集聚与协同集聚视角的实证研究［J］.经济问题探索，2017（12）：156－162.

［92］潘松挺，蔡宁.企业创新网络中关系强度的测量研究［J］.中国软科学，2010（5）：108－115.

［93］潘松挺，郑亚莉.网络关系强度与企业技术创新绩效——

基于探索式学习和利用式学习的实证研究 [J]. 科学学研究，2011，29（11）：1736 - 1743.

[94] 潘文卿，李子奈，刘强. 中国产业间的技术溢出效应：基于35 个工业部门的经验研究 [J]. 经济研究，2011，46（7）：18 - 29.

[95] 潘永明，侯然然. 基于主体关系的集群融资演化博弈 [J]. 商业经济研究，2015（14）：98 - 100.

[96] 彭向，蒋传海. 产业集聚、知识溢出与地区创新——基于中国工业行业的实证检验 [J]. 经济学（季刊），2011，10（3）：913 - 934.

[97] 齐昕，刘洪，张军. 制造企业创新网络与双元性学习——基于垂直、水平创新网络的比较研究 [J]. 商业经济与管理，2019（1）：25 - 34.

[98] 钱先航，曹廷求，李维安. 晋升压力、官员任期与城市商业银行的贷款行为 [J]. 经济研究，2011，46（12）：72 - 85.

[99] 邵云飞，庞博. 网络嵌入与突破性技术创新：结构洞与关系强度的协同影响机制研究 [J]. 科技进步与对策，2017，34（10）：15 - 18.

[100] 盛亚，范栋梁. 结构洞分类理论及其在创新网络中的应用 [J]. 科学学研究，2009，27（9）：1407 - 1411.

[101] 孙伯驰，曹景林. 社会资本异质性与农村减贫成效差异——基于收入增长和差距缩小的双重视角分析 [J]. 商业研究，2020（1）：35 - 44.

[102] 孙大明，原毅军. 空间外溢视角下的协同创新与区域产业升级 [J]. 统计研究，2019，36（10）：100 - 114.

[103] 孙晓华，柴玲玲. 相关多样化、无关多样化与地区经济发展——基于中国 282 个地级市面板数据的实证研究 [J]. 中国工业经济，2012（6）：5 - 17.

[104] 唐未兵，傅元海，王展祥. 技术创新、技术引进与经济

增长方式转变 [J]. 经济研究，2014，49（7）：31 - 43.

[105] 唐晓华，张欣珏，李阳. 中国制造业与生产性服务业动态协调发展实证研究 [J]. 经济研究，2018，53（3）：79 - 93.

[106] 田丹，于奇. 高层管理者背景特征对企业绿色创新的影响 [J]. 财经问题研究，2017（6）：108 - 113.

[107] 田红娜，毕克新. 基于自组织的制造业绿色工艺创新系统演化 [J]. 科研管理，2012，33（2）：18 - 25.

[108] 田红宇，祝志勇，刘魏. 政府主导、地方政府竞争与科技创新效率 [J]. 软科学，2019，33（2）：22 - 25.

[109] 万幼清，王云云. 产业集群协同创新的企业竞合关系研究 [J]. 管理世界，2014（8）：175 - 176.

[110] 万幼清，张妮，鲁平俊. 产业集群协同创新风险及其形成机理研究 [J]. 管理世界，2015（2）：182 - 183.

[111] 王春法. 关于国家创新体系理论的思考 [J]. 中国软科学，2003（5）：99 - 104.

[112] 王镝，唐茂钢. 土地城市化如何影响生态环境质量？——基于动态最优化和空间自适应半参数模型的分析 [J]. 经济研究，2019，54（3）：72 - 85.

[113] 王东林，耿敬杰. 1998—2015：中国广告学研究热点、趋势及网络 [J]. 科研管理，2019，40（8）：234 - 242.

[114] 王国红，周建林，邢蕊. 孵化器"内网络"情境下社会资本、联合价值创造行为与在孵企业成长的关系研究 [J]. 中国管理科学，2015，23（S1）：650 - 656.

[115] 王缉慈. 从意大利产业区模式看浙江专业化产业区发展前景 [J]. 浙江经济，2000（7）：10 - 12.

[116] 王缉慈. 关于发展创新型产业集群的政策建议 [J]. 经济地理，2004（4）：433 - 436.

[117] 王缉慈. 超越集群——中国产业集群的理论探索 [M].

北京：科学技术出版社，2016.

[118] 王缉慈. 我国制造业集群分布现状及其发展特征 [J]. 地域研究与开发，2003（12）：29 – 33.

[119] 王琳，魏江，饶扬德，等. 知识密集服务关系嵌入与制造企业服务创新：探索性学习的中介作用和技术能力的调节作用 [J]. 研究与发展管理，2017，29（1）：106 – 115.

[120] 王儒奇. 制造业集群技术创新系统中多主体协同创新效应研究 [D]. 镇江：江苏大学，2021.

[121] 王松，胡树华，牟仁艳. 区域创新体系理论溯源与框架 [J]. 科学学研究，2013，31（3）：344 – 349.

[122] 王文平，王为东，张晓玲. 集群企业创新绩效生成的结构——行为路径研究 [J]. 管理学报，2011，8（10）：1530 – 1540.

[123] 王旭，褚旭. 基于企业规模门槛效应的外部融资对绿色创新影响研究 [J]. 系统工程理论与实践，2019，39（8）：2027 – 2037.

[124] 王旭，杨有德. 企业绿色技术创新的动态演进：资源捕获还是价值创造 [J]. 财经科学，2018（12）：53 – 66.

[125] 魏江，刘洋. 中国企业的非对称创新战略 [J]. 清华管理评论，2017（10）：20 – 26.

[126] 魏江，郑小勇. 关系嵌入强度对企业技术创新绩效的影响机制研究——基于组织学习能力的中介性调节效应分析 [J]. 浙江大学学报（人文社会科学版），2010，40（6）：168 – 180.

[127] 魏江. 产业集群——创新系统与技术学习 [M]. 北京：科学出版社，2003.

[128] 文丰安. 生产性服务业集聚、空间溢出与质量型经济增长——基于中国 285 个城市的实证研究 [J]. 产业经济研究，2018（6）：36 – 49.

[129] 吴金希. 创新生态体系的内涵、特征及其政策含义 [J].

科学学研究，2014，32（1）：44 - 51.

［130］吴伟．企业技术创新主体协同的系统动力学分析［J］．科技进步与对策，2012，29（1）：91 - 96.

［131］吴松强，何春泉，夏管军．江苏先进制造业集群：关系嵌入性、动态能力与企业创新绩效［J］．华东经济管理，2019，33（12）：28 - 34.

［132］吴先华，郭际，胡汉辉．复杂性理论和网络分析方法在产业集群创新能力问题中的应用——基于江苏省三个产业集群的实证研究［J］．科学学与科学技术管理，2008（4）：75 - 80.

［133］吴晓云，王建平．网络关系强度对技术创新绩效的影响——不同创新模式的双重中介模型［J］．科学学与科学技术管理，2017，38（7）：155 - 166.

［134］伍先福，杨永德．生产性服务业与制造业协同集聚提升了城镇化水平吗［J］．财经科学，2016（11）：79 - 90.

［135］伍先福．生产性服务业与制造业协同集聚提升了全要素生产率吗？［J］．财经论丛，2018（10）：1 - 10.

［136］肖仁桥，宋莹，钱丽．企业绿色创新产出及其空间溢出效应研究——基于两阶段价值链视角［J］．财贸研究，2019，30（4）：71 - 83.

［137］徐建中，王曼曼，贯君．动态内生视角下能源消费碳排放与绿色创新效率的机理研究——基于中国装备制造业的实证分析［J］．管理评论，2019，31（9）：81 - 93.

［138］徐则荣．西方技术创新经济学的新发展［J］．福建论坛（人文社会科学版），2013（5）：12 - 21.

［139］徐宵宵．制造业集群技术创新系统中主体关系强度对技术创新模式选择的影响研究［D］．镇江：江苏大学，2020.

［140］许继琴．基于产业集群的区域创新系统研究［D］．武汉：武汉理工大学，2006.

[141] 薛澜，姜李丹，黄颖，等．资源异质性、知识流动与产学研协同创新——以人工智能产业为例［J］．科学学研究，2019，37（12）：2241-2251.

[142] 薛莉，陈钢．政府引导对产学研协同创新的促进效应研究——基于演化博弈的数值仿真视角［J］．江苏社会科学，2021（2）：58-68.

[143] 阎川，何浩恺．生产性服务业集聚、财政分权与城市工业生态效率［J］．经济与管理评论，2019，35（3）：92-107.

[144] 杨浩昌，李廉水．政府支持与中国高技术产业研发效率［J］．科学学研究，2019，37（1）：70-76.

[145] 杨平宇，陈建军．产业集聚、绿色发展与治理体系研究——基于浙南产业集聚区的调查［J］．经济体制改革，2018（5）：93-100.

[146] 杨仁发．产业集聚能否改善中国环境污染［J］．中国人口·资源与环境，2015，25（2）：23-29.

[147] 姚西龙，牛冲槐，刘佳．创新驱动、绿色发展与我国工业经济的转型效率研究［J］．中国科技论坛，2015（1）：57-62.

[148] 易明，程晓曼．长江经济带城市绿色创新效率时空分异及其影响因素［J］．城市问题，2018（8）：31-39.

[149] 尹士，李柏洲，周开乐．基于资源观的互联网与企业技术创新模式演化研究［J］．科技进步与对策，2018，35（6）：93-98.

[150] 于斌斌，金刚，程中华．环境规制的经济效应："减排"还是"增效"［J］．统计研究，2019，36（2）：88-100.

[151] 于斌斌．生产性服务业集聚如何促进产业结构升级？——基于集聚外部性与城市规模约束的实证分析［J］．经济社会体制比较，2019（2）：30-43.

[152] 余伟，胡岩，陈华．创新系统研究30年：发展历程与研

究展望［J］. 科研管理，2019，40（11）：1 - 11.

［153］余泳泽，刘大勇. 我国区域创新效率的空间外溢效应与价值链外溢效应——创新价值链视角下的多维空间面板模型研究［J］. 管理世界，2013（7）：6 - 20.

［154］原毅军，高康. 产业协同集聚、空间知识溢出与区域创新效率［J］. 科学学研究，2020，38（11）：1966 - 1975.

［155］原毅军，谢荣辉. 产业集聚、技术创新与环境污染的内在联系［J］. 科学学研究，2015，33（9）：1340 - 1347.

［156］原毅军，谢荣辉. 环境规制的产业结构调整效应研究——基于中国省际面板数据的实证检验［J］. 中国工业经济，2014（8）：57 - 69.

［157］原长弘，张树满. 以企业为主体的产学研协同创新：管理框架构建［J］. 科研管理，2019，40（10）：184 - 192.

［158］苑柳飏. 产业集群的创新机制研究［D］. 长春：学位论文吉林大学，2008.

［159］张道潘，沈佳. 组织邻近、知识转移、大数据采纳与产学研合作创新绩效：基于被调节的中介模型检验［J］. 上海对外经贸大学学报，2019，26（6）：49 - 58.

［160］张虎，韩爱华. 制造业与生产性服务业耦合能否促进空间协调——基于 285 个城市数据的检验［J］. 统计研究，2019，36（1）：39 - 50.

［161］张江甫，顾新. 基于双阶段扩散的知识网络知识流动模型及仿真［J］. 情报理论与实践，2016，39（5）：74 - 78.

［162］张敬文，吴丽金，喻林，等. 战略性新兴产业集群知识协同行为及促进策略研究［J］. 宏观经济研究，2017（10）：74 - 82.

［163］张可，豆建民. 工业集聚有利于减排吗［J］. 华中科技大学学报（社会科学版），2016，30（4）：99 - 109.

［164］张运生. 高科技企业创新生态系统风险产生机理探究

[J]. 科学学研究, 2009, 27 (6): 925-931.

[165] 赵丰义, 唐晓华. 技术创新二元网络组织的理论与经验研究——基于探索与利用跨期耦合的视角 [J]. 中国工业经济, 2013 (8): 83-95.

[166] 赵家章. 社会资本是否影响经济增长——基于中国区域视角的经验分析 [J]. 经济与管理研究, 2010 (12): 49-56.

[167] 赵磊. 基于创新价值链的我国制造业创新效率外溢效应研究 [J]. 科技进步与对策, 2018, 35 (18): 74-82.

[168] 赵运平, 綦良群. 基于竞合的产业集群技术创新系统机理分析 [J]. 系统科学学报, 2016, 24 (1): 112-116.

[169] 赵增耀, 章小波, 沈能. 区域协同创新效率的多维溢出效应 [J]. 中国工业经济, 2015 (1): 32-44.

[170] 郑刚, 梁欣如. 全面协同: 创新致胜之道——技术与非技术要素全面协同机制研究 [J]. 科学学研究, 2006 (S1): 268-273.

[171] 钟书华. 创新集群: 概念、特征及理论意义 [J]. 科学学研究, 2008 (1): 178-184.

[172] 周海波, 胡汉辉. 知识演化视角下产业集群升级模式对于创新绩效的影响分析 [J]. 中国科技论坛, 2015 (11): 41-46.

[173] 周江华, 李纪珍, 李碧清, 等. 合作与企业国际化创新: 政府参与的调节作用 [J]. 科研管理, 2018, 39 (5): 46-55.

[174] 周亚庆, 张方华. 区域技术创新系统研究 [J]. 科技进步与对策, 2001 (2): 44-45.

[175] 邹东涛, 陈志云. 技术创新模式下的社会资本与网络关系的影响研究 [J]. 浙江工商大学学报, 2018 (1): 66-76.

[176] Adner R. Match your innovation strategy to your innovation ecosystem [J]. Harvard Business Review, 2006, 84 (4): 98-107.

[177] Andersson M. Co-location of manufacturing and producer serv-

ices: a simultaneous equations approach [J]. Entrepreneurship and Dynamics in the Knowledge Economy. Routledge, 2006: 110 – 140.

[178] Antonietti R, Cainelli G. The role of spatial agglomeration in a structural model of innovation, productivity and export: a firm-level analysis [J]. The Annals of Regional Science, 2011, 46 (3): 577 – 600.

[179] Aral S, Van Alstyne M. The diversity-bandwidth trade-off [J]. American Journal of Sociology, 2011, 117 (1): 90 – 171.

[180] Asheim B T, Isaksen A. Regional innovation systems: the integration of local 'sticky' and global 'ubiquitous' knowledge [J]. Journal of Technology Transfer, 2002, 27 (1): 77 – 86.

[181] Autio E. Evaluation of R&D in regional systems of innovation [J]. European Planning Studies, 1998, 6 (2): 131 – 140.

[182] Bagherzadeh M, Markovic S, Cheng J, et al. How does outside-in open innovation influence innovation performance? Analyzing the mediating roles of knowledge sharing and innovation strategy [J]. IEEE Transactions on Engineering Management, 2019, 67 (3): 1 – 14.

[183] Bagnasco A. Tre Italie. La problematica territoriale dello sviluppo italiano [M]. Bologna: Ⅱ Mulino, 1977.

[184] Becattini G. The marshallian industrial district as a socioeconomic notion [A]. In: F. Pyke, G. Becattini, Sengenberger. Industrial districts and inter-firm co-operation in Italy [C]. Geneva: International Institute for Labour Studies (IILS), 1990: 31 – 57.

[185] Bian Y. Bringing strong ties back in: indirect ties, network bridges, and job searches in China [J]. American Sociological Review, 1997: 366 – 385.

[186] Boudeville J R. Problems of regional economic planning [M]. Edinburgh: Edinburgh UP, 1966.

[187] Burke M, Kraut R. Using facebook after losing a job: differ-

ential benefits of strong and weak ties［C］. Proceedings of the 2013 conference on computer supported cooperative work. ACM, 2013.

［188］Capaldo A. Network structure and innovation: the leveraging of a dual network as a distinctive relational capability［J］. Strategic Management Journal, 2007, 28（6）: 585 – 608.

［189］Carlino G, Chatterjee S, Hunt R M, et al. Urban density and the rate of invention［J］. Journal of Urban Economics, 2007, 61（3）: 389 – 419.

［190］Chang Y, Chen M. Comparing approaches to systems of innovation: the knowledge perspective［J］. Technology in Society, 2004, 26（1）: 17 – 37.

［191］Chen Y S, Lai S B, Wen C T. The influence of green innovation performance on corporate advantage in Taiwan［J］. Journal of Business Ethics, 2006, 67（4）: 331 – 339.

［192］Chesbrough H W. Open innovation: the new imperative for creating and profiting from technology［M］. Boston: Harvard Business Press, 2003.

［193］Cooke P, Braczyk, Heidenreich. Regional innovation system: the role of governances in the globalized world［M］. London: UCL Press, 1996.

［194］Cooke P, Schienstock G. Structural competitiveness and learning regions［J］. Enterprise and Innovation Management Studies, 2000, 1（3）: 265 – 280.

［195］Cooke P, Uranga M G, Etxebarria G. Regional systems of innovation: an evolutionary perspective［J］. Environment & Planning, 1998, 30（9）: 1563 – 1584.

［196］Cooke P. Regional innovation systems: competitive regulation in the new Europe［J］. Geoforum, 1992, 23（3）: 365 – 382.

［197］ Cooke P. Regional innovation systems: institutional and organizational dimensions ［J］. Research Policy, 1997, 26 (4 – 5): 475 – 491.

［198］ Dahms S, Cabrilo S, Kingkaew S. The role of networks, competencies, and IT advancement in innovation performance of foreign-owned subsidiaries ［J］. Industrial Marketing Management, 2020.

［199］ Das K. Collective dynamism and firm strategy: study of an Indian industrial cluster ［J］. Entrepreneurship & Regional Development, 1998, 10 (1): 33 – 49.

［200］ D'Este P, Patel P. University – Industry linkages in the UK: what are the factors underlying the variety of interactions with industry? ［J］. Research Policy, 2007, 36 (9): 1295 – 1313.

［201］ Drejer I, Jorgensen B H. The dynamic creation of knowledge: analysing public-private collaborations ［J］. Technovation, 2005, 25 (2): 83 – 94.

［202］ Ellison G, Glaeser E L. Geographic concentration in US manufacturing industries: a dartboard approach ［J］. Journal of Political Economy, 1997, 105 (5): 889 – 927.

［203］ Etzkowita H. The triple helix: university-industry-government innovation in action ［M］. New York: Routledge, 2008.

［204］ Fornell C, Larcker D. Evaluating structural equation models with unobservable variables and measurement error ［J］. Journal of Marketing Research, 1981, 18 (1): 39 – 50.

［205］ Freeman C. Technology policy and economic performance: lessons from Japan ［M］. London: Pinter Publishers, 1987.

［206］ Friedkin N. A structural theory of social influence ［J］. American Journal of Sociology, 1998, 45 (1): 162.

［207］ Friedkin N. A test of structural features of Granovetter's strength of weak ties theory [J]. Social Networks, 1980, 2 (4): 411 –422.

[208] Fritsch M, Franke G. Innovation, regional knowledge spillovers and R&D cooperation [J]. Research Policy, 2004, 33 (2): 245 – 255.

[209] Fritsch M, Slavtchev V. How does industry specialization affect the efficiency of regional innovation systems? [J]. The Annals of Regional Science, 2010, 45 (1): 87 – 108.

[210] Fujita M, Thisse J F. Economics of agglomeration [J]. Journal of the Japanese and international Economies, 1996, 10 (4): 339 – 378.

[211] Gee L, Jones J, Fariss C. The paradox of weak ties in 55 countries [J]. Journal of Economic Behavior & Organization, 2017, 133: 362 – 372.

[212] Glaeser E L, Kallal H D, Scheinkman J A, et al. Growth in cities [J]. Journal of Political Economy, 1992, 100 (6): 1126 – 1152.

[213] Granovetter M. Coase revisited: business groups in the modern economy [J]. Industrial & Corporate Change, 1995 (1): 1.

[214] Granovetter M. Economic action and social structure: the problem of embeddedness [J]. Administrative Science Quarlerly, 1984, 19: 481 –510.

[215] Granovetter M. The strength of weak ties [J]. American Journal of Sociology, 1973, 78 (6): 1360 – 1380.

[216] Hansen M T. The Search-transfer problem: the role of weak ties in sharing knowledge across organization subunits [J]. Administrative Science Quarterly, 1999, 44 (1): 82 – 111.

[217] Hansen M, Nohria N, Ierney T. What's your strategy for managing knowledge? [J]. Harvard Business Review, 1999, 77 (2): 106.

[218] Harris M, Young P. Developing community and social cohe-

sion through grassroots bridge-building: an exploration [J]. Policy & Politics, 2009, 37 (4): 517 – 534.

[219] Hauser A M, Bowen D M. Primer on preclinical instruction and evaluation [J]. Journal of Dental Education, 2009, 73 (3): 390 – 398.

[220] Higuchi T, Niwa T, Tanaka, et al. Evolving hardware with genetic learning: a first step towards building a Darwin machine [C]. International Conference on from Animals to Animats, 1993.

[221] Hu B, Mai Y, Peke S. Managing innovation spillover in outsourcing [J]. Production and Operations Management, 2020 (9): 2252 – 2267.

[222] Hur, Wonchang, Park, Jaeho. Network patterns of inventor collaboration and their effects on innovation outputs [J]. Sustainability, 2016, 8 (4).

[223] Isard W, Schooler E W. Industrial complex analysis, agglomeration economies, and regional development [J]. Journal of Regional Science, 1959, 1 (2): 19 – 33.

[224] Jones O, Conway S, Steward F, et al. Social interaction and organizational change [J]. Chinese Medical Record, 2001, 85 (3): 361 – 367.

[225] Ketokivi M. Point-counterpoint: resource heterogeneity, performance, and competitive advantage [J]. Journal of Operations Management, 2016, 41: 75 – 76.

[226] Krugman P R. The age of diminished expectations: US economic policy in the 1990s [M]. MIT Press, 1997.

[227] Kumbhakar S C, Parmeter C F. The effects of match uncertainty and bargaining on labor market outcomes: evidence from firm and worker specific estimates [J]. Journal of Productivity Analysis, 2009, 31

（1）：1 – 14.

［228］Lee R. Extending the environment-strategy-performance frame-work: the roles of multinational corporation network strength, market responsiveness, and product innovation ［J］. Journal of International Marketing, 2010, 18 (4): 58 – 73.

［229］Levin D, Cross R. The strength of weak ties you can trust: the mediating role of trust in effective knowledge transfer ［J］. Management Science, 2004, 50 (11): 1477 – 1490.

［230］Li H, Sheng Y, Yan X. Empirical research on the level of institutional innovation in the development of China's high-tech industry ［J］. IEEE Access, 2020 (8): 115800 – 115811.

［231］Lin N, Vaughn E. Social resources and strength of ties: structural factors in occupational status attainment ［J］. American Sociological Review, 1981, 46 (4): 393 – 405.

［232］Liu X, Buck T. Innovation performance and channels for international technology spillovers: evidence from Chinese high-tech industries ［J］. Research Policy, 2007, 36 (3): 355 – 366.

［233］Lundvall B. National innovation systems: towards a theory of innovation and interactive learning ［M］. London: Pinter Publishers, 1982.

［234］Madu C N. Benchmarking on environmentally sound technology innovation ［J］. Environmental Management & Strategy, 1997, 14: 35 – 43.

［235］March J. Exploration and exploitation in organizational learning ［J］. Organization Science, 1991, 2 (1): 71 – 87.

［236］Marshall A. Principles of economics : an introductory volume ［J］. Social Science Electronic Publishing, 1920, 67 (1742): 457.

［237］Marshall A. Principles of economics: an introductory volume ［M］. London: Macmillan, 1890.

[238] Maruyama G. The basics of structural equation modeling [M]. Basics of structural equation modeling, 1998.

[239] Moore J F. Predators and prey: a new ecology of competition [J]. Harvard Business Review, 1993, 71 (3): 75 – 86.

[240] Muller E, Peres R. The effect of social networks structure on innovation performance: a review and directions for research [J]. International Journal of Research in Marketing, 2019, 36 (1): 3 – 19.

[241] Musiolik J, Markard J, Hekkert M. Creating innovation systems: how resource constellations affect the strategies of system builders [J]. Technological Forecasting and Social Change, 2018.

[242] Nelson R. National innovation systems: a comparative analysis [M]. New York: Oxford, 1993.

[243] Patel P, Pavitt K. The technological competencies of the world's largest firms: complex and path-dependent, but not much variety [J]. Research Policy, 1997, 26 (2): 141 – 156.

[244] Perroux F. Economic space: theory and applications [J]. The Quarterly Journal of Economics, 1950, 64 (1): 89 – 104.

[245] Piore M, Sabel C. The second industrial divide: possibilities for prosperity [M]. New York: Basic Books, 1984.

[246] Porter M E. Clusters and the new economics of competition [M]. Boston: Harvard Business Review, 1998.

[247] Porter M. Competitive advantage of nations [M]. New York: The Free Press, 1990.

[248] Rasi K, Ester M R. Towards green growth: how does green innovation affect employment? [J]. Research Policy, 2016, 45 (6): 1218 – 1232.

[249] Rennings K. Redefining innovation—eco-innovation research and the contribution from ecological economics [J]. Ecological Economics,

2000, 32（2）: 319 – 332.

［250］ Rohe S. The regional facet of a global innovation system: exploring the spatiality of resource formation in the value chain for onshore wind energy ［J］. Environmental Innovation and Societal Transitions, 2020, 36: 331 – 344.

［251］ Romer P. New goods, old theory, and the welfare costs of trade restrictions ［J］. Journal of Development Economics, 1994（43）: 5 – 38.

［252］ Romer, Paul M. Increasing returns and long-run growth ［J］. Journal of Political Economy, 1986, 94（5）: 1002 – 1037.

［253］ Roud V. Understanding the heterogeneity of innovation modes: performance effects, barriers, and demand for state support ［J］. Technological Forecasting and Social Change, 2018, 133: 238 – 253.

［254］ Rowley T, Behrens D, Krackhardt D. Redundant governance structures: an analysis of structural and relational embeddedness in the steel and semiconductor industries ［J］. Strategic Management Journal, 2000, 21（3）: 369 – 386.

［255］ Saxenian A L. Silicon Valley's new immigrant high-growth entrepreneurs ［J］. Economic Development Quarterly, 2002, 16（1）: 20 – 31.

［256］ Schijns J, Schroeder G. Segment selection by relationship strength ［J］. Journal of Interactive Marketing, 1996, 10（3）: 69 – 79.

［257］ Schumpeter J A. Business cycles ［M］. New York: McGraw – Hill, 1939.

［258］ Schumpeter J. The theory of economics development ［J］. Journal of Political Economy, 1934, 1（2）: 170 – 172..

［259］ Sinclair B, McConnell M, Green D P. Detecting spillover effects: design and analysis of multilevel experiments ［J］. American Journal of Political Science, 2012, 56 (4): 1055 – 1069.

[260] Skvoretz J, Fararo T. Power and network exchange: an essay toward theoretical unification [J]. Social Networks, 1992, 14 (3 – 4): 325 – 344.

[261] Smith A. An inquiry into the nature and causes of the wealth of nations, volume 1 [M]. Qxford: Clarendon Press, 1869.

[262] Solow R. A Contribution to the theory of economic growth [J]. Quarterly Journal of Economics, 1956, 70 (1): 65 – 94.

[263] SV Avilés – Sacoto, Cook W D, D Güemes – Castorena, et al. Modelling efficiency in regional innovation systems: a two-stage data envelopment analysis problem with shared outputs within groups of decision-making units [J]. European Journal of Operational Research, 2020, 287 (2): 572 – 582.

[264] Tao F, Cheng Y, Zhang L, et al. Advanced manufacturing systems: socialization characteristics and trends [J]. Journal of Intelligent Manufacturing, 2017, 28 (5): 1079 – 1094.

[265] Tobler W R. Lattice turning [J]. Geographical Analysis, 1979, 11 (1): 36 – 44.

[266] Tracey P, Clark G L. Alliances, networks and competitive strategy: rethinking clusters of innovation [J]. Growth and Change, 2003, 34 (1): 1 – 16.

[267] Uzzi B. Social structure and competition in interfirm networks: the paradox of embeddedness [J]. Administrative Science Quarterly, 1997, 42 (1): 35 – 67.

[268] Venables A J. Equilibrium locations of vertically linked industries [J]. International Economic Review, 1996: 341 – 359.

[269] Wellman B, Berkowitz S. Social structures: a network approach [J]. American Political Science Association, 1988, 83 (83).

［270］Williamson O E. Comparative economic organization：the analysis of discrete structural alternatives ［J］. Administrative Science Quarterly，1991：269 – 296.

［271］Wollersheim J，Heimeriks，Koen H. Dynamic capabilities and their characteristic qualities：insights from a lab experiment ［J］. Organization Science，2016，27（2）：233 – 248.

［272］Wong P，Ho Y，Singh A. Industrial cluster development and innovation in Singapore ［J］. From Agglomeration to Innovation，2010.

［273］Yu X，Paudel K P，Li D，et al. Sustainable collaborative innovation between research institutions and seed enterprises in China ［J］. Sustainability，2020，12（2）：624.

［274］Zenou Y. From Neighborhoods to nations：the economics of social interactions ［J］. Journal of Economic Geography，2013，13（4）：706 – 710.

［275］Yang Z，Chen H，Du L，et al. How does alliance-based government-university-industry foster cleantech innovation in a green innovation ecosystem? ［J］. Journal of Cleaner Production，2021，283：124559.